KB212169

大乘起信論 海東疏 血脈記 3

元曉思想·一心觀   大乘起信論 海東疏 血脈記

대승기신론 해동소 ＿＿혈맥기
3

공파 스님 역해

운주사

The gift of Dharma excels all other gifts.

불법은 모든 선물 중에 가장 수승하다.

마음 분석서 **혈맥기** 저자의 독백

죄업으로 만들어진 우리 육신이 있다.
형상이 있어 만질 수 있고 기능이 있어 움직이고 있다.
신기하고 방통하지 않는가.
이 육신이라는 것이.

비록 자그마하지만 이 육신은 정말 오묘하기만 하다.
그래서 그런지 이 육신을 덮어쓴 껍데기 피부만
공부하는 데도 십 수 년이 걸린다.
그런 과정을 다 거치면 드디어 피부과 전문의가 된다.

그렇다면 육신의 주인인 우리 마음은 어떤가.
육신보다 더 신비하고 더 신령함을 넘어
더 은밀하면서도 더 다이나믹한 메커니즘을 가진
우리 마음은 얼마나 더 많이 공부해야 알 수 있을까?

그런 마음을 알기 쉽게 풀이한 책이 이 **혈맥기**인데
손에 들자마자 어렵다고 손사래를 치고 엄살을 떤다.
현명한 사람은 어떻게든 이것을 읽으려 애를 쓰고
어리석어 교만한 자들은 쥐어줘도 내팽개쳐 버린다.

육신은 때맞춰 잘도 씻기고 먹여주며 입혀주는데
자기 마음은 단 한 번도 관심 있게 살펴보지 않는다.

그렇게 오랫동안 방치한 자기 마음이다 보니 이제
타인처럼 낯설고 어색하며 오히려 어렵기까지 하다.

그래서 마음 분석서인 **혈맥기**를 자꾸 거부하려 한다.
세상에서 제일 가까운 게 내 마음이고
천지간에 내 편 들어주는 건 내 마음뿐인데
바보들은 자기 마음 버려두고 남 마음부터 알려고 한다.

인생에서 제일 절박한 게 내 마음 내가 아는 것
영어 단어 하나만 해도 반복해서 외워야 익혀지고
비타민도 연속해서 먹어야 효과가 나타나는 법인데
어떻게 내 마음 알게 해 주는 **혈맥기**를 읽지도 않고
어렵다고만 하는지.

좋은 노래를 연속해서 듣고 들으면
자기도 모르게 외워지듯이 이 **혈맥기**를
읽고 또 읽으면 자기도 모르게 알아지게 된다.
그때 자신의 내면에서 무한의 대변혁이 일어나는 것을
느끼게 될 것이다.

※ **혈맥기** 3권 시작은 2권에서 마무리되지 않은 離言眞如이언진여 부분입니다. 우리의 마음은 언어로부터 벗어나 있다는 것을 이언진여 라고 합니다. 그런 우리의 진짜 마음을 언어와 문자로 어떻게 설명하 느냐 하는 것입니다.

　기신론에서는 그것을 어떻게 달리 표현할 수 없어서 일단 진여라 고 명제를 세웁니다. 3권은 여기서부터 시작합니다.

起信論 言眞如者亦無有相 謂言說之極 因言遣言
말한 진여는 또한 형상이 있을 수 없다. 언설의 끝에서 말로 인해 말을 버린 이름이다.

　진여는 우리의 진짜 마음이라고 하였다. 다시 말하자면 흙 속에 진주가 있다면 흙은 우리의 가짜 마음이고 진주는 우리의 진짜 마음 이라고 말할 수 있다. 이 둘이 한데 뒤섞여 있는 것이 바로 중생의 마음이다.

　중생이 갖고 있는 진짜 마음의 모습인 진여는 그럼 어떻게 생겼을 까. 그것은 형상이 없다. 그것을 마명보살은 형상이 있을 수 없다 라고 하였다.

　아니, 진짜 마음인 진여가 있다면서?! 그런데 형상이 없다.?! 그것 참. 이것을 어떻게 이해해야 하나. 있는데도 형상이 없다. 없다 정도 가 아니라 있을 수 없다고 했다. 그렇다면 진여 자체가 없어야 하는 데 진여는 있고 그 모습은 없다. 모습이 없는데 어떻게 있다고 하나. 이거야 원.

진여. 그것은 참되고 한결같다는 뜻에서 붙여진 이름이다. 이렇게 참되고 한결같은 것은 중생세계 그 어디에도 없다. 있다면 단 한 곳에 쳐 박혀 있다. 그것도 아주 은밀하게 깊숙이 파묻혀 있다. 그것은 바로 중생심 뒤쪽에 죽은 듯이 매몰되어 있다. 거기 외에 중생세계에서는 그 어느 천지에도 이 진여 같은 것은 없다.

起論論 此眞如體無有可遣 以一切法悉皆眞故 亦無可立 以一切法皆同如故

이 진여의 본체는 가히 버릴 것이 없다. 일체의 법이 모두 다 참되기 때문이다. 그리고 가히 내세울 것이 없다. 일체법이 모두 다 한결같기 때문이다.

이 세상에 인간이 없었다면 어떻게 되었을까. 자연 그대로 물이 흐르고 철 따라 꽃은 피어났을 것이다. 공해 없는 바람은 불었을 것이고 동식물들은 자연에 순응하면서 나름대로 다 자기들의 몫만큼 챙기면서 평화롭게 살았을 것이다. 과연 그럴까.

누가 말했듯이 인간이 없다면 이 땅에 안락이 올까. 천만에 말씀이다. 중생들이 제각기의 업을 갖고 있는 한 평화와 안락은 없다. 이기적인 자연의 파괴와 인위적인 종의 변종은 없었겠지마는 자기들끼리는 아주 치열하고 살벌한 생존경쟁이 끊임없이 전개되고 있을 것이다.

인간의 발길이 미치지 않은 산간오지의 밀림 속이거나 저 멀리 깊은 바다 속을 보면 그 사실을 바로 알 수가 있다. 그들의 삶은 인간이 없어도 약육강식의 법칙 아래 한시도 편안할 날이 없다. 구태여 먼 곳까지 생각할 게 뭐 있겠는가. 가까운 정원 한 구석에서 일어나는 적자생존의 투쟁과 연못 한 가운데서 벌어지는 생존경쟁의 싸움은 소름이 끼치도록 잔인하고 처절하다.

중생세계는 중생이 만든 세계이기 때문에 그 어디에도 중생 개개인의 낙원은 없다. 인간이 없는 곳에는 인간에 필적하는 맹수들이 또 그 세계를 잔혹하게 난도질할 것이기 때문이다.

그러므로 이 땅에 인간이 없어지면 바로 낙원이 된다는 생각은 버려야 한다. 사실 천지간에 낙원은 단 한 군데밖에 없다. 그것은 위 본문에서 말한 일체법 속이다. 이 일체법은 진여의 세계를 말한다. 그것이 바로 우리의 진짜 마음이다.

우리의 진짜 마음인 진여에는 죄업이란 것이 없다. 죄업은 삼세의 시간을 갖고 있다. 과거에 지은 죄에 대한 것이 현재의 모습이다. 그러면서 또 미래를 움직인다. 업이라는 것이 죄 뒤에 붙어 있어서 다음의 행동을 하도록 동력이 되어주기 때문이다.

진여의 세계는 죄업이 없다. 거기는 복혜가 완성된 자리다. 그러므로 그 세계는 그 무엇도 부족한 것도 없고 넘치는 것도 없다. 완벽하게 완성되어져 있기 때문에 부족해서 더 채울 것도 없고 남아서 어디 버릴 것도 없다. 그러므로 그 세계는 충만으로 영원한 것이다.

起信論 當知一切法不可說不可念 故名爲眞如

일체법은 가히 말할 수도 없고 가히 생각되어질 수도 없다는 것을 마땅히 알아야 한다. 그것을 진여라고 한다.

진여가 만든 일체법을 알고 싶은가. 그렇다면 거기에 대해 말하지도 말고 생각하지도 않으면 겨우 앎의 첫 걸음을 뗄 수가 있다. 그것을 알고 싶다고 입으로 떠벌리거나 몸으로 느끼고 싶어 머리를 쓰면 진여는 저 멀리 도망가 버린다.

진여는 형상이 없다고 하니 그럼 어떻게 그 이름이 지어졌느냐고 백 번을 묻고 답해도 진여하고는 상관이 없고, 형상이 없는 진여는 어떻게 생겼을까 천 번을 머리 굴려 애를 써도 그 해답은 나오지 않는다.

언어도단이라는 말을 들어봤을 것이다. 언어의 길이 끊어진다는 뜻이다. 이 진여의 세계는 인간의 언어로써는 도저히 근접할 수 없는 곳이다. 그래서 불가설이라고 표현하였다. 그뿐만이 아니다. 심행처멸이기도 하다. 범부가 갖고 있는 마음과 행위로는 이 진여의 세계에 가히 접근을 불허한다는 뜻이다. 그래서 마명보살은 불가념이라고 말했던 것이다. 노자가 말했다.

知者不言
言者不知

아는 자는 말하지 않는다.
말하는 자는 알지 못한다.

항간에 짖는 개는 무섭지 않다는 말이 있다. 안다고 떠드는 자는 실속이 없다는 말이다. 아는 자는 떠들지 않는다. 모르는 자만이 떠벌리고 있다. 가만히 있으면 자기의 무식이 탄로날까 봐 어떻게든 계속해서 알고 있는 척 시끄럽게 떠든다.

진여는 범부의 언어와 행위로부터 벗어나 있다고 했는데도 범부는 언어로 진여를 재단하고 범부의 삶으로 진여를 드러내려고 한다. 왜 수행승들이 진여에 대해 입을 닫고 범부의 행위를 벗어나고자 하는지를 좀 알아야 한다. 그래야만이 이 문단을 조금이나마 이해할 수가 있을 것이다. 조주스님이 말했다.

知不知上
不知知病

알아도 알지 못한다 하면 최상이고
알지 못하면서 안다고 하면 병이다.

말을 잘하고 머리를 잘 굴려 세속에서 출세한 사람들이 있다. 세상은 이런 부류들을 지식인이라고 부른다. 이런 지식 샐러리맨들이 세상을 움직이고 있다. 학교를 만들어 아이들에게 다양한 언어를 가르치고 끊임없이 생각을 일으키도록 만든다.

그 결과 그들은 중생의 맥을 이어나간다. 마치 군대훈련소에서 훈련을 받은 병사들이 끊임없이 자대에 배치되어 전쟁을 치르는 것과 같다.

진여는 이런 사람들에게 배우면 백전백패가 된다. 진여는 중생의 언어와 생각으로부터 벗어나 있다고 그렇게 강조하는 이유가 여기에 있다.

그러므로 진여는 유식하다는 학자들에게 배우면 더없이 혼미하고 더 아득해져 버린다. 그러기에 진여는 세속적 학문을 벗어난 수행자들에게서 말없이 몸으로 배워야 하는 것이다.

海東疏 釋名中亦三 初標立名之意 所謂因言遣言 猶如以聲止聲也

진여의 이름을 풀이한 가운데 또한 세 가지가 있다. 첫째는 그 이름의 뜻을 표시한다. 이른바 말로 인해 말을 버린다는 것은 마치 소리로써 소리를 그치게 하는 것과 같다.

엄청나게 더운 기운을 가라앉히는 데는 이냉치열이라는 방법을 쓴다. 찬 음식을 먹어서 더위를 다스린다는 말이다. 이것은 아이들이 쓰는 하수다. 어른들은 이런 수보다도 한 급수 높은 수를 쓴다. 그것은 바로 이열치열이다. 즉 뜨거운 음식을 먹어서 더위를 식히는 방법이다.

수업이 시작되기 전의 옛날 국민학교 교실 분위기를 한번 떠올려 보시기 바란다. 분명히 국민학교라고 했다. 요즘의 초등학교 반 아동 수보다도 몇 배 이상이나 많았다. 무슨 할 말이 그리 많았는지 정말 시끄러움이 극해 달했었다. 잡목 사이를 헤집고 다니는 뱁새들의 합창은 완전 저리 가라 할 정도였다.

뱁새들도 분명 그럴 것이다. 그냥 재잘거림으로 쉼 없이 지껄이고 있을 것이다. 지금 생각하면 참 영양가 없는 떠듦이었다. 그 소리를 한 수 위의 어른들이 들었을 때 거기에 무슨 의미 있는 내용이 있다고 생각하겠는가. 그냥 아이들이라 잠시도 입을 다물고 있지 못해 간단없이 떠들고 있다고 생각할 것이다.

그렇다면 지금 어른들의 말들은 그럼 가치가 있고 의미가 있단 말인가. 자기들 나름대로는 상당히 진지하고 진중할지 몰라도 이보다 한 수 위의 현명한 분들이 내려다본다면 이 역시 국민학생들의 왁자지껄한 떠듦밖에 되지 않는다는 사실을 알아야 한다.

그렇게 왁자지껄한 분위기를 일시에 누그러뜨리는 것은 선생의 출현이다. 그래도 떠든다면 막대로 교탁을 한번 칠 것이다. 그래도 떠든다면 선생의 입에서 큰 소리가 터져 나온다. 그것은 바로

－ 조용히 햇! －

이라는 단호한 소리다. 정확히 소리로써 소리를 제압하는 순간이다. 이 한마디로 시끄럽던 교실은 즉시 정적으로 전환된다. 그처럼 수많은 사람들이 우리의 진짜 마음을 두고 백가쟁명식의 이름을 붙이려고 쉼 없이 떠들고 있다. 이 떠듦을 일시에 잠재울 수 있는 말을 진여라고 하자는 것이다.

우리의 진짜 마음은 말을 벗어나 있고 이름을 떠나 있다고 하지만 어쩔 수 없이 이제 그것을 설명하기 위해 진여라는 이름을 전제로 내세우겠다는 것이다. 그것이 바로 진여라는 것이다.

이 진여라는 이름은 언어로써 어떻게 더 이상 더 내세울 수 없는 지경까지 갔을 때 최종적으로 제시한 이름이다. 이것 외에 별다른 방법이 없다. 이것은 궁여지책으로 붙여진 이름이다. 그러므로 이것

외에 또 다른 이름은 없다. 나온다면 그것은 말장난에 빠진다. 그래서 언어의 끝 지점에서 붙여진 이름이 진여라고 한다고 한 것이다.

海東疏 次正釋名 此眞如體無有可遣者 非以眞體遣俗法故

다음은 정확히 진여의 이름을 풀이하는 대목이다. 이 진여의 본체는 가히 보낼 것이 없다는 말은 진여의 본체는 세속법으로 없앨 수 있는 것이 아니다는 것이다.

세속법은 부분을 담당하고 있다. 하지만 진여는 전체다. 전체가 부분을 없앨 수는 있어도 부분은 전체를 어떻게 할 수가 없다. 바다가 파도를 잠재울 수는 있어도 파도가 바다를 들었다 놨다는 할 수는 없다.

진여는 완벽하다. 어디 더 이상 손댈 것도 없고 보충할 것도 없다. 그러므로 세속법인 증감이 통하지 않는다. 증감은 빼고 더함이다. 뺀다는 말은 상태가 많다는 말이고 더함이라는 말은 상태가 모자란다는 뜻이다. 진여는 이 둘을 뛰어 넘는다.

그러므로 증감이라는 이 말은 세속법에나 통하는 계산법이지 진여의 세계에서는 전혀 통하지 않는다. 왜냐하면 진여는 그 자체로 이미 완벽한 상태를 유지하고 있기 때문이다.

海東疏 以一切法悉皆眞故者 依他性一切諸法 離假言說 故悉是眞

일제의 법이 모두 다 참되기 때문이다고 한 말은 의타성으로 일어난 일제의 모든 법은 거짓된 언설을 가지고 있다. 그것을 떠나기 때문에

다 참되다고 한 것이다.

진여는 언어로부터 완전히 벗어나 있다. 범부의 언어는 일체의 허상에 대해 분별하는 소리들이다. 이것들은 전혀 진실성이 없다. 초점 잃은 눈동자로 끝없이 중얼대는 사람을 본 적이 있을 것이다. 때로는 혼자 흥분해서 길 가는 사람들에게 욕지거리를 퍼붓는 사람도 보았을 것이다.

그들의 소리에 무슨 뜻이 있고 무슨 진실성이 있었던가. 마찬가지다. 인간이 사용하는 언어 속에 무슨 진실이 있고 무슨 가치가 있단 말인가.

진여는 이런 인간의 언어 범주로부터 철저히 벗어나 있다. 그것은 꼭 연꽃과도 같다. 아무리 진흙의 더러움을 묻히려 해도 연잎은 더러움에 물들지 않는다. 그 결과로 극미의 연꽃이 피어난다.

아무리 언어로 이 진여를 쪼고 발겨도 진여는 초연하고 우뚝하다. 그러므로 진여 그 자체는 이미 참되어 있다고 하여 眞이라고 하는 것이다.

海東疏 悉是眞者 不壞差別卽是平等 是平等故 無別可立 故言一切 皆同如故

모두 다 참되다는 말은 무너뜨릴 차별성이 없기에 그렇다. 그것은 곧 평등하다는 말이다. 그렇게 평등하기 때문에 따로 내세울 게 없다. 그러므로 일체법이 모두가 동일하게 같다고 한 것이다.

의타기성에 의해 일어난 차별성은 무너진다. 의타기성은 인연에 의해 일어난 모든 것들을 지칭한다고 했다. 사랑도 사회도 국가도 모두가 다 인연에 의해 만들어져 있는 일시적 현상이다. 그것은 무너지고 또 세워지고 또 무너지는 변천의 과정을 겪는다.

연극을 하기 위해 만들어진 가설무대는 용도가 끝나면 바로 없어져 버린다. 거기에는 이제 아무것도 남아 있지 않다. 무대도 배우도 관객도 다 사라지고 없다. 이제 그 다음 연극의 무대가 꾸며지고 그에 맞는 다음 연기자가 등장한다.

그러므로 의타기성으로 일어난 物心치고 영원한 것은 없다. 그 자체가 인연으로 일어나 있으므로 그 인연이 다하면 같이 없어져 버린다. 사람도 없어지고 사랑도 없어지고 미움도 없어지는 것이다. 담배연기가 허공 속으로 사라지듯이 모든 것이 흔적없이 사라지는 것이다.

이 의타기성은 분별과 차별을 야기한다. 중생의 죄업이 끝이 없다 보니 중생의 눈에 보이는 의타기성의 세계가 천차만별로 나타나 끊임없는 분별과 차별을 만들어 낸다.

하지만 진여의 세계는 의타기성이 없기 때문에 차별성이 없다. 그것을 평등이라고 한다. 그러면 전체가 한 덩어리가 된다. 거기에는 부분이 없다. 새롭게 더 붙일 것도 없고 구태여 더 떼 낼 것도 없다. 전체와 동일하기 때문에 그 상태가 여일하고 한결같다. 그래서 眞如라고 하는 것이다.

海東疏 當知以下 第三結名 直顯眞如竟在於前

마땅히 알라 한 그 이하는 세 번째로 이름을 결론짓는 부분이다. 올바로 진여를 나타내는 문단은 앞의 설명으로 마친다.

진여인 우리의 진짜 마음은 범부가 알 수 있는 세계가 아니다. 범부의 세계도 다 몰라서 언어를 만들고 문자를 고안해서 엉거주춤하게 서로가 소통하고 있다. 거기에다가 차별성과 분별성의 생각까지 동원하여 자기들이 만들어 놓은 중생세계를 힘들게 더듬고 있는 실정이다. 그런데 어떻게 그 능력으로 진여의 세계를 언감생심 알 수나 있겠는가.

유튜브에서 고전인문학을 강의하는 사람들이 있다. 한 술 더 떠 옛 현자들의 정신세계를 한정된 언어로 난도질하는 사람들이 있다. 그들의 강의는 소름을 돋게 하고 오금을 저리게 만든다. 아무리 자기가 내뱉는 말에 대해 책임을 지지 않고 세금도 내지 않는다 하더라도 어떻게 자신도 잘 알지 못한 뜻을 저렇게도 쉽게 떠벌리고 있는가에 대해 가히 혀를 내두르게 한다.

어떤 시를 쓴 원작자는 죽었다. 그런데 유튜브 강사는 그 시를 열심히 풀이하고 있다. 청중은 그 강사의 시 풀이를 인문학 강의라는 주제로 듣는다. 이것은 완전 코미디다. 그 시의 내용은 그 시를 쓴 사람밖에 모른다. 작시를 한 시인이 그때의 그 기분을 가감 없이 글로써 옮겨놨기 때문이다. 그것을 본인이 아닌 전혀 다른 사람이 풀이하고 있다. 이게 웃지 않을 수 있는 일인가.

아주 오래전의 일이다. 예비고사가 있던 시절인 것 같다. 어느 시인이 쓴 시 구절이 그 시험에 나온 적이 있다. 출제위원이 요구하는 시의 정답은 원작자인 시인의 의도와는 전혀 달랐다는 것이다. 그것을 안 원작자는 기절하였다. 자기의 의사와 전혀 다른 답에 의해 수험생의 입시 합격이 결정되는 현실이 기가 막혔던 것이다.

일반 의식세계의 문제도 이러한데 그 의식세계를 뛰어넘은 언어 저 너머에 있는 과제를 보통범부가 강의한다고 생각해 보라. 그것이 진정 가능한 일이 되겠는가 라고 진지하게 묻고 싶다. 그것은 불가능하다. 전혀 가능치 못한 일이다. 그런데 그렇게 경쟁하듯이 하고 있다.

유튜브에서 노자와 장자를 넘어 조사선귀까지 해설하는 사람들이 있다. 자비심을 갖고 보면 그저 애처롭다고 할 수밖에 없고 냉정한 비평가의 입장에서 보면 그것은 횡설수설로 이러쿵저러쿵 할 뿐이다.

말은 그럴싸하게 장애 없이 유창하지만 그 속의 본질을 건드리기엔 한없이 수다스러워 어지러움을 느낀다. 인내심을 갖고 조금만 들어봐도 그들의 착어증상은 도를 넘어서 있다는 것을 바로 느끼게 만든다.

그들은 자기 말에 자기가 도취되어 있다. 남학생들이라면 누구나 어떤 선생을 기억하고 있을 것이다. 거침없이 폭력을 쓰던 선생을 말한다.

처음에는 훈계조로 몽둥이를 내리치다가 자기 성질에 못 이기면 아주 이성을 잃어버리고 몽둥이를 휘두르던 그런 선생을 기억할 것이다. 그 선생처럼 그 강사들은 자기가 지금 무슨 말을 하고 있는지 모른다. 그냥 자기 말의 감정에 휘둘려 되는 대로 주절거리고 있는 것이다.

끊임없이 불안하게 판서를 하고 어설픈 몸짓과 부적절한 어구로 더듬더듬 그 문장을 황칠해 가면서 뒤죽박죽 해석해 나가는 강사들을 보면 참 용감하기도 하고 대책 없기도 하지만, 그런 형식으로 밀어붙이다 보면 자기도 모르게 그 지껄임에 취해 버리는 것이다. 그러면서 꼭 청중들을 향해 묻는다.

– 이해하시겠습니까? 이해하시겠죠?

이렇게 되묻는 자를 조심해야 한다. 자기가 확실히 알고 강의한다면 청중에게 되물을 필요가 없다. 청중은 이미 느낌 자체로 이해하고 있다. 이렇게 묻는다면 자기도 그것을 이해하지 못하고 있다는 반증이다. 그것을 애꿎은 청중들에게 덮어 씌워 버리는 것이다.

우매한 청중들은 남에게 뒤질세라 고개를 끄덕이며 이해를 강요받는다. 그들은 둘 다 모른다. 강의하는 사람도 모르고 듣는 사람도 모른다. 한 시간 동안 끊임없는 언어의 소음을 일으키고 의미 없이 끝을 내버린다.

진여의 세계를 알 수 있으려면 범부의 의식세계를 뛰어넘었을 때라야만이 가능하다. 범부의 사고 파이를 갖고서는 이 세계는 하늘 저 너머에 있다.

아인슈타인이 한 말을 기억해야 한다. 내가 알고 있는 세상의 지식은 큰 바닷가 해안에 조개껍데기만 하다는 말에 귀를 기울려야 한다. 그분은 정말 자기 자신을 아는 겸손한 자다. 한 번쯤 자신의 지식에 대해 과대포장을 하고 있지는 않나 살펴봐야 한다.

조개껍데기 그 옆에 살아 있는 조개가 있다. 죽은 조개에 비하면 그 얼마나 다이나믹하며 파워풀한 움직임이 되겠는가. 그것이 다가 아니다. 바다로 조금 더 들어가면 그보다 더 대단한 생명들이 있고, 더 들어가면 진짜 큰 생명체들이 있다. 그들을 키우고 있는 심해는 또 어떤가.

그 위에 세상이 있고 그 위에 창공이 있다. 여기서 본인의 지적 수준을 아인슈타인에 비교해 보기 바란다. 그러면 내가 알고 있는 것이 얼마나 미약하고 보잘 것 없는지 새삼 알게 될 것이다.

그러므로 범부의 지식으로 진여의 세계를 알아보겠다는 것은 바늘 구멍으로 세상을 다 보겠다는 것과 같은 무모한 짓이다. 아무리 자기들이 개발해 놓은 언어와 문자를 총동원해 그 세계를 탐색한다 해도 그 세계는 그들의 생각과 문자를 넘어 저 멀리에 있다. 그래서 성사가 그런 줄 마땅히 알아라 라고 하신 것이다.

그렇다면 그 세계는 우리에게 영원한 미지의 세계로 남아 있어야 되는 것인가. 우리가 갖고 있는 진여를 우리가 원천적으로 본다는 것이 불가능만 하다는 것인가.

나는 내 진짜 마음인 진여를 보고 싶은데 범부의 신분으로는 절대로 그것을 볼 수 없다는 것인가. 그렇다면 볼 수 있는 방법은 무엇이란 말인가 라는 질문이 나오게 된다.

起信論 問曰 若如是義者 諸衆生等 云何隨順而能得入
묻겠다. 만약 그런 뜻이라면 중생들은 어떻게 수순하여 진여의 세계로 득입할 수 있단 말인가?

질문이 아주 적절한 시기에 나왔다. 바로 그거다. 진여가 그렇게 언어와 문자와 심연을 떠나 있다면 어떻게 그 세계에 들어갈 수 있느냐 하는 것이다.

설명을 들어야 되는데 언어로부터 벗어나 있다고 하고, 글을 봐야 하는데 문자로부터 벗어나 있다고 한다. 그리고 생각해 봐야 하는데 심연으로도 벗어나 있다고 한다. 그렇다면 어떤 방법을 써서 그 세계에 들어갈 수 있느냐 하는 것이다.

수순이라는 말은 맞춘다는 뜻이다. 즉 진여의 세계에 들어가는 방법을 찾아 그 궤도에 맞추는 것을 말한다. 그러니까 여기에서의 수순은 진여의 세계와 아귀를 맞추는 정확한 방법이라고 에둘러 표현할 수 있다.

득입은 들어간다는 뜻이다. 앞에 得은 뒤에 入 자를 강조한 어조사다. 즉 어떠한 방법을 써야 무사히 진여의 세계에 들어갈 수 있느냐 하는 것이다.

그 말은 진여의 세계에 들어간다는 목적을 강조하고 있다. 그래서 앞에 得 자를 일부러 두었던 것이다. 다시 말하지만 들어간다는 말은 진여의 세계에 맞춘다는 뜻이라는 것을 명심해 두어야 한다.

起信論 答曰 若知一切法 雖說無有能說可說 雖念亦無能念可念
답해 주겠다. 만약 일체법을 비록 설해도 능히 설하는 자와 가히 설할 것이 없고 비록 생각해도 능히 생각하는 자와 생각되어지는 것이 없다는 것을 알면 된다.

일체법은 위에서 진여의 세계를 말한다고 했다. 여기에 일단 넷이 등장한다. 설하는 자와 듣는 자, 그리고 설하는 법과 그것을 받아들이는 자이다.

먼저 설하는 자와 설하는 대상을 들었다. 즉 설하는 자는 주체고 그 설해지는 법은 객체가 되므로 능소가 갈리어진다. 다음은 그 법을 받아들여 생각하는 자를 주체로 보고 그 생각되어지는 법을 객체로 보고 있다. 이것은 즉 객체 중에서도 주체가 나타나고 주체 중에서도 객체가 나타나는 분별이다.

정리하자면 누가 진여에 대해 설법을 하더라도 저 사람은 원래 없는 것이고, 저 사람이 설하는 법도 원래 없는 것이라는 것을 알아야 한다. 또 그것을 받아들여 생각하는 나도 원래 없는 사람이며, 생각해야 하는 법도 원래 없는 것이라는 알아야 한다는 것이다.

이해할 수 있는 말씀인가? 이것이. 아니, 엄연히 설법하는 분이 눈앞에 있고 설법하는 명제가 주어져 있는데 그것이 다 원래 없는 것이다는 것을 알아라 라고 했을 때 어떻게 그 말씀을 이해해야 한단 말인가. 그냥 고개를 끄덕이며 그렇구나로 끝이 나지 어떻게 그것을 이해하여 내 것으로 만들 수 있단 말인가.

범부는 반드시 내가 있으면 상대방이 있고 이것이 있으면 저것이 있어야 하는데 어떻게 내가 있는데 상대방이 없어야 하고, 어떻게 어떤 법을 설하고 있는데 그것은 원래 없는 것이라고 알아야 한단 말인가. 그러니까 이것은 어렵고도 난해한 것이다.

無說殿이나 無說說法 生無生과 같은 말들을 들어봤을 것이다. 무설전은 보통 설법전을 말하는데 그 뜻은 설함이 없는 전각이라는 것이다. 무설설법이라는 말은 설함이 없이 설한다는 말이고, 생무생은 태어나도 태어남이 없다는 말이다. 이해가 가는가. 전혀 이해가 가지 않을 것이다.

바람은 바람을 일으켜야 되겠다는 의도를 가지고 불지는 않는다. 그냥 불 때가 되니 부는 것이다. 즉 생각 없이 바람은 분다. 물은 흘러야 되겠다는 의도로 흐르는 것이 아니다. 그냥 흐른다. 이것이 자연이다.

이것과 마찬가지로 설법하는 사람은 설법한다는 작의가 없이 설법해야 한다는 것이다. 이게 바로 應無所住而生其心응무소주이생기심 이라는 뜻이다. 즉 생각 없이 마음을 내어라 라는 것이다.

바람에 의해 나뭇가지가 흔들린다. 나무가 흔들린다는 의도를 갖고 흔들리지는 않는다. 그냥 바람이 부니까 흔들린다. 이와 마찬가지로 듣는 사람도 듣는다는 생각이 없이 들어야 그 법문이 가지는 최상의 효과를 얻을 수 있다는 것이다. 관음예찬의 게송이다.

白衣觀音無說說백의관음무설설
南巡童子不聞聞남순동자불문문
瓶上綠楊三際夏병상록양삼제하
巖前翠竹十方春암전취죽시방춘

백의관음은 설함 없이 설하고
남순동자는 들음 없이 듣는다.

병 위에 초록 버드나무는 항상 여름이고
바위 앞 푸른 대나무는 언제나 봄이다.

관음보살이 중생을 제도하는 방법을 말한 게송이다. 그분은 중생을 교화한다는 저의를 갖고 교화하지 않고 자연스레 한다. 봄비가 작의 없이 초목을 싹틔우듯이 관음보살도 그냥 인연에 따라 중생을 제도한다.

남순동자는 구도하는 중생이다. 중생도 듣는다는 생각이 없이 그냥 들어야 되는 것이지 능소와 주객을 두고 분별로 듣는다면 그것은 이미 그 설법을 왜곡시켜 버린다. 그래서 남순동자 불문문이라고 했다.

그럼 관음보살은 어떤 물건을 갖고 중생을 구제하시는가. 의사가 청진기를 갖고 환자를 대하듯이 그분은 약병을 들고 중생을 상대하고 있다. 그 약병은 호리병처럼 생겼는데 거기에 버드나무 가지가 담겨져 있다. 그 버드나무는 초록색이다. 초록색을 띠고 있다면 그것은 살아 있다는 뜻이다. 이 말은 역으로 그 병 속에는 약물이 들어 있다는 의미이다.

약물은 중생의 고통을 치유해 주는 생명수이다. 그 어떤 고통이라도 이 약물에 의해 말끔하게 치유가 된다. 그렇다면 언제까지 치유해 준다는 말씀인가. 아무리 유명한 명의라도 밤에는 없다. 그들은 단 하루 밤낮도 환자 곁에 없다. 하지만 관음보살은 낮과 밤을 넘어 끝까지 늘 중생 곁에 있다. 그래서 언제나 초록이 무성한 여름이라고 했다.

원문에 三際상제라는 글이 보인다. 삼제는 과거, 현재, 미래를 뜻한다. 그러므로 시간을 뚫고 겁수를 넘어 끝없이 청량하게 진료를 하신다는 어귀이다.

마지막 한 줄은 그분이 계시는 장소를 언급하고 있다. 그분은 어디 계시는가. **화엄경**에서 선재동자가 이분을 만난 곳은 남인도의 마뢰구바국에 있는 보타지방의 낙가산이었다. 그곳은 여느 평범한 곳과 다름없는 그냥 산자락의 한 아름다운 장소다.

그런데 이것이 중국에 오면 완전히 달라진다. 기암괴석이 즐비한 해안의 비경에 그분이 계신다는 쪽으로 바뀌어져 버린다. 그 장소가 바로 중국 절강성의 주산도에 있는 보타락가산이다. 장소 이름은 인도의 거주처와 같이 지었지만 그분이 사는 곳은 전혀 다르다.

석가모니부처님은 어디서 수행하셨을까. 설산이다. 그래서 설산수도상이라는 8상 중에 1상이 나온다.

그렇다면 정말 부처님이 설산에서 수행하셨을까. 그것은 아니다. 히말라야산 산자락에서 수행하신 것을 큰 산인 설산으로 표현하셨다. 이것과 마찬가지로 관음보살이 계시는 곳은 산속이 아니다. 시내가 흐르고 야생화가 흐드러지게 피어 있는 낙가산의 산자락에서 법좌를 여신 것이다.

그런 그분을 뭐 중생세계의 시끄러움에서 멀리 도망을 친 은둔자처럼 생각해서는 곤란하다. 혹은 그분이 산속에만 있는 분이라고 생각하면 더 큰일 난다. 더 나아가 그분이 바닷가에만 계시는 분이라고 생각한다면 이거야 말로 정말 큰일에다 더 큰일을 보탠 것이라고 할수 있다.

관음보살은 대승불교에서 중생들과 떼려야 뗄 수가 없는 불가분의 관계에 있다. 중생들의 두려움을 없애주신다는 뜻으로 시무외자라고 불리는 그분이, 중생들의 고통을 다 없애주신다는 뜻으로 사람들에게 대자대비의 상징으로 나타나신 그분이, 세상의 중생들이 혹여 큰 곤경에 처하지나 않을까 노심초사하여 천 개의 눈으로 살피시고 천 개의 손으로 구제해 주신다는 그분이 어떻게 그런 외딴섬 오지 산속 굴 속에 계시는 은둔자가 되어야 한단 말인가.

그것은 아마 신선사상을 기본으로 한 도교의 영향 때문에 그런 것 같다. 관음보살이라는 분이 워낙 고아하고 부드러우며 아름답고 기품어린 정취를 내시는 분이라서 그 고매한 인품을 추앙해서 세상을 초탈한 신선처럼 기암괴석이 조화를 이룬 해안가에 특별히 모시고 싶은 이유에서라고 생각한다.

그래서 게송 마지막 줄에 보면 바위와 대나무가 나온다. 바위는 기암이 있는 절경을 뜻하고 대나무는 푸르고 곧음을 말하고 있다. 그분의 성정을 중국 사람들이 큰 선비의 지조와 절개에 비유하여 그런 곳을 택해 모신 것 같다.

예로부터 기암과 산죽이 있는 곳은 명산으로 친다. 관음보살은 그런 곳에 계시면서 천지에 자비의 향기를 내 뿜는다. 원문에 보면 十方春이라는 글이 있다. 언제나 봄이라는 뜻이다. 얼어 있는 곳이 아닌, 생명이 태동하는 뜻으로 봄이라는 글자를 선택했다.

그러니까 그분은 중생들의 언 땅에 봄바람을 일으키듯이 항상 따뜻한 지비의 마음을 우리에게 보내주고 계신다는 말씀이다. 윗 구절에는 삼제를 썼고 이 구절에는 시방을 썼다. 그것은 시간과 공간을 뛰어넘어 중생을 보살피고 계신다는 뜻이 담겨져 있다.

명심해야 한다. 그분은 중생 속 어디에서나 다 계신다. 그분은 산속이 아닌 저잣거리에서 활동하고 계신다. 그분은 사바중생구호단체 회장님이시기 때문에 그 활동무대가 생존투쟁을 벌이는 인간들의 삶 속에 계시는 것이다. 결코 그분은 인간들을 떠나 저 멀리 혼자 외로이 고고하게 자기만의 고요함을 즐기는 분이 아니라는 것을 알아야 한다.

그러므로 그분이 뭐 조용한 곳을 좋아한다거나 외로운 사람들이 찾아오도록 외진 곳을 선택해 계신다거나 인간들의 시끄러움을 피해 적정처를 찾아 홀로 풍광을 즐기고 자연을 소요하는 분이라고 생각하면 곤란함을 넘어 절단난다. 관음도량이라고 소문난 어느 절 스님조차도 방송에서 이런 형식으로 그분의 주처를 말하는 것을 본 적이 있기에 절단이 난다고 거친 표현을 쓴 것이다.

그렇기 때문에 그분의 형상을 조성하려면 유행처럼 바닷가 외딴 곳이 아니라 인간들이 북적이는 시내에 거룩하게 건립해야 한다. 모든 사람들이 언제나 항상 친견할 수 있도록 번화가 한복판에다 건립해야지 무슨 죄지은 사람 귀양 가 있듯이 한쪽 외진 곳만 고집해서는 안 된다는 사실을 알아야 한다는 것이다.

起信論 是名隨順 若離於念 名爲得入

이것을 수순이라고 한다. 만약에 분별념을 떠나버리면 득입이 되는 것이다.

수순의 방법은 나와 너, 세상과 나, 나와 내 마음 등 주체와 객체를 벗어나 버리면 된다고 했다. 중생이 갖고 있는 차별적인 시각과 생각을 갖고서는 절대로 진여의 세계에 들어갈 수가 없다. 그래서 상대적 차별을 벗어나야 한다고 한 것이다.

분별념은 의타기성에서 나오는 차별념이다. 이 둘은 결론적으로 같다. 그러므로 상대적 차별이나 관념적 분별을 떠나버리면 득입이 된다고 하였다.

득입은 어디로 들어간다는 뜻인데, 그렇다면 어디로 들어간단 말인가. 그것은 진여의 세계다. 그러므로 의타기성으로 일어난 모든 분별을 떠나버리면 진여의 세계에 들어갈 수 있다고 한 것이다.

분별을 떠나 버리면 득입이 된다고 했다. 그렇다면 범부가 분별을 떠나 버릴 수 있는 것인가. 없다.

그러면 진여에 들어갈 수가 없다는 것인가. 그렇다. 들어갈 수가 없다. 그럼 뭐란 말인가. 이 논서는 범부를 위해 쓰인 논서가 아닌 것인가. 맞다. 그런데 왜 들어갈 수가 없단 말인가. 그 이유는 뒤에 나오는 **해동소** 6권에서 잘 설명해 줄 것이다.

海東疏 往復疑問中 言云何隨順者 是問方便 而能得入者 是問正觀
왕복으로 의심을 가지고 물었다. 어떻게 수순하는가 하는 것은 방편을 물은 것이고, 능히 득입할 수 있는가 하는 것은 정관을 물은 것이다.

두 가지를 묻고 있다. 하나는 방법이고 하나는 관찰이다. 첫 번째로 방법에 대해 물었다. 그 방법을 방편이라고 표현하셨다. 방편은 방법과 편리라고 했다. 이 질문은 어떠한 방법으로 진여의 세계에 들어가는가 하고 물은 것이다.

두 번째는 또 진여의 세계에 득입하는데 정관을 어떻게 해야 하는가를 물었다. 정관은 글자 그대로 정확히 관찰하는 것을 말한다. 어떻게 정확히 관찰하여 진여의 세계에 들어갈 수 있습니까 하고 물은 것이다.

진여의 세계로 들어간다는 말은 범부에게 주어진 명제다. 더 이상은 없다. 초등학교 졸업자에게 주어진 다음 학교는 중학교다. 고등학교도 아니고 대학도 아니다.

그러므로 진여에 들어간다는 말은 10주에 올라서는 것을 말하고 있다. 이것은 확실한 사실이니 여기에 더 이상 논쟁을 붙이지 말라. 붙이는 그 자체가 이미 이 의제와는 천양지차로 벌어지게 만들어 버리니까 그렇다.

[海東疏] 答中次第答此二問 初中言雖說雖念者 明法非無以離惡取空見故

답은 차례대로 이 두 질문에 대한 답을 해 준다. 첫 번째 가운데서 말한 비록 설하거나 비록 생각하거나 한 것은 법이 없지 않음을 밝힌 것이다. 그것은 악취공의 소견으로부터 벗어나도록 하기 위한 까닭이다.

법이 없지 않다는 것은 중생세계의 현상을 언급한 것이다. 중생세계는 이렇게 건립되어져 있다. 본질인 空의 시각으로 보면 의타기성의 인연으로 일어난 환영이지만 중생들로 보아서는 어쨌거나 인과를 만들어 내는 삶의 터전인 것만은 확실하다.

그러므로 이 세상을 없다고 주장해서는 안 된다. 그러면 악취공에 떨어진다. 악취공이라는 뜻은 무조건 空이다고 하는 편향된 시각을 말한다. 남녀노소와 산하대지가 이렇게 분명하게 보이는데도 자꾸 空이라고만 주장하는 잘못된 소견을 일컫는다.

그러니까 중생은 이 세상에서 엄연히 고통을 당하면서 허덕이고 있는데 이 세상은 원래부터 空이니 無니 환영이니 한다면 그 논리야 말로 정말 황당하고 허황된 이론이라 아니할 수 없다.

그래서 이 세상은 눈에 보이는 현실대로 고통이 치성한 곳이니 빨리 이곳에서 벗어나야 한다는 법사와 그 말씀을 듣고 생각하는 제자가 사실 그대로 있다는 것을 분명히 인정해야 한다는 것이다.

海東疏 無有能說可說等者 顯法非有 離執著有見故

능설과 가설 등이 있지 않다는 것은 법이 있지 아니함을 나타낸 말이다. 그것은 집착의 소견으로부터 벗어나도록 하기 위함이다.

현실을 인정한다고 하니 그것 봐라. 분명히 현재의 세상이 있지 않느냐고 확인을 요한다. 세상이 환영이 아니라 이렇게 눈앞에 보이지 않느냐고 주장해 현상이 있음을 설득하려 한다. 그래서 사실은 그렇지 않다고 한다. 空의 입장에서 보면 이 세상은 분명 환영이고 키메라라고 한다.

그렇게 인식시키기 위해 능히 설하는 법사나 그 법문이나 다 없다고 한다. 있지 않다는 말은 없다는 절대적 표현이다. 왜 그러냐 하면 이 세상이 있다고 인정해 버리면 실재로 있는 것처럼 인식하기 때문에 에둘러 그 있다는 집착을 털어버리게 하려고 세상은 空하다는 문구를 뒤에 붙인 것이다.

그렇다면 범부가 모든 분별을 떠나버릴 수 있단 말인가. 어림없는 일이다. 범부는 분별로부터 결코 자유로울 수 없다. 그렇기 때문에 범부라고 한다. 범부가 분별을 없애는 것은 지렁이가 용이 되는 것보다 더 어렵다.

그런데 왜 선사들이나 선지식들이 한결같이 범부들에게 분별을 버리라고 하는가. 그렇게 멀리 있는 분들까지 끌어들일 필요가 뭐 있는가. 지금 바로 사찰이나 불교방송을 보면 스님이나 일반 법사가 나와서 너무 능청스럽게 분별을 버리라고 하지 않는가.

범부는 분별하여야 한다. 그리고 차별을 가져야 한다. 내가 말하는 범부는 보통의 인간을 말한다. 인간은 사물을 정확히 분석하고 분별하여야 한다. 그렇지 않으면 미치광이다. 이것이 약초인지 독초인지 정확하게 분별하지 않으면 독초를 먹고 죽을 수가 있다.

그리고 차별하여야 한다. 품행이 좋지 않고 사기성 기질이 다분히 있는 자가 돈을 빌려달라고 한다. 아무리 봐도 빌려주었다가는 분명 떼일 것이 뻔할 것 같아서 안 된다고 한다. 그러면 그가 다른 친구들에게는 잘도 빌려주면서 왜 나는 안 빌려주느냐고 한다. 그러면서 친구끼리 차별하지 말라고 한다.

범부는 대상을 대할 때 반드시 차별로 상대하여야 한다. 사람이 방안에서 잔다고 쥐와 같이 잘 수는 없다. 쥐는 밖에서 자고 사람은 방에서 자야 한다. 차별할 수밖에 없다. 노인이 노약자석에 앉아 있다고 해서 젊은이가 똑같은 사람인데 왜 좌석을 차별하느냐고 할 수는 없다.

그런데도 그들은 계속해서 분별을 버리라고 하고 차별하지 말라고 한다. 분별과 차별을 하면 대도에 들어갈 수 없고 마음을 깨달을 수 없다고 한다. 그들은 그들 자신이 마치 도를 깨달은 사람처럼 사람들을 기만한다. 그러면서 도를 깨닫는 방법을 말하고 조심해야 할 부분을 쉴 새 없이 들먹이고 있다.

예를 들어 그들은 **금강경**을 설한다. 이거야 원 완전히 **금강경**의 내용을 통달한 것처럼 잘도 풀이한다. 듣는 사람이 깜빡 속아 넘어가도록 그들은 자기들의 주절거림에 완전 심취되어 있다.

금강경은 無願 無相 無作의 뜻을 가지고 있다. 무원은 완벽하기 때문에 더 이상 바랄 것이 없고, 무상은 무엇이 있는 것이 아니면서 천지를 다 가지고 있다. 그런 세계는 작의나 저의의 경계가 아니기에 무작이라고 한다.

그런 경지는 범부로서는 알 수가 없다. 오직 二執이집을 벗어나야 터득할 수 있다. 二執은 인집과 법집이다. 인집은 범부가 떨어질 때 벗어나고 법집은 삼현이 넘어갈 때 없어진다. 그러면 三空이 드러난다. 그때 진공에서 묘유가 작용하는 원리를 체득할 수 있다.

三空은 空해탈문과 無相해탈문과 無願해탈문이다. 空해탈문이 無作이고 無相해탈문이 無相이며 無願해탈문이 無願이다. 그래서 **금강경** 대의는 離二執顯三空이이집현삼공이라고 한다.

그러니까 二執을 벗어나지 않으면 三空의 묘유를 터득할 수 없다. 범부는 二執 중에 人執인 아집도 결코 벗어나지 못한다.

그러므로 이 경전은 복덕이 얕은 일반 범부에게 설해진 경전이 아니다.

금강경은 대승경전이다. 대승경전은 근기가 나약한 범부가 수지하는 불교교과서가 아니다. 학교 같으면 이것은 대학에서 가르치는 천체물리학과도 같아서 초등어린이들에게는 적합하지가 않다. 초등생 같은 범부의 수준에서는 **금강경**이 천체학처럼 동경의 대상이고 선망의 세계일 뿐 정신혁명에는 아무러한 효과가 없다.

우주의 천체학을 강의하면 아이들은 끝없는 호기심으로 신비함을 느끼고 격하게 감동한다. 그러나 그것이 다다. 더 이상 그들이 가져갈 것은 없다.

그것은 마치 가난한 사람들이 전설의 고향 드라마를 보고 권선징악에 깊이 공감하지만 막상 목구멍이 포도청인 삶의 현장에 나가면 그런 내용 따위는 신경 쓸 겨를이 없는 것과 같다.

정확히 **금강경**이나 **반야심경** 같은 실상경전은 먹고 살기가 힘든 범부들에게는 전혀 맞지 않다. 이것은 넥타이가 어른들에게 폼 난다고 해서 아이들 목에 매어주는 것과 같이 범부에게 전혀 어울리지 않는 가르침이다.

아이들이 어른 흉내를 내어 넥타이를 잘못 매고 놀다가는 그 넥타이에 목이 졸려 죽음에 이를 수도 있다. 이처럼 근기가 저열한 자가 대승의 空사상을 잘못 받아들이면 교만스런 건방만 늘고 말장난에 빠져 허우적거릴 수가 있다.

평생을 절에 다니면서 기도를 하고 염불을 하며 인과법문을 들어도 불교가 뭔지 확실히 알지 못하는 이유가 바로 **금강경** 같은 空의 세계에 휘둘려버리기 때문이다. 그래서 한 토막이라도 부처님 말씀을 정확하게 배워 그것을 자식들에게 명확히 일러주지 못하는 이유가 여기에 있다.

그런 결과로 그렇게 좋다는 **금강경**을 교과서로 수행한 선종의 신도들이 서서히 줄어들어 불교 자체의 존속까지 걱정되는 이 시점까지 오게 되었다. 알아듣지도 못하고 이해하지도 못하는, 도처에서의 **금강경** 강의 때문에 마지막엔 불교마저 사람들에게 외면 당하는 꼴이 되어 버린 것이다.

사실 보통의 범부가 **금강경**을 가르친다는 것은 봉사가 햇빛을 설명하는 것과 같다. 그러므로 강사는 범부의 수준을 완전히 벗어나야만이 이 경전의 뜻을 정확하게 전달할 수 있다. 그렇지 않으면 그것은 워드플레이고 언어유희일 뿐이다.

반야부 중에 **반야심경**이나 **금강경** 같은 이런 대승경전의 실상을 깨달으면 그는 이미 십주보살이고 아라한 경계에 머물게 된다. 그런 자들은 신통을 부리는 능력을 갖는다. 힘들게 사람들을 끌어 모으고 어렵게 그것을 풀어주려고 애쓰지 않는다. 왜냐하면 그들은 이미 이 경전이 보통 범부에게 가르치는 과제가 아니라는 것을 터득해버리기 때문이다.

금강경을 읽으면 가피를 받는다고 하거나 깨달음을 이룬다고 하거니 소원을 성취한다고 한다. 이것은 완전 난센스다. **금강경**은 중생의 삶하고는 전혀 별개의 삶을 제시한다.

그러므로 **금강경**을 깨닫고 내 삶이 달라졌다는 사람의 말을 들을 필요는 없다. **금강경**을 독송하고 소원이 성취되었다는 사람들의 말도 귀담아 들을 필요는 없다.

둔근의 범부는 **금강경**을 천만 번을 읽어도 아무 효능이 없고 억만 번을 읽어도 어떤 증과가 없다. 있다면 그것은 **금강경**에 의해서 그런 것이 아니라 본인 스스로가 그렇게 만드는 것일 뿐이다. 그런 징조는 **금강경**에서뿐만 아니라 다라니를 외우거나 관음정진을 해도, 아니면 산신할배를 부르거나 남묘호랑게교를 염해도 그 정도의 효험은 다 나오게 되어 있다.

"**금강경**을 3천독 하면 소원이 성취된다면서요?"
"차라리 증산교 태을주를 염하는 것이 더 낫습니다."

금강경은 범부의 삶을 개선하는 그런 가르침이 아니다. 그러므로 이것에 의해 범부의 삶이 나아졌다거나 소원을 이루었다고 한다면 그것은 진실로 가당찮은 말이다. 이처럼 일반 범부는 이 **금강경**에 의해 그 어떤 혜택도 받을 수가 없고 그 어떤 이익도 기대할 수 없다.

자동차는 기본적으로 기름이 있어야 움직이는데 기름을 살 돈이 없는 아이들이나 면허증이 없는 어른들은 자동차가 주는 혜택을 전혀 누릴 수가 없다.

기름은 복이고 면허증은 지혜를 말하는데 이 두 가지가 부족한 자들에게 자동차는 그냥 보기 좋고 신기한 쇳덩어리에 불과한 것처럼, 복덕이 구비되지 않은 범부들에게 **금강경**은 그저 보기 좋고 빛깔 좋은 한 개의 이상 경전에 지나지 않는다.

　자동차의 기능은 운전해서 목적지에 가는 것이지 그것이 좋다고 하여 갖고 놀기만 한다면 자동차의 용도를 잘못 활용하고 있는 것이다. 그처럼 박복한 중생이 **금강경**이 좋아 이리저리 더듬고 독경하는 것으로 끝난다면 백 천 번을 읽어도 입만 아플 뿐 자신을 변혁시키지는 못한다.

　사실 사회에서건 사찰에서건 오로지 개인적 이익만을 취하고자 하는 소승적 신자들에게 타인의 이익을 우선시하는 대승불교, 특히 空의 도리인 실상경전이 어떻게 통한다고 대책 없이 설하는지 이해할 수 없다. 그것은 마음은 소승인데 귀는 대승으로 고급화시켜 주는 역할만 하는 것이다.

　진정으로 불교를 가르쳐주고 싶다면 대승경전 중에 연기경전이나 소승경전을 중점적으로 해설해 주어야 한다. 그러면 이해가 빨리 되고 현실사회에서 실천하기가 쉬워 대단히 큰 상승효과를 가져올 수 있다.

　대승불교는 그 불교 자체가 수준이 높은 것이지 대승불교 권역에 산다고 해서 사람의 수준이 높은 것은 아니다. 그러므로 조금이라도 겸손한 범부는 소승불교부터 먼저 배우고 나서 대승경전을 익혀야 한다. 그렇지 않으면 대학강의를 들은 사람이 초등학교 과목 하나도 이해하지 못하는 꼴이 될 수가 있다.

　다이아몬드반지가 멋지다고 해서 그것을 끼고 허드렛일을 할 수는 있다. 하루를 빠듯하게 살아가는 사람들에게는 금반지가 최고로 무난하다. 그 금반지 역할을 해 주는 것이 바로 소승경전이다. 소승경전은 정말 복혜가 없는 범부들에게는 더할 나위 없이 소중한 가르침이다.

소승경전이라고 해서 우습게 보아서는 아니 된다. 금가루 같은 존귀한 말씀들이 샛별같이 아름답게 쓰여져 있다. **우따나에서부터 이띠유따가 우파니샤드 숫타니파타 니까야** 같은 경전들은 가히 주옥을 넘어 생명수 같은 말씀들로 찬란히 엮어져 있다.

우리는 범부 중에서도 복 없고 우매한 하열중생이라는 사실을 한시도 잊어버리면 안 된다. 그런데 이상하게 교만심만 높아 대승불교권 신자들이 소승불교의 가르침을 좀 천시하는 경향이 있다. 이것은 소형차를 가진 사람이 소형차를 무시하는 것과 같은 저급한 심보라 아니할 수 없다.

치료를 위한 병원의 약도 어른은 하루에 보통 알약 한 개를 먹고 아이들은 반 개나 4분의 1을 먹는다. 그것을 섭취하는 용량이 다르기 때문이다. 그처럼 범부 중에서도 대승경전을 수용하는 상근기 범부가 있고 그렇지 못한 하근기 범부들이 있는데 우리는 후자라는 사실을 인정해야 한다.

중국에 들어온 대승불교가 어쩔 수 없이 한 수 낮은 조사불교로 자리 잡을 수밖에 없었다는 사실을 기억하고 대승불교 경전을 하늘처럼 떠받들고 공경할 때 무량한 복을 짓게 되고 다함 없는 지혜를 닦게 된다. 그 복혜가 익으면 그때 가서야 자동적으로 **금강경** 같은 空사상의 경전들이 깊이 이해되는 것이다.

海東疏 能如是知 順中道觀 故名隨順 第二中言離於念者 離分別念

名得入者 顯入觀智也

능히 이와 같이 알면 중도관을 따르게 된다. 그게 수순이다. 두 번째 가운데서 말한 분별념을 떠나면 득입이 된다는 말은 득입하면 관지가 나타난다는 뜻이다.

악취공의 소견으로부터 벗어나도록 하기 위하여 세상은 없지 않음을 말하였고, 집착으로부터 벗어나도록 하기 위하여 세상은 있지 않음을 말하였다. 그러면 뭔가. 정확히 있지도 않고 없지도 않는 중도관에 머물게 된다. 그게 바로 진여에 들어가는 방법이다.

두 번째 가운데서 말한 득입의 조건은 분별하는 망념을 벗어나야 한다는 것이다. 위에서 언급했듯이 入은 들어간다는 말이다. 得은 그 入을 강조하기 위해 붙여진 조사다. 그만큼 들어가는 것이 중요하다는 뜻을 가지고 있다.

분별하는 망념으로부터 벗어나면 관지가 나온다. 관지는 관찰할 수 있는 지혜다. 이 지혜를 갖고 십주에 올라간다.

정리하자면 진여에 들어가려면 중도관의 방법을 써야 한다는 것이고, 진여에 득입하려고 하면 분별념을 없애야 한다는 것이다. 그러면 드디어 관지가 일어난다. 이 관지로 삼현보살이 된다. 그리고 1대겁 아승기야 동안 바라밀을 닦아 십지의 세계로 나아가는 것이다.

이 문장은 뒤에 생멸문이 끝날 때 다시 언급하면서 최종적으로 정리가 될 것이다. 무슨 말인지 이해가 되지 않은 분들은 그때 가면 자연적으로 아시게 될 것이다. 그때까지 계속 이 뜻을 받아낼 마음을 성장시키시기만 하면 되는 것이다.

ⓛ 의언진여

起信論 復次此眞如者 依言說分別 有二種義 云何爲二

다시 이어서 이 진여라는 것을 언설로 분별해 볼 것 같으면 두 종류의 뜻이 있다. 이를테면 어떻게 둘이 되는가.

이제까지 우리의 진짜 마음인 진여에 대해 설명해 왔다. 그 첫 번째가 진여라는 이름이었다. 왜 하필 진여라고 하는지에 대해서 그 정확한 이유를 이제까지 장구하게 설명해 왔다.

두 번째는 진여의 모습에 대해 말한다. 이 진여상은 크게 두 가지로 설명할 수 있다. 하나는 외형적인 것이고, 둘은 내면적인 것이다.

진여가 무슨 외형적인 모습이 있나 라고 의아해 할 필요는 없다. 사람마다 모두 다 이 진여의 모습을 나타내고 있기 때문이다. 그 내면으로는 속성이라고 말할 수 있다. 이제 이 외면의 모습과 내면의 속성을 통틀어 진여상이라고 한다.

위에 復次부차 를 다시 또 라고 해석하는 사람들이 있다. 이런 사람들을 파리똥 학인이라고 한다. 문장의 문맥상으로 보면 분명 하늘 天 자가 맞는데 글자는 어조사 夫 자로 되어 있는 경우가 있다.

아무리 아래 위의 문장을 연결해 읽어도 해석이 되지 않는다. 밤새도록 이게 무슨 뜻이지 하면서 입술이 부르트도록 읽어도 도통 상하의 뜻이 이어지지 않는다.

힘에 부쳐 쪽잠을 자고 새벽에 다시 일어나 읽어도 상황이 나아지지 않는다. 또 다시 그 문장에 묶이어 낑낑대어 보지만 상하의 문장이 매끄럽게 풀리어지지 않는다.

하도 끙끙대는 그 폼새가 이상해서 옆의 동료가 무슨 일인가 싶어 다가왔다. 자세히 보니 자기 책과 글자가 다르다. 어! 이거 왜 이러지 하면서 세밀히 확인해 보니 세상에나! 파리가 하늘 天 자 위에다가 정확히 똥을 싸 놓은 것이 아닌가. 그래서 天 자가 夫 자로 바뀌어져 있었던 것이었다.

그것도 모르고 그 스님은 밤새도록 고생한 것은 물론 새벽까지 생고생을 이어갔던 것이다. 그때부터 사람들은 그 스님을 파리똥 학인이라고 부르게 되었다는 일화가 있다.

사람 속에서도 융통성과 신축성이 없는 사람들을 우리는 꽉 막힌 사람이라고 한다. 아닌 것은 아닌 것으로만 생각하고 맞는 쪽으로는 결코 생각하지 않는 사람들이 이런 부류들의 작자들이다. 이런 사람들은 중생을 부처로 돌리는 전환의 에너지가 부족하기 때문에 계속 중생쪽으로의 삶을 고집하고 있다.

이치 없는 언어는 미치광이가 춤을 추고 노래하는 것과 같고, 언어 없는 이치는 벙어리 냉가슴 앓는 것과 같다고 했다. 이것은 둘 다가 다른 한 쪽의 부족한 점을 갖고 있다는 말씀이다. 그러므로 이치와 언어를 적절히 조합해 잘만 쓰면 기대 이상의 묘창이 나올 수가 있다. 그래서

諸法不可說亦可說
以雖非然而非不然

모든 법은 가히 설할 수가 없고 또한 가히 설할 수도 있다.
비록 그렇게 하면 안 되지만 그렇게 한다고 안 될 것도 없다.

이 명분하에 이제 진여를 언어로 표현하려고 한다. 해석분에 들어오면서 원효성사가 이 문제에 대해 상당히 많은 지면을 할애하며 진여는 언어로 설명하는 것이 이치에 합당할 수도 있고 합당하지 않을 수도 있다고 하신 것을 기억하고 있을 것이다.

그래서 이제까지 진여는 언어로 설명하는 것이 이치에 합당하지 않는다는 쪽으로 離言眞如를 설명해 왔다.

지금부터는 최대한 언어의 융통성을 발휘해 진여를 언어로 드러내는 依言眞如 쪽을 택해 우리의 진짜 마음인 진여를 설명할 것이다. 거기에 두 가지가 있다. 즉 진여에 두 가지의 공덕성이 있다고 하는 것이다.

起信論 一者如實空 以能究竟顯實故
첫 번째는 여실공이다. 능히 끝까지 진실만을 나타낸다.

우리의 진짜 마음인 진여는 여실공하다. 그 바탕이 한결같이 진실되게 완벽히 비어 있다. 그것은 거울과도 같다. 거울은 그 자체가 철저히 空한 상태다.

원문에서 능히라는 말이 나온다. 능하다는 뜻은 원래부터 가지고 있는 그 속성을 말한다. 그러므로 우리 마음은 그 자체가 완벽하게 비어 있다는 것이다.

거울은 어떤 물상이 비추어지기 전에는 텅 비어 있다. 하늘도 어떤 물상이 거기에 들어가기 전에는 텅 비어 있다. 우리의 마음도 무엇이 생각되기 전에는 텅 비어 있다. 이 셋의 공통점은 원래 비어져 있다는 것이다. 그래서 거울도 하늘도 지금까지 언제나 텅 비어져 있는 것이다.

하지만 우리 마음은 현재 그렇지 않다. 당신의 마음은 원래대로 비어져 있는가. 그렇지 않을 것이다. 그 반대로 너무나도 많은 것들이 이미 꽉 들어차 있어서 털끝만큼도 텅 빈 공간이 남아 있지 않을 것이다.

텅 비어 있다면 지혜가 계속해서 나오고 꽉 차 있으면 지식이 치약 짜듯이 나오게 된다. 이제 어느 한 쪽을 택해야 한다.

비우든지 아니면 지금처럼 꽉 차 있는 상태로 그냥 두든지 결정해야 한다. 꽉 차 있는 것이 정상인 줄 알았는데 이제 그것이 정상이 아니라 비정상이라고 마명보살과 원효성사가 말씀하시니 어쩔 수 없이 양단의 결정을 내려야 한다는 것이다.

起信論 二者如實不空 以有自體具足無漏性功德故

두 번째는 여실불공이다. 그 자체에 무루 성공덕이 구족되어져 있다.

텅 비우면 가득하다. 거울은 비어 있기 때문에 가득하다. 아무것도 비추지 않은 거울을 본 적이 있는가. 그런 거울은 없다. 무엇인가를 비추고 있디. 하다못해 뚜껑을 닫으면 뚜껑을 그대로 비추고 있다.

텅 빈 허공이지만 아무것도 가지지 않은 허공을 본 적이 있는가.

허공은 철저히 비었기 때문에 세상천지를 다 가지고 있다. 허공을 벗어난 것은 바늘 한 개라도 없다. 모두 다 가지고 있다.

우리 마음도 거울이나 허공처럼 모든 것을 충만하게 다 가지고 있어야 한다.

그런데 단 한 개라도 가치 있는 것을 가지고 있지를 않다. 다 돈 안 되고 영양가 없는 것들만 쌓아두고 있다. 그것이 문제인 것이다. 제대로 된 것은 아무것도 없다. 이것은 쓰레기를 모으는 치매 걸린 호더노인처럼 산더미같이 뭘 모아 놓았지만 진짜 쓸 만한 것은 하나도 없다.

노파는 모른다. 그것들이 얼마나 지저분하고 더러운 것들인지 모른다. 그것을 집안에 끌어들일 때는 그것들이 나름대로 값지다고 여겼기 때문에 쌓아두려고 했을 것이다.

인간들도 마찬가지다. 지금까지 자기 마음속에 집어넣은 모든 정보와 지식들이 전부 다 값지다고 여기고 있다. 한 수 높은 곳에서 내려다보면 전혀 필요 없는 공해물질인데도 인간들은 그것으로 자기 재산을 삼고 으쓱대고 있다.

범부의 마음은 잡동사니 창고가 되어 있다. 이미 포화상태인데도 무엇이든지 다 집어넣는다. 범부는 기억력이 부족하여 그 속에 무엇을 집어넣었는지 모른다. 그러니 또 눈에 보이는 대로 귀로 듣는 대로 생각이 나는 대로 모두 다 계속해서 집어넣는다. 그것이 쌓이면 지식폐기물이 되는데 그것은 정말 산업폐기물보다 더 중생관계를 황폐화시켜 버린다.

그러다 보니 그들의 마음엔 번뇌의 먼지가 날고 그 밑바닥엔 죄업의 바퀴벌레가 바글거리며 탐욕의 쥐들이 쫓아다니고 있다. 그런 마음을 쓰면 자기는 물론 타인들까지도 다 죽이게 된다는 사실을 그들은 상상도 못한다. 가끔가다 한 명씩 그런 오염된 마음을 제어하지 못한 자가 신문 사회면을 장식하면 저 놈은 아주 나쁜 놈이라고 혀를 찬다.

그러므로 자기 마음에 던져 넣어 둔 지식쓰레기는 일반쓰레기를 내버리듯 수시로 치워줘야 한다. 그렇지 않으면 자기도 그렇게 나아가는 과정을 밟게 된다.

세상에 모든 것은 차면 넘치는 법이다. 뭉개면 튀고 누르면 폭발하는 것이 정한 이치다. 쓰레기가 눌리면 독가스가 올라온다. 그처럼 정보지식이 쌓이면 오염된 지식이 새어나오게 되어 있다. 세상이 이 정도라도 숨을 쉴 수 있는 것은 이것이 터지기 전에 인간들이 일찍 다 죽어버리기 때문이다.

쓰레기 정보의 지식으로 현재의 삶이 행복하다고 느낀다면 끝까지 그것을 버리지 않는다. 그것을 쓰레기라고 여기지 않는 한 그들은 절대로 그것을 버리지 않으려 하기 때문이다.

노파의 쓰레기는 구청에서 치워주지만 범부들이 억겁으로 쌓아 둔 지식 쓰레기는 천지에 그것을 청소해 주는 자가 없다. 그렇기에 개개인이 갖고 있는 마음의 찌꺼기는 본인 스스로 완벽하게 청소를 해야 하는 것이다.

그러면 텅 빈 모습이 확연히 드러나게 된다. 그때 다시 새롭게 필요한 것들을 차곡차곡 집어넣어 가면 된다. 하기야 다 비우고 나면 이미 모든 걸 다 가지게 되는데 뭘 또 필요한 것이 있겠느냐마는,

범부의 계산에는 다 버린다니까 뭔가를 잔뜩 손해 보는 것 같은 느낌이 들 것 같아서 이렇게 말하는 것이다.

컴퓨터도 정기적으로 리부팅하지 않으면 큰일 나게 되어 있다. 그러므로 정기적으로 몸을 씻는 인간이라면 컴퓨터를 리부팅하듯이 자주자주 자기 마음의 창고도 깨끗이 씻어야 한다는 것이다.

때가 잔뜩 낀 거울에는 아무것도 비춰지지 않는다. 그러나 때를 벗겨내면 천지만물이 그 속에 이미 들어 있다. 마찬가지로 때가 잔뜩 낀 마음에는 아무것도 들어 있지 않다. 그러나 때를 벗겨내면 우주천지가 그 속에 충만해 있다. 그래서 원문에 무량한 성품의 공덕이 들어 있다고 한 것이다.

결론을 말하자면 우리의 진짜 마음인 진여는 텅 비어 있으면서 가득 차 있다. 텅 빈 것을 여실공이라고 하고 가득 찬 것을 여실불공이라고 한다. 이 둘은 한꺼번에 이루어진다. 텅 빎과 동시에 충만해진다. 그 작용은 마치 거울이나 허공과 같다. 이것이 부처의 마음이다. 그러므로 부처는 고통이 없고 안락만 있다. 그래서 부처라고 하는 것이다.

우리 범부의 마음도 사실 가득 차 있다. 그리고 텅 비어 있다. 하지만 지금은 완전히 반대인 상태다. 여실공을 해야 하는 곳에는 죄업이 가득 차 있고, 여실불공 해야 하는 곳에는 공덕이라는 공덕이 하나도 없다.

그래서 안락이 있어야 하는 곳에는 고통이 있고, 고통이 없어야 하는 곳에는 고통이 산더미처럼 가득 차 있다. 그래서 고통 속을 헤매는 중생이라고 하는 것이다.

第二明眞如相 在文有三 一者擧數總標 二者依數開章 三者依章別解 別解中卽有二

두 번째는 진여의 속성인 相에 대해 밝힌 부분이다. 그 문장에 세 가지가 있다. 첫째는 숫자를 들어 전체적인 것을 표시하고, 둘째는 숫자에 의거하여 문장을 열고, 셋째는 그 문장을 의거해 따로따로 풀이하는 것이다. 따로따로 풀이하는 가운데는 두 가지가 있다.

두 번째는 진여의 속성을 풀이하는 대목이다. 첫 번째는 진여가 왜 진여여야 하는지에 대하여 이제까지 설명해 왔다. 이 대목에 세 문단이 있다고 했다. 첫째는 원문에서 두 종류가 있다는 말이고, 둘째는 그 이름을 나열했다. 즉 여실공과 여실불공이다.

셋째에 두 가지가 있다고 했는데, 거기에 또 두 가지가 있다. 그것은 다음에 나오는 空과 不空이다.

A. 空

起信論 所言空者 從本已來一切染法不相應故

말한 바 空이라는 것은 종본이래로 일체의 염법과는 상응하지 않는다.

진여의 속성에는 여실공과 여실불공이 있다고 했다. 여실공을 空으로 말했고 여실불공을 不空으로 표현했다. 이제 앞에서 말한 여실공이라는 空을 풀이하고자 한다.

종본이래라는 말은 무시이래와 같다. 즉 시작 없는 시점부터라는 말이다. 그러므로 이것은 범부의 시간 저 너머에 있다. 범부에게는 시작과 끝이 있지만 우리 진짜의 마음은 시작과 끝이 없다. 그래서 종본이래라는 말을 썼다.

상응이라는 말은 서로 맞아 떨어진다는 뜻이다. 空의 성질은 철저히 비어 있음을 말한다. 그러므로 空은 의타기성으로 나타난 일체의 염법과는 절대 어울리지 않는다. 어떤 방이든 방에 물건이 들어 있으면 빈방이라는 말을 하지 않는다. 방을 차지한 물건과 텅 빔은 서로 맞지 않기 때문이다.

방안에 아무것도 없을 때만 빈방이라고 하듯이 오염된 마음이 정화되어 죄업이 완전하게 없어진 상태를 空이라고 말할 수 있다는 말씀이다.

起信論 謂離一切法差別之相 以無虛妄心念故
이를테면 일체법에 대한 차별의 모습을 떠나 있다. 거기엔 허망한 심념이 없다.

空에는 차별이 없다. 하늘이 차별을 하는 것을 본 적이 있는가. 사람이 하늘을 차별하지 하늘은 사람을 차별하지 않는다.

전기는 사람을 차별하지 않는다. 전기가 사람을 차별해서 전기를 주는가. 그렇지 않다. 전기는 악인이고 선인이고를 가리지 않는다. 전기의 속성은 空하기 때문이다. 空은 내편 상대편을 구별하지 않는다. 진영을 떠나 모두 다를 껴안고 있다.

거울이 사람을 차별하는 것을 본 적이 있는가. 백설공주의 계모가 아니라면 그런 일은 없다. 거울은 물상을 차별하지 않고 있는 그대로 다 비춰준다.

부처님이 중생을 차별해서 자비를 내리는가. 아니다. 부처님은 중생을 차별하지 않는다. 모두 다 부처님의 자식으로 보신다. 항차 집안의 큰 어른도 모든 가솔들을 차별하지 않는데 어떻게 부처님이 중생을 차별해서 가피를 내린단 말인가. 그런 일은 없다. 부처님의 마음은 거울처럼 空하기 때문이다.

부자합집경의 말씀이다. 부처님께서는 중생계의 평등함을 관찰하시어서 청정한 무연의 자비를 일으키신다. 그러므로 일체중생을 가엾게 여겨 구하시나 끝내 중생상을 취하지 아니하신다고 하셨다.

차별은 심념에서 나온다. 심념은 마음속에 들어 있는 망념이다. 이 망념에 의해 차별과 분별이 생긴다. 이 망념이 세상을 천차만별로 쪼개어 분석한다. 그렇게 차별해서 분석을 잘하면 박사가 되고 전문가가 된다. 그런 사람들이 중생세계를 리드한다. 하지만 안타깝게도 죽음의 세계로 인도해 간다. 그것은 심념에다 가치를 두고 있기 때문이다.

그러므로 심념을 가진 자들이 득세하는 한 이 세상은 결코 하나가 될 수 없다. 항상 분리하고 언제나 둘로 나눈다. 그 결과로 인간 세상에는 절대 안락이 도래하지 않는다. 부분에서 하나로, 즉 분리에서 전체로 가는 풍조가 대세를 탈 때라야만 세상은 그나마 안락으로 나아가는 길을 찾게 된다.

海東疏 先明空中 卽有三句 略明 廣釋 第三總結 初中言一切染法不

50

相應者 能所分別不相應故

먼저 空을 밝히는데 세 구절이 있다. 간략하게 밝힌 이후에 넓게 해석하고 세 번째에 가서 전체적으로 결론짓는 형식이다. 처음에 말한 일체염법과는 상응하지 않는다고 한 것은 능소로 분별하는 것과는 상응하지 않는다는 말이다.

空을 밝힌다고 하셨는데, 空은 앞에서 말한 여실공을 말한다. 이 여실공을 줄여서 空이라고 한다. 그 空을 여기서 삼단계를 거치며 적나라하게 풀이해 주고자 한다.

능소는 주관과 객관이다. 이런 대립적 사고방식으로는 空과 불상응한다는 말씀이다. 空은 전체를 껴안고 능소는 부분을 선택한다. 그러므로 능소의 사고개념을 갖고 있는 한 절대로 空의 세계에 들어갈 수 없다는 것이다.

법화경에 世知辯聰세지변총 이라는 말이 나온다. 문법8난 가운데 하나다. 즉 불법을 제대로 받아들일 수 없는 여덟 부류 중 하나를 밝혔다. 그중 하나가 세지변총이다. 이들은 세상에 대한 지식이 많고 말을 잘하며 자기분야에 전문적인 지식을 갖고 있는 총명한 자들이다.

이런 사람들은 결코 자신의 기준을 버리지 않는다. 그것을 버려야 더 큰 포용의 세계로 나아갈 수 있는데 그들은 그것으로 자신을 삼고 있기 때문에 죽어도 그렇게 하려고 하지를 않는다.

그런 사람들을 세상에서 지성인 내지는 지식인이라고 부른다. 이런 부류의 사람들이 세상을 이끌어 가는 한 세상에는 결코 평화가 찾아오지 않는다. 평화를 밥 먹듯이 외치고 We are the world 라고 숨 쉬듯이 노래해도 그것은 사실상 불가능하다. 왜냐하면 범부의 마음은 분별과 차별로써 형성되어졌기 때문이다. 그것을 떠난 空의 마음과는 완전히 반대가 되어 있는 것이다.

海東疏 離一切法差別相者 離所取相故 以無虛妄心念故者 離能取見故 卽以離義而釋空也

일체법의 차별상을 벗어났다는 말은 소취상을 벗어났다는 말이고 허망심념을 벗어났다는 말은 능취견을 벗어났다는 말이다. 그렇게 벗어났다는 뜻으로 공을 풀이하고 있는 것이다.

위 대목에서 성사는 空은 능소로 분별하는 것과는 상응하지 않는다고 하셨다. 그 능소를 소취상과 능취상으로 풀이하셨다. 소취상은 차별상을 말하고 능취상은 허망심념이라고 하셨다.

소취상은 선택되는 대상을 말한다. 그것은 차별상에서 이루어진다. 그리고 능취상은 어떤 것을 취하고자 하는 주체적 업력이다. 이것은 허망한 심념에서 이루어진다.

쉽게 말하자면 무엇을 가지고자 하는 나의 마음과 무엇에 필이 꽂히는 객관적 대상을 능소라고 보면 된다. 이 능소를 벗어나면 거기에 空의 세계가 있다는 것이다.

起信論 當知 眞如自性 非有相 非無相 非非有相 非非無相 非有無俱相

마땅히 알라. 진여의 자체적인 모습은 있지도 않은 모습이고 없지도 않은 모습이다. 있지도 않은 모습도 아니고 없지도 않은 모습도 아니다. 있고 없고를 함께 갖춘 모습도 아니다.

진여는 범부의 마음 가운데 들어 있는 참 마음이다. 이것을 불성이라고 한다. 물론 **기신론**에서는 이것을 진여라고 표현하고 있다. 그런데 이 진여의 모습이 있느냐 없느냐 하는 것이다.

지금 이 문장은 진여의 모습에 대해 설명하고 있는 대목이다. 그러므로 진여는 그 모습이 있는 것인지 없는 것인지 확실히 짚어볼 필요가 있다.

그래서 마명보살이 여기서 범부들에게 마땅히 알아라고 하시면서 진여의 자체 모습에 대해 설명하기 시작한 것이다.

우리의 참 마음인 진여의 모습은 있지도 않은 모습이고 없지도 않은 모습이다. 또 있지도 않은 모습도 아니고 없지도 않은 모습도 아니다. 또 유무를 함께 갖춘 모습도 아니다고 하였다.

이제까지 모든 강사들은 非有相을 有相이 아니다 라고 보았다. 물론 非無相도 無相이 아니다 라는 형식으로 번역하였다. 하지만 나는 다르게 번역한다.

지금은 위에서 말했다시피 진여의 모습을 다루는 대목이다. 그 모습이 어떠냐 하는 것이기에 그 모습을 드러내 주어야 한다. 그러므로 비유상을 있는 모습이 아니다 라고 하는 것보다 있지 않는 모습이다 라고 해야 한다. 이것이 정석이고 정역이 된다.

起信論 非一相 非異相 非非一相 非非異相 非一異俱相

하나도 아닌 모습이며 다름도 아닌 모습이다. 하나도 아닌 것도 아닌 모습이며 다름도 아닌 것도 아닌 모습이다. 하나와 다른 게 보태어진 모습도 아니다.

위에서는 有無로 진여의 모습을 열거하였고 여기서는 一異로 진여의 모습을 판별하고 있다.

진여가 어떤 영향을 받았을 때 여일하게 하나로 있느냐 아니면 달라지는가 하는 것이다. 하나로 있다면 一이고 달라진다면 異이가 되는 것이다. 그렇다면 진여는 一인가 異인가를 판별해 보았을 때 一도 아니고 異도 아닐 뿐만 아니라 一과 異가 함께하는 모습도 아니라는 것이다.

도대체 그렇다면 진여의 참 모습은 어떻단 말인가. 有無의 모습도 아니다. 有無 아닌 모습도 아니다. 有無를 함께 하는 모습도 아니다. 一異의 모습도 아니다. 一이 아닌 모습도 아니다. 一異를 함께하는 모습도 아니다 라고 하는 이 진여의 모습은 도대체 어떻게 생겨먹었단 말인가.

起信論 乃至總說 依一切衆生以有妄心 念念分別 皆不相應 故說爲空 若離妄心 實無可空故

결론지어 말하자면 일체중생은 망심을 갖고 염념히 분별하다 보니 모두 다 空과 상응하지 못하고 있다. 사실 空이라고 하는 것도 만약에 망심을 벗어나버리면 진실로 가히 空이라고 할 것도 없다.

전자제품을 파는 곳에 가면 TV 화면이 온종일 움직이고 있다. 누가 보건 말건 계속해서 화면을 쏟아내고 있다. 조금도 쉬거나 간극 없이 연속해서 총 천연색 화면을 끝없이 방영하고 있다.

우리 마음도 마찬가지다. 조금도 쉬지 않고 계속해서 사념을 만들어 내고 있다. 이 사념을 위에서는 심념이라고 했고 여기서는 망심이라고 했다. 이 망심이 작동했다 하면 분별을 낳는다. TV를 틀면 모든 분별된 모습이 쏟아지듯이 망심이 움직였다 하면 천차만별의 분별상이 쏟아져 나온다.

TV나 우리 마음이나 그냥 두면 끊임없이 무엇인가를 분출해 낸다. 그래도 어찌 보면 TV는 범부보다 신세가 낫다. 사람이 잠든 밤에라도 조용하게 쉴 수가 있기 때문이다. 하지만 불쌍한 범부의 망심은 누가 꺼주지 않는다. 밤에도 망심의 사념은 중단 없이 흐른다. 단지 인지를 못하고 있을 뿐 망심의 작용은 그칠 줄을 모른다. 가끔가다 거친 꿈을 꿀 때라야만 망심이 제멋대로 작동하는구나 라고 스스로 자각할 뿐이다.

TV가 꺼지면 空의 세계로 돌아간다. 하지만 범부의 망심은 꺼지지 않는다. 밤낮이 아니라 1년 열두 달을 넘어 무량겁 동안 켜진 상태로 계속해서 망심을 쏟아내고 있다. 그러다 보니 도대체 무슨 망심을 지어내었는지 자신도 알 수가 없다.

더 나아가서 이제 망심을 쏟아내는 오작동이 정상인 줄 알고 있는 지경까지 와 있다. 더 기가 막히는 현실은 그 망심을 끄는 정지장치가 이미 고장이 나 버렸다는 것이다. 그래서 범부의 마음은 空과 맞아 떨어지지 않는다고 하였다.

그런 空은 범부가 일으키는 망심의 동요를 상대한 空이라서 범부의 망심이 없으면 굳이 空이라는 이름조차 붙일 게 없어진다. 그래서 원문에서 가히 空이라 할 것도 없다고 한 것이다.

海東疏 廣釋之中 明絕四句 四句雖多 其要有二 謂有無等及一異等 以此二四句攝諸妄執 故對此二以顯眞空

넓게 풀이한 중에서는 四句가 끊어졌음을 밝히고 있다. 四句가 비록 많으나 그 요지는 두 개다. 이를테면 有無 같은 것과 一異 같은 것들이다. 이 二四句는 모든 망집을 포함해 있다. 그러므로 이 두 가지를 상대로 진실된 空을 드러내고자 하는 것이다.

二四句는 有와 無, 一과 異를 말한다. 우리의 진짜 마음인 진여의 모습은 있거나 없거나 아니거나 다르거나 하는 것과는 전혀 상관이 없다. 세속 사람들의 모든 분별망상은 이 네 가지를 기초로 하고 있다. 있나 없나 하나냐 다르냐 하는 四句사구를 전제로 중생의 삶이 만들어져 간다.

하지만 진여의 모습은 이 네 가지의 사고 범위를 벗어나 있다. 그래서 四句가 끊어졌다고 하신 것이다. 그러므로 이 네 가지 계산으로 진여의 모습을 판단하려 해서는 절대 불가하다고 하는 것이다.

四句가 비록 많으나 요지는 두 개다. 두 개를 벌리면 四句가 되고 四句를 벌리면 百非가 된다.

백비는 백 가지로 벌려 답을 찾아도 그 답은 아니다 라는 것이다. 하늘을 백 가지 방법으로 설명해도 진짜 하늘이 될 수 없는 것과 같이 우리 마음을 백 가지 방법으로 설명해도 그 어떤 답도 나오지 않는다 라는 것이다.

두 개는 有無와 一異다. 有無는 존재성을 말하고 一異는 변화성을 뜻한다. 즉 우리 마음의 존재는 무엇이며 또 어떻게 변화하느냐 하는 것이다. 이 두 가지 방법으로 우리 마음이 결국 空이라는 모습임을 멋지게 추론해 낸다.

먼저 有에 대한 정의다. 즉 마음이 있느냐 하는 것이다. 有 非有 亦有亦非有 非有非非有. 마음은 있다. 있지 않다. 또한 있으면서 또한 있지 않다. 있지 않으면서 있지 않은 것도 아니다.

다음은 無에 대한 정의다. 즉 마음이 없느냐 하는 것이다. 無 非無 亦無亦非無 非無非非無. 마음은 없다. 없지 않다. 또한 없으면서도 또 없지 않다. 없지 않으면서 없지 않은 것도 아니다.

다음은 一에 대한 정의다. 즉 마음이 여일하게 하나냐 아니냐 하는 것이다. 一 非一 亦一亦非一 非一非非一. 마음은 하나다. 하나가 아니다. 또한 하나이면서 또 하나가 아니다. 하나가 아니면서 하나 아닌 것도 아니다는 것이다.

마지막으로 異에 대한 정의다. 異 非異 亦異亦非異 非異非非異. 마음이 다르냐 다른 것이 아니냐 하는 것이다. 또한 다르면서 또 다른 것이 아니다. 다른 것이 아니면서 다르지 않은 것도 아니다 라고 한다.

海東疏 如廣百論云

저 **광백론**에서 말하기를,

광백론은 데바보살이 지은 대승의 논서다. 이 책에 대해 원효성사는 **광백론종요**와 **광백론지귀**, 그리고 **광백론촬요**를 쓰실 정도로 이 논서에 많은 관심을 가지신 것 같다.

이 책의 핵심은 외도가 갖고 있는 집착을 깨부수는 논리로 구성되어 있다. 즉 일체의 법은 존재하므로 有인 것이다는 외도와 오온이 있다는 소승의 사상을 망집으로 보고 그들에게 진실된 무아의 법을 천명하는 데 주안점을 두고 있다.

데바는 AD 3세기경의 스리랑카 스님이다. 그분의 삶은 여느 스님들과 달리 참 드라마틱하고 다이나믹한 면이 있다. 용수보살이 인도에서 대승불교의 큰 법좌를 열었다는 소식을 듣고 그분을 직접 친견하고자 스리랑카에서 바다를 건너 남인도로 들어왔다.

고향에서 동북부 인도까지의 5만 리 행로는 상상할 수도 없는 고난의 연속이었다. 인도대륙을 한 개의 밥그릇만 들고 맨발로 종단하는 데는 초인적인 힘이 필요했다.

기아와 질병에 이어 맹수들의 공격과 자연재해는 몇 번이나 그를 죽음의 문턱까지 끌고 갔다. 그래도 끝까지 굴하지 않은 구도심으로 그는 용하게도 살아남았다. 하지만 그는 목숨 대신 눈 한 쪽을 잃고 말았다. 그때부터 사람들은 그를 가나데바라고 불렀다. 가나의 뜻은 애꾸라는 뜻이다.

그 긴 시간 동안 그는 중도에서 수많은 소승의 수행자들을 만났다. 그는 지치고 탈진했지만 그들의 가르침을 받는 데는 조금도 소홀히 하지 않았다. 마치 **화엄경**에서 선재동자가 53선지식을 찾아 불법의 요지를 참구하듯이 유명한 고승들을 그냥 지나치지 않고 모두 다

참례하면서 그들의 법을 익히고 수련하는 데 한시도 게을리 하지 않았다.

그렇게 10년이란 시간이 지난 어느 날 저녁 그는 말할 수 없는 갖은 고초 끝에 드디어 용수보살이 머무는 처소에 도착했다.

헝클어진 장발머리에 긴 수염, 말라빠진 형모에 애꾸눈, 너덜너덜하게 낡아빠진 가사자락, 땟국물로 범벅이 된 울타라승과 안타회. 어디로 보나 참 볼품없는 몰골로 空사상의 대두이며 당대 최고의 고승인 용수보살 앞에 엎어지듯 무릎을 꿇었다.

"애꾸! 내가 잘 보이는가?"
"반만 보입니다."
"그래?! 이제 아주 그냥 나머지 눈마저 뺏어버리겠다."

용수보살은 흔쾌히 그를 제자로 받아들였다. 그분의 제자가 된 예바는 대승의 空사상에 깊이 매료되었다. 거기서 10년 동안 스승을 깍듯이 모시며 대승사상을 체계적으로 착실히 익혔다. 그 결과 그는 누구도 감히 흉내 낼 수 없는 불세출의 명작을 완벽하게 저술해 내었다. 그것이 바로 **백론** 2권 **백자론** 1권 **광백론** 1권 **대장부론** 2권 **외도소승열반경** 1권 등이다.

그리고는 다시 그가 10년 전에 지나왔던 길을 회귀하기 시작했다. 북인도에서 남인도까지 장장 5만 리 길을 거꾸로 종단하는 것이다. 그 이유는 북인도로 올라올 때 소승의 법문을 고맙게 가르쳐 준 많고 많은 스님들을 일일이 찾아 역으로 대승의 법을 전해주려 하는 의도에서였다.

또 말할 수 없는 고통과 고난이 그를 힘들게 했었지마는 그는 목숨마저 개의치 않고 구도에서 전법의 원력으로 한 걸음 한 걸음 아래쪽으로 내려갔다. 그렇게 나아가기를 또 다시 10년, 그는 드디어 천신만고 끝에 방갈로르를 거쳐 인도 땅 끝 지점인 미두라이에 도달했다.

그리고 그는 스승인 용수보살에게 전갈을 보냈다. 이제 대승의 길을 남북으로 뚫어 놓았으니 스승님께서는 남부인도의 중생들도 거두어 주십시오 라는 간곡한 메시지였다. 스승은 감동했다. 즉시 채비를 차리고 그 스승도 그의 발길을 따라 남쪽으로 출발했다.

스승과 제자는 남부인도 나두nadu 에 있는 어느 큰 소승의 수도원에서 극적으로 해우했다. 그러자 그 지방의 왕인 오타연나가 용수보살의 내방에 큰 감명을 받아 성대한 법회를 봉행했다.

용수보살은 오타연나 왕을 위해 왕이 날마다 행하여야 할 일을 말하고 그것을 행하도록 권고하는 게송을 읊었다. 그 게송을 묶어 놓은 것이 바로 **용수보살권계왕송**이라는 책이다.

데바는 이제 자기가 할 일을 어느 정도 다 했다고 생각하고 고국인 스리랑카로 돌아가려 하였다. 그러나 스승인 용수는 그것을 허락하지 않았다. 도리어 그와 함께 북인도로 다시 돌아가자고 하였다.

그는 고국으로 돌아가는 것을 포기하고 다시 노스승을 모시고 북인도로 돌아갔다. 그리고 거기서 부처님으로부터 내려오는 전법의 증표인 가사와 발우를 전해 받고 제15대 전수자가 되어 스승이 남긴 대승불교의 교리를 크게 드날렸다.

어쨌거나 **광백론**은 그의 명작이다. 그것을 3백여 년이 흐른 뒤에 현장스님이 한자로 번역하였다. 그것을 원효대사가 지금 인용하시는 것이다. 여기서 참 이해 못할 일이 하나 있다. 현장법사가 한창 그것을 번역하고 있을 때 신라의 원효는 이미 이 **광백론**을 보고 있었다는 것이다.

보통 중국에서 하나의 경론이 번역되면 그것이 신라에 전해지는데 평균 50에서 100여 년이 걸린다. 하지만 현장이 번역하고 원효가 해설한 것들을 보면 그렇지만은 않다는 것이다. 현장은 원효성사보다 약 20년 뒤의 스님이다. 그러므로 현장이 한창 번역에 몰두할 때 원효는 이미 70이 넘는 연세가 된다. 70이면 성사가 문헌상으로 열반에 드신 나이가 된다.

앞에서 **현량론**에 대해 한 번 언급하였지마는 이것은 연대적으로 거의 불가능하다. 즉 현장이 중국에서 번역하고 원효성사가 신라에서 그것을 받아보고 거기에 주석을 붙인다는 것은 있을 수 없는 일이 되는 것이다.

그래서 성사를 生而知之하신 분이라고 하는 것이다. 생이지지는 태어나면서 이미 다 알고 계시다는 뜻이다. 이런 능력자는 십지보살만이 가능하다. 그래서 성사를 모두 십지보살이라고 부르는데, 그 이유 중에 하나가 바로 이런 이유도 포함되는 것이다.

[海東疏] 復次爲顯世間所執諸法皆非眞實 及顯外道所執不同 故說頌曰 有非有俱非 一非一雙泯 隨次應配屬 智者達非眞

다시 이어서, 세간 사람들이 집착하는 모든 법은 다 진실이 아니다. 그리고 空은 외도가 집착하는 것과 같지 않음을 나타낸다. 게송으로 말하자면 有와 非有 함께 아니다. 一과 非一 같이 털어버린다. 이렇게 짝을 맞춰 나아가면 지혜로운 자는 진실이 아님을 통달할 것이다 고 하였다.

우리가 지금 공부하고 있는 대목은 진여상에 대해서다. 진여상은 진여가 갖고 있는 모습이다. 그 모습을 위에서 속성이라고 했다. 즉 진여가 갖고 있는 내용과 그 내용이 만든 형태 모두를 相이라고 했다. 그러니까 지금 문장은 진여의 모습이 어떤 것인가에 대한 **광백론**의 말씀을 성사가 계속 인용하고 있는 것이다.

거기서, 진여의 모습은 세간 사람들이 알고 있는 것과는 다르다. 그리고 외도가 알고 있는 그런 모습도 아니다 라고 했다.

그러면서 진여의 모습은 있는 모습도 아니다. 그렇다고 있지 않는 모습도 아니다. 그리고 여일한 모습도 아니고 달라지지도 않는 모습도 아니다 고 했다.

이런 형식으로 진여상을 궁구해 보면 세상 사람들과 외도가 얼마나 무모하게 우리 마음을 정의하고 있는지 지혜로운 자는 잘 알게 될 것이다고 했다.

[海東疏] 釋曰 一切世間色等句義 言說所表 心慧所知 情執不同 略有 四種 謂有 非有 俱許 俱非 隨次如應配四邪執 謂一 非一 雙許 雙非 풀이하자면 일체세간의 물상들이나 말의 의미는 언설로 드러낼 수 있다. 심혜로 아는 것은 정집으로 아는 것과 같지를 않다. 기기에 간략히 네 종류가 있다. 이를테면 有와 非有와 俱許와 俱非다. 차례를

62

따라 네 가지 삿된 집착에 배치하면 一과 非一 雙許과 雙非가 된다.

눈앞에 보이는 물질은 언어로 표현할 수 있다. 그것은 일정한 모양과 색깔을 갖고 있기 때문이다. 하지만 모습이 없는 진여는 이렇다고 단적으로 표현해 낼 방법이 없다. 그래도 사람들은 마치 다 알고 있는 것처럼 계속 말하고 있다. 그들은 입을 다물 줄 모른다. 절대로 모른다 소리를 하지 않는다.

사람들은 자기 견해만큼 세상을 안다. 그 폭을 만드는 것이 바로 情執정집이다. 심혜는 정집으로 아는 것과 다르다. 그러므로 정집으로 아는 것은 마음의 지혜로 아는 것과 완전 차이가 난다. 정집에서 나오는 앎은 지식의 창고에서 나온 것이다. 그 창고는 오염이 되어 있기 때문에 참 지혜가 아니다. 오염된 지혜다. 그래서 정집이라고 한다.

情執은 감각기관과 생각으로 만들어진 앎이다. 이 앎으로는 절대로 진여상을 가능할 수가 없다. 진여상을 알려고 하면 정집의 지식을 버리고 심혜로 직관해야 한다. 그러면 거기에 진여의 참모습이 활연히 나타나게 된다.

정집으로 보면 마음의 진여상은 있다와 있지 않다로 나뉜다. 그리고 둘 다를 인정하거나 둘 다를 부정하는 네 가지 방식이 나온다. 이것을 외도의 사상에 짝 맞추어 보면 여일하다와 여일하지 않다로 나누고, 둘을 서로 인정해 주고 둘 다를 부정해 주면 바로 네 가지 결론이 나온다. 성사는 여기서 끝내지 않고 **광백론**의 내용을 계속 인용해 나가신다.

數論外道執有等性與諸法一 卽當有句 此執非眞 所以者何 若靑等色與色性一 應如色性其體皆同

수론외도는 有 등의 본성은 모든 법과 동일하다고 집착한다. 그러다 보니 이것은 有 구절에 해당된다. 이 집착은 진실이 아니다. 왜냐하면 만약 푸른 색상이 그 색성과 동일하다면 응당히 색성은 그 본체와 함께 동일해야 한다.

부처님 당시 때 여섯 종류의 유명한 외도의 교파가 있었다. 그중 하나가 수론외도다. 이 사람들은 수학처럼 완전한 등식으로 因과 果 를 정립한다. 그래서 그 이름을 수론외도라고 한다. 예를 들면 원인 이 있음으로 해서 결과가 있다. 그러므로 원인과 결과는 같다고 하는 논리로 세워진 교파이다.

이 수론외도들은 세상에 있는 모든 것들은 그것을 만드는 본성이 있다고 한다. 본문에서 언급한 일체법은 空의 법을 말한다. 그들은 진여법과 세상의 법은 동일하게 본다. 그래서 세상의 법이 있다고 해서 有라는 구절이 붙여졌다. 하지만 **대법론**에서는 이런 견해는 진 실이 아니라고 한다.

그 이유는 푸른 색상이 그 색성과 동일하다면 응당히 역으로 색성 은 색상과 같아야 한다. 즉 푸른 나무는 푸른색의 성질을 가진 나무 에서 만들어진 것이어야 한다.

그러니까 푸른 성질을 갖고 자란 푸른 나무는 반드시 푸른 나무가 되어야 한다는 논리이디. 대나무뿌리는 노랗지만 대나무는 푸르고 파뿌리는 하얗지만 파는 푸르다.

하지만 일체법의 세계에서는 푸른 성질도 없고 푸른 나무도 없다. 모두가 다 인연에 의해 만들어진 일시적 현상에 있다. 그러므로 실재가 없다. 그래서 이것은 진실이 아니다고 말했다.

海東疏 五樂等聲與聲性一 應如聲性其體皆同

오락 등의 소리가 소리의 본성과 동일하다면 응당히 소리의 본성인 그 본체가 모두 다 같아야 한다.

다섯 개의 악기가 있다. 금슬 생우 북 종 경죽이다. 이것들이 다섯 가지 소리를 만들어 낸다. 세상에 무슨 악기가 다섯밖에 없겠는가. 많고 많은 악기가 있다. 모든 악기들은 제각기의 소리를 낸다. 둔탁한 소리 감미로운 소리 부드러운 소리 날카로운 소리 아름다운 소리 등 아주 다양한 음을 낸다.

그 소리들이 소리만이 가지고 있는 본성이 있다면 그 소리와 악기의 소리는 같아야 한다. 하지만 악기치고 같은 소리를 내는 것은 없다. 어떻게 튕기고 어떻게 두드리느냐에 따라 아주 다양한 소리가 나오므로 소리가 다 다르다. 그래서 소리의 본성이 있다는 有의 집착은 버려야 한다는 것이다.

海東疏 眼等諸根與根性一 應如根性其體皆同 應一一根取一切境 應一一境對一切根

눈 등 모든 감각기가 감각기의 본성과 하나라면 응당히 감각기의 본성이 그 감각기의 본체와 같아야 한다. 응당히 하나하나의 감각기는 일체의 경계를 취하고 응당히 하나의 경계는 일체의 감각기를 상대해야 한다.

눈이 만약 눈이 갖고 있는 본성과 하나라면 눈이 사물을 볼 때 눈의 본성과 하나가 되어야 한다. 즉 눈의 본성이 파란색이라면 세상천지는 파랗게 보여야 한다. 그런데 눈의 본성은 없다. 눈은 그저 마음의 창구역할을 한다. 그래서 눈에는 어떤 색의 본성이 없다. 어릴 때 부른 동요 하나가 있다.

우리들 마음에 빛이 있다면
여름엔 여름엔 파랄 거예요
산도 들도 나무도 파란잎으로
파랗게 파랗게 덮인 속에서
파란 하늘 보고 자라니까요.

이처럼 범부의 마음에 빛의 본성이 있다면 사물은 우리 마음과 하나가 되어야 한다. 그렇게 하나로 보이지 않으면 사물과 눈의 본성은 하나가 될 수 없다.

귀도 마찬가지고 코도 마찬가지다. 모든 감각기관의 본성이 있다면 그 기관이 작용을 할 때 그 본성과 같아야 한다. 그러나 외부의 모습과 소리와 냄새 같은 것들은 모두 다 다르게 나타난다. 다르다는 말은 나의 감각기관이 갖고 있는 자체 본성이 없다는 말이다.

又一切法與有性一 應如有性其體皆同也

또 일체법이 有와 본성이 하나라면 응당히 有의 본성은 그 본체와
모두 같아야 한다.

　마지막에 일체법이 有와 본성이 하나라면 마땅히 有의 본성은 그
본체와 동일해야 하지만 有는 현상일 뿐 실재가 아니기 때문에 동일
할 수가 없다.
　그러므로 이 수론외도가 주장하는 有의 논리는 틀릴 수밖에 없다.
그래서 진실이 아니다 라고 하였다.

海東疏 勝論外道說有等性與諸法非一 當非有句 此亦非眞 所以者
何 若靑等色與色性異 應如聲等非眼所行 聲等亦爾

승론외도는 말하기를, 有 등의 본성이 일체의 법과 하나가 아니다고
한다. 그래서 非有의 구절에 해당된다. 이것 또한 진실이 아니다. 왜냐
하면 만약에 청색 등의 색상이 색성과 다르다면 응당히 소리처럼
눈의 작용이 아니어야 한다. 소리 또한 그러한 것이다.

　승론외도 역시 부처님 당시 때 유명했던 외도의 교파다. 그들의
주장은 인과를 인정하지 않는다. 일체의 만법은 因은 因이고 果는
果라는 논리를 내세운다. 즉 세상은 인과관계로 건립되어 있지 않다
는 것이다. 이것은 대다수의 현대인이 갖고 있는 사고방식과 같다.
하지만 이 논리도 진실은 아니다.
　원인에 의한 결과라면 원인 없는 것들이 생기는 것은 무엇인가.

원인은 그냥 원초적 원인일 뿐이다. 거기에 수많은 외부요인이 작용해서 현재 보이는 果의 현상이 나타난 것이다. 果라고 해서 다시 또 어떤 因을 모두 다 만드는 것은 아니지 않는가. 果로써 끝이 나 버리듯이 因도 그렇다. 그러므로 원인과 결과를 직접적으로 연결 지어 생각할 필요는 없다고 한다.

그래서 청색 등의 색상은 그 색성과 다르다고 한다. 색성은 비록 붉은색이지만 외부의 환경과 조건에 의해 그것이 흰색이 나타날 수 있다는 것이다. 귀가 소리를 듣는 것이지 똑 같은 감각기관이라고 해서 눈이 소리를 듣는 것은 아니다 라는 논리다.

그래서 동일함의 인과는 없는 것이라고 해서 非有라고 하였다. 非有는 無와 같은 뜻이다.

[海東疏] 又一切法異有性者 應如兔角其體本無 乃至廣破

또 일체의 법이 有의 본성과 다르다면 응당히 토끼 뿔처럼 본래 없어야 한다며 널리 그 논리를 깨뜨리고 있다.

그들은 말한다. 진여의 세계와 현상의 세계는 분명 다르다. 눈과 소리가 다르듯이 그 본연의 작용이 다르다. 존재하는 것들 모두가 다 어떤 인연에 의해 건립되고 있다면 새로운 것들은 하나도 생겨나지 않아야 한다고 한다.

이 논리를 논파하기 위해 토끼 뿔을 비유로 들었다. 토끼 뿔의 본성은 없다. 원래 없기 때문이다. 그래시 현재 토끼의 뿔은 없다는 것이다. 마찬가지로 진여의 세계가 현재의 현상모습과 전혀 다르다면 현재의 모든 것들은 토끼 뿔처럼 원래부터 없어야 한다는 논리로 그들의 잘못된 인식을 깨뜨리고 있다.

海東疏 無慙外道執有等性與彼諸法亦一亦異 當於亦有亦非有句 此亦非眞 所以者何 若有性等與色等一 同數論過 與色等異 同勝論失

무참외도는 有 등의 색성이 모든 법과 더불어 같기도 하고 다르기도 하다고 한다. 이것은 有도 되고 非有도 함께 된다는 구절에 해당된다. 이것 역시 진실이 아니다. 왜냐하면 만약에 有 등의 본성이 색상 등과 더불어 하나라면 수론외도의 과실과 같아지고 색상 등과 더불어 다르다면 승론외도의 과실과 같아지기 때문이다.

무참외도의 주장은 일체법의 인과는 因이 없으면 果가 없고 因이 있으면 果가 있으므로 一이라 할 수 있고, 또 因은 因, 果는 果이기에 異라 할 수 있다고 한다. 참 무참외도다운 발상이다. 무참이라는 말은 부끄러움이 없다는 뜻이다.

외도라는 말은 불법 이외의 방법으로 깨달음을 얻고자 하는 모든 교리와 그 교리를 신봉하는 자들을 통틀어 일컫는 말이다. 무참외도는 有와 非有의 이론을 함께 지지한다는 교리다. 이러면 그 교리 자체가 선명성이 없다. 때에 따라 주창하는 논리가 다르기 때문에 사람들은 혼돈될 수밖에 없다. 그래서 무참외도라고 한다.

이 무참외도는 고행주의자들이다. 주로 자이나교도들을 지칭한다. 자이나교를 일대 정비하고 중흥한 자는 마하비라인데 그는 부처님 당시에 맹렬히 활약하였다.

원래 고상한 성자가 나타나면 그에 걸 맞는 또 다른 경쟁자가 나타나기 마련이다. 그 경쟁에서 이기는 자는 위대한 성자가 되는 것이고 또 한 사람은 그를 그렇게 만드는 역할을 충실히 하는 보조자로 그치고 만다.

　마하비라는 정말 부처님과 대등하리만치 굉장한 분이었다. 그분은 수 천 년 동안 이어져 내려오던 자이나교의 전통과 그들을 따르던 기득권의 세력을 등에 업고 가히 폭발적인 교세로 북부인도를 장악해 나갔다.

　그에 비하면 부처님은 완전히 맨땅에 헤딩하는 수준이었다. 대각을 이루고 난 뒤에 제자로는 다섯 명의 비구와 일반인으로는 장사하는 무리 50여 명을 겨우 얻은 상태에서 시작하였기 때문이다.

　이 두 분의 제자들은 바깥에서 심심찮게 부딪히고 다투었다. 서로의 교리에 대한 우월감으로 격론을 벌리기도 하였고 공양을 얻는 구역을 두고도 분쟁을 일으켰으며 많은 신자들을 점유하려고 서로 맞서기도 하였다. 불교인들은 언제나 수동적인 입장에 있었지마는 자이나교도들은 불교인들을 향해 입에 담지 못할 욕설과 모욕을 주면서 거칠게 핍박하고 무례하게 괴롭히기도 하였다.

　하루는 빔비사라왕이 부처님의 제자들 500명을 초청하여 공양을 드리기로 하였다. 이 소식을 들은 자이나교도들은 왕의 차별적 대우에 적잖은 불만을 쏟아내었다. 어쩔 수 없이 왕은 자이나교 수행자 500명도 같은 날 같은 시각에 똑같이 왕궁으로 초청해 공양을 베풀어야 했다.

　비구들은 발우와 함께 가사를 두르고 나타났지만 그들은 그들의 전통대로 아무것도 없이 모두 나체로 등장했다. 비구들은 공양물을 일단 발우에 담아 식사를 하지만 그들은 완전히 맨손으로 한다. 비구들은 앉아서 여법히 식사를 하지만 그들은 서서 식사를 한다. 비구들은 고기건 생선이건 일단 공양을 올리면 모두 받아먹지만 그들은 완벽하게 채식만 한다.

공양이라는 말이 나온다. 공양은 스님들이 먹는 음식이다. 供공은 이바지한다는 말이고 養양은 기른다는 뜻이다. 그러니까 수행에 이바지하기 위하여 육신을 살리고자 먹는 음식을 공양이라고 한다. 그렇다면 일반인들은 무엇 때문에 음식을 먹는 것일까. 중생의 등류에 따라 음식의 이름이 다 다른 것이 흥미롭다. 의식 등급이 제일 낮은 것부터 살펴보자.

어류다. 어류는 미끼를 문다. 조류는 모이를 쪼고 짐승은 먹이를 먹는다. 보통사람은 밥을 먹고 가문 좋은 집안의 어른은 진지를 드신다. 스님은 공양을 하고 임금은 수라를 먹는다. 황제는 진수를 먹고 부처님은 마지를 드신다.

뼈대가 있는 가문이라고 자랑하던 집안의 큰 아들이 장가를 들었다. 신혼여행을 갔다 온 새 며느리가 시가에 정식으로 들어왔다. 다소곳이 한복을 차려입고 정성스레 첫 밥상을 차렸다. 그리고는 안방을 향해

"아버님 어머님 식사하세요."
"뭐지?! 이거."

미끼를 무는 어류의 입은 사람처럼 입이라고 부른다. 실로 파격적인 대우다. 조류는 부리며, 작은 동물은 주둥이고 큰 동물은 아가리다. 북한은 아직도 이 말을 쓰는데 우리는 이제 쓰지 않는다.

황제의 입은 칙구다. 그렇다면 부처님의 입은 무엇일까. 부처님의 입은 금구라고 한다. 금빛이 나는 입에서 금 조각 같은 말씀을 내놓으신다고 해서 이렇게 부른다.

어쨌거나 식사시간이 끝나자 빔비사라왕은 인사차 자이나수행자들을 방문하였다. 그들은 왕의 바람대로 육류와 생선에는 털끝 하나 손대지 않았다. 그런데도 그들은 정말 대단하고 훌륭한 식사였다고 매우 만족해하며 고마워했다.

이어서 불교 비구들이 식사한 장소를 찾았다. 그런데 거기서 왕은 눈이 휘둥그레졌다. 고기와 생선 같은 것들을 모두 다 말끔히 먹어치워 버렸던 것이다. 왕은 실망했다. 그리고 전혀 이해가 되지 않았다. 왕은 급히 수레를 몰고 가까운 수도원에 계시는 부처님께 달려갔다. 그리고는 따지듯이 비구들이 저지른 식사매너를 고해 바쳤다. 그런데 부처님의 대답이 완전 예상 밖이었다.

"그래서 어쨌다는 것입니까?"
"그들이 고기와 생선까지 다 먹어 치웠다고요."
"우리는 채식주의자들이 아닙니다."
"?!"

기억해 두어야 한다. 불교는 채식주의자들이 아니란 사실이다. 가난한 촌부가 궁핍해서 고기를 사 먹을 돈이 없었다. 언제나 푸성귀만 먹고 살았다. 그래서 그는 언제나 풀만 먹고 산다고 하였다. 그러자 마을 사람들도 그가 풀만 먹고 사는 줄 알았다. 그런데 동네잔치가 열리고 돼지수육이 상위에 올라왔다. 촌부는 그것을 맛있게 먹었다. 그때 마을사람들이 뭐라고 한마디씩 할까.

촌부는 순수채식주의자가 아니다. 환경이 그렇게 만들었다. 마찬가지로 대승불교의 환경과 조건이 스님들을 채식주의자로 만들었다. 하지만 위의 예처럼 언제든지 환경과 조건이 달라지면 고기와 생선을 먹을 수 있는 길이 열려 있다. 이것이 바로 불교가 자이나교도들의 식생활과 완전히 다른 점이다. 그러므로 완벽한 채식을 원한다면 자이나교에 귀의해서 그들의 식습관을 따라야 한다.

자이나교도들은 불살생을 극대화한다. 그들은 아무리 미물의 생명이라도 고의로 살생을 하지 않는다. 길을 걸을 때도 신중히 살펴서 걷고 집 안에 있을 때도 조심해서 앉는다. 수행자는 물론 교도들도 이것을 철저히 따른다. 그러므로 자이나교도가 되면 농사나 육류장사 같은 것들은 절대 하지 않는다.

자이나수행자들은 아무것도 가지지도 걸치지도 않는다. 가지는 것은 특별히 한 개만 허용된다. 손 빗자루다. 이것은 앉을 자리에 있는 벌레를 쓸어내고 주위에서 다가오는 미물들을 물리치는 용도다. 그 외에는 아무것도 없다.

그에 비해 불교수행자들은 여섯 개나 가지고 있다. 오른쪽 어깨가 훤히 드러나는 얇은 윗도리와 치마같이 아랫도리를 감아 묶은 바지, 그 위에 대 가사다. 이것을 三衣라고 한다.

살바다율에서 이 옷은 미증유의 의복이다. 외도는 이런 의복이 없다. 이 옷을 제정한 것은 96종의 외도와 다른 모습을 보이기 위해서이다 라고 하셨다.

사분율에 보면 삼세여래도 위와 같은 삼의를 입고 계신다고 하셨고, **승기율**에서는 이것은 불교수행자의 표식이다고 하셨다. **잡아함경**에서는 이 옷을 입고 사무량심을 닦는다.

그러므로 삼의는 자비의 복장이다고 하셨다. 또 **십송률**에서는 칼로 잘라서 만들었기 때문에 참괴의 뜻이 담겨져 있는 옷이다고 하셨다.

화엄경에서는 가사를 입는다는 것은 삼독을 버리는 것이다고 하셨다. 또 **사분율**에서는 번뇌에 속박된 자는 이 가사를 입을 수 없다고 하셨고, **현우경**에서는 가사를 입는다는 것은 생사를 빨리 벗어나 해탈을 얻을 수 있는 길이다고 하셨다.

또 있다. **지도론**에서는 외도는 나체로 살기 때문에 부끄러움이 없지만 불제자는 중도에 머물기 때문에 삼의를 입는다고 하였다.

계단경에서는 삼의는 삼독을 자른다는 의미다. 하의를 입는 것은 몸에 애착하는 것을 끊기 위함이고 상의를 입는 것은 성냄을 끊기 위함이다. 그리고 대가사를 입는 것은 부처님에 대한 의심을 끊기 위함이다고 하셨다. 또 **역관경론**에서는 오로지 중생을 위하여 입은 옷이기 때문에 불교를 믿는 자들은 이 옷을 입은 수행자들을 받들어 모시라고 하였다.

그리고 발우라는 밥그릇이 있다. **마하승기율**에 이것은 출가한 자가 걸식을 하기 위한 밥그릇이다고 하셨고, **십송율**에서는 이것은 삼세제불이 지켜보는 밥그릇이니 악용하지 말라고 하셨다.

밥그릇은 초기에 진흙이나 돌로 만들어 사용했다. 그것은 외도들이 나무발우를 갖고 걸식을 하였으므로 그들과 차별화를 두었던 것이다. 그래서 **선견율**에 삼승과 보살이 모두 다 진흙발우를 들고 다니셨다고 하신 것이다.

어느 날 늙은 비구 하나가 진흙바루를 다루다가 떨어뜨린 적이 있었다. 무거웠기 때문이다. 물론 발우는 무참히 깨어져버렸다. 맨손으로 밥을 받아먹는 자이나교 같았으면 전혀 문제 될 것이 없겠지만 걸식에 의존해 생활하는 비구는 발우가 생활 제일필수품이 되기 때문에 어찌할 바를 몰라 슬피 울고 있었다.

제자들은 부처님께 이런 불상사를 없애기 위하여 우리도 가벼운 나무발우를 쓰자고 간곡히 청원하였다. 부처님은 그 소리를 듣고 이제부터 나이 많은 제자들은 떨어뜨려도 깨어지지 않은 철발우를 쓰라고 하셨다. 만약 누구든 그 철발우를 잘못 다뤄서 찢어지거나 깨어지면 세 번이나 기워서 쓰라고까지 하셨다.

그때 당시에 얼마나 외도들의 사회적 문제가 심했으면 그들이 사용하는 발우까지 같은 재질로 쓰는 것을 허용하지 않았을까 하는 생각을 하면 그분의 고충어린 결정이 가슴을 아프게 한다. 그래서 **오분율**에 목발우를 쓰면 투란죄를 범하는 것이다고 하셨고, **승기율**에서는 목발우는 외도의 표상이다고 하신 것이다.

三衣와 발우에 이어 깔개가 있다. 이것은 비구가 앉거나 누울 때 사용하는 헝겊으로 된 천이다. 원래 가로는 60센티미터이고 가로는 120센티미터였다. 그때 거구를 가진 가류타이라는 비구가 있었는데 이 크기로는 앉고 눕기가 너무 불편한 치수였다. 그것을 본 대중들이 간곡하게 더 큰 것을 원하자 부처님이 그들의 청원을 받아들여 크기를 한 자 더 넓혀 주셨다.

그러니까 이제 가로는 90센티미터이고 세로는 150센티미터가 되었다. 크게 만들어도 되는데 구태여 그렇게까지 작게 제정하신 이유는 물자절약과 이송편리에 역점을 두신 것이다. **사분율**에 이것은 비구의 몸을 보호하고 삼의를 보호하는 것이다고 하셨다. 이것이 없는 자이나교 수행자는 유행할 때 대부분 맨땅에 앉거나 돗자리 또는 나무판자 위에서 생활한다.

그 다음은 거름망이다. 물속에 벌레들이 살고 있기 때문에 그 생명을 죽이지 않기 위해 비구는 반드시 물을 걸러서 마셔야 한다. 그래서 매미채 같은 거름망을 항상 갖고 다닌다. **살바다율**에서 물을 마시기 전에 반드시 물 가운데 벌레가 있는지 없는지 확인하라. 있으면 바로 놓아주고 없으면 걸러 마시라고 하셨다.

비구가 자신의 손으로 물을 걸러서 마시는 대신 자이나교도들은 신자들이 물을 걸러서 제공한다.

그러므로 그들은 이런 도구조차 거추장스럽게 갖고 다닐 필요가 없다. 지금까지 말한 이 여섯 가지는 비구가 항상 지녀야 하는 필수품이다고 **유부비나야잡사 십송율 선견율비바사 사분율 근본살바다부율** 등에서 한결같이 말씀하시고 있다.

이것으로 보았을 때 불교도는 자이나교들에 비하면 일단 가진 것이 많다는 것을 알 수 있다.

그러므로 불교인들을 보고 무소유를 요구해서는 안 된다. 불교수행자들은 환경에 따라 최소한의 생활을 유지할 수 있는 물품들은 소지하고 있어야 하기 때문이다. 무소유 삶을 존경하려면 불교인이 아니라 자이나교들을 깍듯이 모셔야 한다.

콜카타에 있던 국제수도원에서 오래전에 같이 수행하던 국제승려들이 30년 만에 다시 해우를 했다. 오랜만에 베나레스까지 하드트레이닝을 하자고 의견이 모아져 내가 그들의 리더가 되었다. 아침 일찍 출발하기 전에 물품정리 신고가 있었다.

"비구 6물은 다 챙겼습니까?"

"6물이 아니라 7물입니다."

"7물이라니요?"

"핸드폰이 하나 더 추가되었습니다."

독일스님 하나가 자기 핸드폰을 들고 흔들면서 이것이 바로 현재의 비구들과 떨어지려야 떨어질 수 없는 소지품이 되었다고 너스레를 떠는 바람에 모두들 한꺼번에 와 하고 웃은 적이 있다. 문명사회 속에서 살아가는 출가스님들도 이미 자기도 모르게 노모포비아No Mobile Phone Phobia 가 되어 버린 것이다.

스님들은 보름마다 머리를 깎는다. 머리를 깎는 이유는 머리칼에 애착을 두지 않게 하기 위해서라고 **사분율**은 밝히고 있다. 자이나교 수행자들은 머리를 깎는 대신 직접 손으로 뽑는다. 3개월에 한 번씩 머리나 수염을 맨손으로 쥐어 뽑는다.

보통 사람들은 삐져나온 코털 하나 뽑는데도 눈물이 찔끔 나오는

데 머리 전체에다 수염까지 말끔히 뽑는 그들을 보면 전율이 흐른다.

그래서 아직 수행이 덜 익은 자들은 스스로 머리를 뽑지 못하고 옆에서 도와준다. 머리털 서너 개씩 잡고 쥐어뜯을 때 그 아프고 따가운 것은 오로지 경험해 본 자만이 안다.

어릴 때 명절 때가 되면 한꺼번에 이발관에 몰려가 머리를 깎았다. 주인 이발사로서는 감당이 되지 않아 어디서 자기 아는 사람 한 명을 데려와 아이들 머리를 맡겼다.

그 급조된 이발사의 서투른 바리캉 손질에 우리 모두는 눈물을 찔끔거리며 사정없이 머리를 쥐어뜯겨야 했다. 하지만 아무도 그 아픔에 대항하지 않았다. 머리는 원래가 그렇게 쥐어뜯기면서 깎는 줄 알았기 때문이다. 그것을 경험한 자라면 그 자이나교들의 머리 뽑힘이 얼마나 고통이 심하고 큰지 가히 짐작이 갈 것이다.

나는 머리를 깎을 때마다 내 자신이 불교수행자가 된 것에 대해 참 잘한 일이라고 생각한다. 만약 자이나교와 인연이 있어서 그쪽 수행자가 되었다면 정말 어찌 되었을까 하고 생각한다. 단지 생각만 하여도 끔찍하기만 하다. 물론 지금보다 거친 집착은 더 많이 털어내었겠지만 그 고행은 내가 감당하기에는 정말 역부족인 것만은 틀림없는 고행주의 수행자들의 단면들이다.

불교는 고행을 전제로 한 수행을 요구하지 않는다. 다른 말로 하자면 불교는 고행주의자가 아니다. 불교는 고행과 쾌락을 멀리한 중도주의를 지향한다.

그런데도 사람들은 자꾸 불교를 고행주의자로 밀어붙이려 하고 있다. 그들은 어떻게든 그렇게 하도록 푸싱하고 부추긴다. 거기에 빠져 들면 흥행에는 성공할지 몰라도 자신에게는 전혀 이익 되는 것이 없다.

사십이장경에 수행은 소가 짐을 싣듯이 자기의 역량에 따라 앞으로 나아가는 것이라고 하신 말씀은 바로 이것을 경계하신 것이다.

海東疏 一異二種性相相違 而言體同 理不成立 一應非一 以卽異故 如異 異應非異 以卽一故如一 乃至 廣破

같고 다른 두 종류라서 본성과 색상이 서로 어긋나는데도 그들은 본체가 같다고 한다. 이것은 이치적으로 성립되지 않는다. 하나는 맞고 하나는 아니어야 한다. 다르다면 다르기 때문에 다른 것이다. 그러면 다른 것이 맞다고 하든지, 아니면 다르지 않다고 하든지 해야 한다. 그것은 곧 같기 때문에 같은 것이 된다고 하는 것과 같다. 이런 형식으로 널리 논파한다.

무참외도는 말 그대로 부끄러움이 없는 자들임에는 틀림이 없다. 신체적으로는 옷을 전혀 입지 않아서 성기가 드러나 있고 정신적으로는 이것도 맞고 저것도 맞다는 이론을 견지한다. 그래서 부처님이 이들을 보고 부끄러움이 없는 자들이라고 하셨다. 부처님이 그랬으니까 다 그만한 이유가 분명 있는 것이 틀림없다.

이 무참외도에서 좀 더 앞으로 나아간 극단적 고행자들이 있다. 그들을 크게 네 부류로 나누면 다음과 같다.

첫 번째 부류는 부화외도들이다. 이 자들은 불로써 자신에게 고통을 준다. 낮에는 40도가 넘는 햇빛 아래 그들의 나체를 내어 놓는다.

그러면 피부에 물집과 종기가 일어나 엄청난 고통이 유발된다. 그들은 그것을 참는 것으로 수행을 삼는다.

밤에는 웅덩이에 들어간다. 섭씨 7도만 되어도 그들은 완전 얼음 속 같은 차가운 고통을 느낀다. 이런 형식으로 자신을 학대한다. 그 이유는 지나온 과거생의 죄업을 없애고 맑고 순결한 마음으로 천상에 태어나리라는 염원에서다.

두 번째 부류는 묵좌외도들이다. 이 자들은 일생동안 말을 하지 않을 뿐만 아니라 머리와 손발톱을 깎지 않는다. 평생 동안 산발한 머리를 손질하지 않다보니 가닥이 얽히고설키어 완전히 귀신같은 모습을 하고 있다. 그래서 그들은 마을을 피해 주로 공동묘지를 중심으로 살아간다.

그들은 벙어리처럼 완전 입을 닫아 버린다. 이런 부류의 지파가 바로 묵언수행하는 자들이다. 말이라는 것은 쓸데없는 말을 할 때가 문제인 것이지 서로간에 필요한 의사전달을 해야 할 때는 분명하게 필요한 것이다. 하지만 그들은 말의 폐해를 두려워하고 말의 효용 자체를 닫아버리고 있다.

대승불교는 그렇지 않다. 말을 하는 사람도 속마음을 털어내어서 좋고 듣는 사람도 시원하게 상대방의 의도를 파악해서 좋다. 이거야 말로 자리이타의 수행이 아니고 무엇인가. 자기만의 수행을 위하여 대중처소에서 묵언해 버리면 자기는 편할지 몰라도 대중은 여간 불편한 일이 아니다. 이것은 본인만 생각하는 아주 이기주의적이고 독단적인 처세라 아니할 수 없다.

세 번째 부류는 우구외도들이다. 이 자들은 소와 개처럼 살아간다.

언제나 네 발로 걸어 다닌다.

그리고 짐승들처럼 음식을 엎드려 먹는다. 하고 싶은 말이 있거나 자기감정을 밖으로 표출할 때는 소처럼 울고 개처럼 짖는다. 사람으로 태어나서도 아직 전생의 축생습이 남아 있어서 그런지 짐승의 삶을 계속해서 이어가고 있다.

이 자들은 사람 앞에서는 절대로 음식을 먹지 않는다. 인도사람들은 특이하게도 수행자들에게 베푸는 것은 아까워하지 않는다. 먹을 것도 그렇고 소유물도 그렇다.

그렇다보니 어디서든 수행자들이 있고 또 그 수행자들을 먹여 살리는 사람들이 있다. 이런 사람들이 음식을 산속에다 부어놓고 오면 이 우구수행자들이 동물처럼 네 발로 기어와서 입으로 쩝쩝거리며 그것을 먹는다.

네 번째 부류는 장좌외도들이다. 이 자들은 잠을 자지 않는다. 아니 정확히 말해서 등을 바닥에 대지 않는다. 잠을 자고 안 자고가 문제 아니라 아예 잠의 자세를 취하지 않는다. 그들의 머리카락은 늘어진 나뭇가지나 넝쿨에 동여매어져 있다.

잠이 와서 엎어지려 해도 엎어질 수가 없다. 어떻게든 앉은 자세로 평생을 보낸다. 그렇다보니 마지막에는 잠을 누워서 잔다는 습관으로부터 벗어나 버린다.

잠은 일종의 魔마다. 잠에 빠지면 모든 것을 다 잃는다. 하지만 빠지지 않으면 잠에서 큰 활력을 얻는다. 어떻게 잠을 조절하느냐에 따라 크게 장점을 잃을 수도 있고 크게 얻을 수도 있다. 그들은 잃는 것만 부각시킨다. 대승불교는 그렇지 않다. 잠을 잠으로 해서 크게 얻는 것을 추구한다. 그러면 수행하는 데 몸도 상하지 않고 정신도 피로하지 않게 된다.

위에서 말한 이 네 부류들은 대단한 인내와 끈기를 요한다. 보통사람들로써는 단 며칠 동안이라도 가히 흉내조차 낼 수 없는 극단적 고행들이다.

사람들은 이런 고행자들을 좋아한다. 자신의 학대를 그들이 대신하는 것에 대해 대리만족을 느껴서 그런지 몰라도 누구라도 이렇게만 하면 바로 방송국에서 카메라맨이 쫓아와 그 사람을 졸지에 유명인으로 만들어 버린다.

흥행을 하려 하거나 유명해지고 싶은 자들은 그것을 노린다. 그들은 카메라를 부르고 기자를 불러서 우리는 이런 어려운 수행도 다한다고 하면서 그들을 감복시킨다. 결과는 모른다. 그냥 그렇게 힘든 수행을 하겠다고 천지에 선전부터 한다. 성공하면 유명해지고 실패하면 그렇게 유야무야로 끝이 나버린다.

대승불교는 수행을 흥행으로 삼아 장사하지 않는다. 수행은 자신의 참마음을 찾아나서는 것이기 때문에 적진을 향해 나아가는 군사들의 나팔소리 같은 요란을 떨지 않는다. 대승의 진정한 수행은 똥 묻은 팬티를 빠는 것과 같다. 내 똥 묻은 팬티를 내가 빠는데 그렇게 요란한 극성을 피울 필요는 없다.

이상적인 수행의 마음자세는 자신의 역량에 맞추어 강약을 조절하면서 누가 보든 말든 누가 알아주든 말든 혼자서 꾸준히 여일하게 계속해 나가는 것이다. 이게 대승불교에 들어온 수행자의 참 모습이다. 한번쯤 생각해 봐야 할 일이다. 나는 내 수행을 걸고 세상과 흥정을 하고 있지나 않나 하고 말이다.

邪命外道執有性等與彼諸法非一非異　當於非有非非有句
此亦非眞　所以者何　汝此所說非一異者　爲俱是遮　爲偏有表

사명외도는 有 등의 색성이 저 일체법과 같지도 않고 다른 것도 아니다
고 집착한다. 이것은 있지도 않고 있지 않는 것도 아니다 라는 구절에
해당된다. 이것 또한 진실이 아니다. 그들이 같지도 않고 다르지도
않다는 말은 둘 다 부정을 하면서 반대로 긍정을 하고 있기 때문이다.

　사명외도는 회의론자들이다. 절대적인 진리의 존재와 객관세계에
대한 인식의 가능성을 의심하고 있다. 그래서 무엇이든 궁극적으로
판단을 유보하거나 단정하지 않으려 하는 태도를 지닌다.

　그래서 그들은 非一非異를 주장한다. 즉 하나도 아니고 다른 것도
아니다고 한다. 하나가 아니면 다른 것은 맞아야 하는데 다른 것도
아니다고 한다. 그래서 그들을 회의론자라고 부른다.

　그들의 주장은 만일 因을 떠날 때 果가 없어진다면 인이 없어지는
동시에 과도 없어져야 한다. 그러나 因은 없어지고도 果는 있으므로
非一이고, 또 因과 果가 다르다면 因이 있을 때 果는 있을 수 없을
것이며, 果는 있으나 因은 있을 수 없는 것이다. 그러나 그렇지 못하
니 非異라고 주장한다.

　이 외도는 2권 초에서 우파티싸와 코리타가 몸담았던 궤변론자들이
다. 이 외도들은 운명론을 편다. 한번 주어진 운명은 어떻게 할
수가 없다는 논리다. 그래서 운명론자 내지 숙명론자라고 부르기도

한다.

이 사명외도처럼 운명감정을 해서 먹고 사는 사람들이 한국에 백만 명을 넘어서고 있다. 주로 활동하는 곳은 아직 문화적으로 발전되지 않은 빈곤지역이 대부분이다. 그것은 그 주민들이 현재의 삶에 불안을 느끼고 내일이 불투명하기 때문이다.

불교는 숙명을 인정한다. 숙명은 날 때부터 정해진 운명을 말한다. 이것은 과거 전생의 결과물이다. 그러므로 인과를 믿는 불교가 숙명론을 배척할 수가 없다. 거기에 빠지면 운명론자가 되고 그것을 전혀 믿지 않으면 유물론자가 된다.

숙명인 운명론에 빠지면 못 헤어난다. 모든 것을 운명에 맡긴다. 이것은 대단히 수동적이다. 무엇이든 열심히 하다가도 잘 안 풀리면 바로 운명을 들고 나온다. 이 운명론은 비겁한 변명을 정당화시킨다. 이런 자들은 과감한 결단성도 없고 결과에 대한 책임성도 없다. 그저 언제나 유야무야로 어정쩡하다.

운명론자들은 나름대로 많은 데이터베이스를 가지고 있다. 전생을 보는 당사주부터 사주, 관상, 명리, 역학, 육효 등 온갖 비밀스런 서적들을 갖고 사람의 미래를 점친다. 또 음양오행설을 바탕으로 지리적 풍수와 천문 역수 같은 도참설로 자연이 인간에 미치는 징조를 예측하기도 한다.

자신의 운명에 불길한 기운이 돌고 행하는 일에 장애가 생기면 그것을 돌파하기 위해 그들은 천지신명께 기도를 한다. 기도의 힘을 빌리면 안 되는 것이 없다고 한다. 불교의 모든 기도는 이런 사상에서부터 시작된다. 그래서 그들은 언제나 천지에 제사를 올리고 신들에게 부복한다.

신자들에게 끊임없는 기도를 종용하는 스님을 보았다. 세상사가 뭐 그리 쉽게 풀리는 게 있던가. 앞날이 걱정되고 하는 일도 잘 되지 않아 어디 물어볼 데도 없고 답답한 마음에 절에 오면 두말 않고 기도 입제 날부터 잡는다. 그리고 정성을 다해 기도를 하라고 한다. 기도만 하면 소원성취가 된다고 한다. 하도 자신 있게 기도를 시키는 것을 보고

"그렇게 기도하라고 해서 안 되면 어떻게 합니까?"
"그거야 자기들 기도정성이 부족해서 그렇다 하면 되지요."

불교는 운명론자도 아니고 유물론자도 아니다. 그럼 뭔가. 불교는 혁명론자다. 숙명을 인정하고 운명을 혁파하는 것이다. 불교신자는 그렇게 나이브한 자들이 아니다. 불교는 운명에 저항한다. 주어진 운명으로 죽어야 하는 그 법칙에 저항하는 것이다.

그러나 그들은 어떻게든 어리석고 순진한 불교신자까지 짜여진 운명의 틀에 묶어두려 한다. 그래서 사찰 어디를 가도 다 사주니 삼재니 길일이니 재수니 하는 소리가 끊이지 않는다.

부처님은 **화엄경**을 비롯하여 **불유교경 아함경 십송율 사분율 대지도론** 같은 데서 이런 문제를 분명히 짚어주셨다. 누구든지 나를 팔아 천기를 언급하고 사람들의 운명을 점치는 자들은 내 제자가 아니다. 살아서는 무수한 폐해를 일으키고 죽어서는 지옥의 고를 면하지 못하게 된다고 강력하게 제재하셨다.

지금 현재가 잘못되어 있다면 지금부터 다시 시작하면 되는 것이다. 자꾸 전생을 뒤지고 과거를 헤집어서 무슨 좋은 일이 있단 말인가. 지금부터 좋은 쪽으로 노력하면 좋은 결과가 분명 다가오는 것이다.

그러므로 오늘부터 자기 인생은 좋든 싫든 자기가 직접 만들어 나가야 하는 것이다. 오로지 내가 한 행동은 그만큼의 결과로 나타나고 그 과보는 반드시 내가 받을 것이라는 인과의 도리를 철저히 믿으며 내 인생을 내가 개척해 나가는 것이다. 오래전에 불렀던 영어 찬불가 중 한 곡이다.

By ourselves is evil done.
By ourselves we pain endure.
By ourselves we cease from wrong.
By ourselves become we pure.

우리 자신이 죄를 지었습니다.
우리 자신이 그 고통을 참아야 합니다.
우리 자신이 죄를 짓지 않습니다.
우리 자신이 맑고 순수해집니다.

이렇게 하려면 무엇보다도 강인한 결단력과 추진력이 있어야 한다. 그것을 가르쳐주는 곳이 절이다. 절은 범부들을 운명론에 가둬두고 기도로 달래주는 곳이 아니다. 邪法사법에 갇힌 그물로부터 완전히 벗어나도록 그 방법을 일깨워주는 곳이 바로 절의 역할인 것이다.

　그러므로 명심해야 한다. 자신을 과감히 혁명시키고자 하는 자들은 대승불교의 절을 찾아야 한다. 하지만 자신을 자신의 운명에 맞게 맞춰가며 그 운명대로 살려고 하는 자들은 지금처럼 기복을 종용하는 절에 가면 된다. 그 선택은 범부의 복덕 여하에 달려 있는 것이다.

海東疏 若偏有表 應不雙非 若俱是遮 應無所執 有遮有表 理互相違
無遮無表　言成戲論　乃至廣破

만약에 한쪽만 긍정하면 응당히 그것은 雙非가 아니다. 만약에 함께 부정을 말하면 응당히 주장하는 바가 없어지게 된다. 有에 대한 부정과 有에 대한 긍정은 이치적으로 서로 어긋난다. 부정도 없고 긍정도 없다면 이것은 희론이다고 하면서 널리 논파하고 있다.

　세상은 있는 것인가 없는 것인가. 그것을 유무로 지금 판단하고 있다. 즉 세상은 실체가 있는가 없는가 하는 것을 분석하고 있는 것이다. 있다면 有가 되는 것이고 없다면 無인 것이다. 그런데 어중간하게 有도 되고 無도 된다고 한다면 이것은 말 자체가 성립되지 않는다. 즉 이치적으로 어긋나 버린다.

　사명외도는 여기에 대한 확답을 피하고 있다. 그러다 보니 有에 대한 부정도 無에 대한 긍정도 하지 못한다. 수론외도와 승론외도가 자신의 주장을 정확히 내세우는 데 반해 이 사명외도는 물에 술탄 듯 술에 물탄 듯 어정쩡하기만 하다. 그래서 본문에 데바보살이 이것은 희론이다고 하였다. 희론은 말장난이란 뜻이다.

海東疏 如是世間起四種謗 謂有 非有 雙許 雙非 如次增益 損減 相違 戲論 是故世間所執非實

이와 같이 세간 사람들이 일으키는 네 종류의 비방거리는 有와 非有와 雙許와 雙非가 된다. 이것을 차례대로 말하면 增益증익과 損減손감, 相違상위와 戲論희론의 사고다. 그래서 세간 사람들의 집착은 진실이 아니다.

부처님 당시에는 큰 외도의 무리가 여섯 부류가 있었다. 그것을 6사외도라고 한다. 그런데 여기서는 두 부류는 빼고 중점이 되는 4부류만 언급하였다. 이것을 정리하면 다음과 같다.

첫째는 수론외도들이다. 이 사람들은 理科로 먹고 사는 사람들과 같은 생각을 한다. 완전 좌우 등식으로 생각하기 때문에 마음이 있다고 한다. 그래서 우리의 진짜 마음인 진여와 세상은 하나라고 본다. 이런 사람들의 사고방식을 우리는 增益思考증익사고라고 한다. 즉 空에다 무엇을 보태었다는 뜻이다.

둘째는 승론외도들이다. 이 사람들은 文科로 먹고 사는 사람들과 같은 생각을 한다. 언제나 이론을 내세우고 다양한 논리를 편다. 그러다 보니 아무리 따져 봐도 마음은 본질적으로 없다고 한다. 이런 사람들의 사고방식을 우리는 損減思考손감사고라고 한다. 손감은 空에서 무엇을 뺐다는 말이다.

셋째는 무참외도들이다. 세상을 살아가는 데는 크게 이과와 문과의 길이 있다. 그런데 그 방식 말고 살아가는 사람들은 누구들일까. 그중 하나가 다음 생애를 위해 준비하는 극단적 고행을 하는 고행수도승들이다.

그들은 마음이란 있기도 하고 없기도 하다고 한다. 죄업으로 된 마음은 있지만 수행을 오랫동안 하게 되면 그 마음이 없어진다고 한다. 그래서 지금 있는 마음을 없애고 멸진의 세계로 들어가려고 한다. 이런 사람들의 사고방식을 相違思考상위사고라고 한다. 즉 주창하는 이론이 서로 어긋난다는 것이다.

넷째는 사명외도들이다. 이과와 문과, 그리고 내생을 위해 고행하는 극단적 수도승들 외에 또 어떤 자들이 특이하게 삶을 영위하고 있을까. 바로 개똥철학을 바탕으로 한 이상한 종교인들이다.

그들은 세상이 있지도 않고 없지도 않다고 한다. 아주 교묘하게 말을 돌리고 있다. 없으면 없는 것이고 있으면 있는 것인데 없지도 않고 있지도 않다고 해 사람들을 혼란에 빠뜨린다. 세상에 모든 것들을 모두 다 자기 편한 쪽으로 해석해서 이익을 도모한다. 이런 사람들의 사고방식을 戲論思考희론사고라고 한다. 즉 말장난 하는 사람들이라는 것이다.

위 네 부류의 사람들을 전부 묶으면 세간 사람들이 된다. 세간이라는 말은 세상 속에서 라는 말이다. 그래서 세상 사람들이 집착하는 바는 진실이 아니다 라고 한 것이다.

海東疏 今此文中 非有相 是遣初句 非無相者 遣第二句 非非有相非非無相者 遣第四句

이제 이 문장 가운데서 非有相은 바로 첫 구절을 보내버리는 것이고, 非無相은 두 번째 구절을 보내버리는 것이다. 그리고 非非有相非非無

相은 네 번째 구절을 보내버리는 것이다.

이 문장이라는 말은 **기신론**의 글을 말한다. 이제까지 **광백론**을 인용하여 **기신론**에서 말하고자 하는 숨은 내용을 풀이하여 왔다. 즉 **기신론**이 주장하고 있는 마음은 여실공인 것이라는 것을 내세워 세속사람들이 주장하는 有無와 一異의 사고를 부수고 있다.

먼저 **기신론** 원문에서 非有相이라고 했다. 이것은 수론외도의 주장을 척파한 것이다. 수론외도가 마음이 있다고 有相이라 정의하기 때문에 그것은 아니다 라는 뜻으로 앞에 非자를 붙여서 非有相이라고 하였다. 즉 수론외도가 마음은 있다고 하니 **기신론**은 마음은 있지 않다고 한 것이다.

수론외도 = 有相 = 있다 = 一相 = 增益
기신론 = 非有相 = 있지 않다 = 非一相 = 空

둘째는 **기신론** 원문에서 非無相이라고 했다. 이것은 승론외도의 주장을 부순 것이다. 승론외도는 마음이란 없으므로 無相이다고 정의한다. 그렇지 않다. 마음은 없지 않다. 마음은 이렇게 있지 않는가. 그래서 **기신론**에서 非無相이라고 한 것이다.

승론외도 = 無相 = 없다 = 異相 = 損減
기신론 = 非無相 = 없지 않다 = 無異相 = 空

네 번째 구절은 사명외도들의 주장을 깨뜨리는 대목이다. 사명외도가 마음은 있지도 않고 없지도 않다고 하니 **기신론**은 마음은 있지 않는 것도 아니고 없지 않는 것도 아니다 라는 논리로 그들의 주장을 교정시킨다.

사명외도 = 非有相非無相 = 있지도 않고 없지도 않다 = 非一相非異相 = 戱論

기신론 = 非非有相非非無相 = 있지도 않는 것이 아니고 없지도 않는 것이 아니다 = 非非一相非非異相 = 空

海東疏 非有無俱者 遣第三句 二句前後遂論者意 皆有道理 不相傷也

有도 아니고 無도 같이 아니다 한 것은 세 번째 구절을 버리는 것이다. 두 구절의 전후는 논자의 의도를 따른 것이다. 거기에 다 도리가 있으니 서로 그 뜻을 해치지는 않는다.

기신론에서 우리 마음을 有도 아니고 無도 아니다 라고 한 원문은 세 번째인 무참외도의 주장을 부순 것이다. 그들은 有도 되고 無도 된다고 했다. 그것을 부수기 위해 **기신론**은 有도 아니고 無도 아니다 라는 논리로 논파하였다.

무참외도 = 有無俱相 = 있기도 하고 없기도 한 모습이다 = 一異俱相 = 相違

기신론 = 非有無俱相 = 있기도 하고 없기도 한 모습이 아니다 =

非一異俱相 = 空

　원래 순서적으로 보면 세 번째 구절이 앞에 나와야 되지만 마명보
살이 네 번째를 먼저 앞에다 두었다.

　이것을 보고 원효성사가 다 그분에게는 그분 나름대로 뜻이 있어
서 그랬을 것이라고 하시면서 사실 그렇다고 해서 큰 문제가 되는
것은 아니다 라고 하신 것이다.

　마명보살은 세 번째 것과 네 번째 것을 바꾸어 설명하였다. 여기서
주의해야 할 대목이 있다. 마명보살이 이 **기신론**을 쓸 때에는 **광백론**
이 나오기 한참 전이 된다.

　그러므로 이 **광백론**에 기준하여 전후 순서를 말하는 게 아니라 유
무에 기준하여 전후를 말한 것이다. 즉 有가 나오고 無가 나오면 그
다음에는 有無가 나와야 되는데 뜬금없이 非有와 非無가 나오니까
원효성사가 그렇게 말씀하신 것이다.

海東疏 一異四句 準釋可知
같고 다른 사구절의 해석도 여기에 기준하여 보면 가히 알 수 있을
것이다.

　一異의 四句를 有無에 비교하여 보면 一相 異相 非一相 非異相
非一相非異相 非一異俱相이 된다.

　즉 같은 모습과 다른 모습, 그리고 같은 것이 아닌 모습과 다른
것이 아닌 모습에 이어 같은 것이 아닌 것이 아닌 모습과, 다른 것이

아닌 것이 아닌 모습과, 같은 것과 다른 것이 함께 하지 않는 모습이다.

이것은 위에서도 언급하였지마는 마음에 대한 인과의 이치를 두고 인과가 같으냐 다르냐를 분리하여 생각하는 세속사람들의 논법인 것이다.

말하자면 첫 번째 一相이라는 것은 마음을 因으로 보았을 때 외부의 그 어떤 반연이 닿더라도 그 마음은 영원성을 가지는 한결같은 한 모습으로 있다는 것이고,

두 번째 異相이라는 것은 마음을 因으로 보았을 때 외부의 그 어떤 반연이 닿으면 바로 그 마음이 달라진다는 전변성의 모습을 갖고 있다는 것이다.

세 번째 一異俱相이라는 것은 마음이 외부의 그 어떤 반연이 닿더라도 영원성과 전변성이 함께 더불어 있다는 것이고,

네 번째 非一相非異相이라는 것은 마음에 외부의 그 어떤 반연이 닿게 되면 영원성을 가지지도 않고 전변성도 가지지 않는다는 것이다.

그래서 수론외도는 마음과 반연의 작용에 의해 인과가 역연하다는 뜻으로 같은 모습이라고 했고, 승론외도에서는 그렇지 않다. 인과의 법칙은 다르게 나타난다는 뜻으로 다른 모습이라고 했다.

그 다음 무참외도는 같기도 하고 다르기도 한 것이 뭉쳐진 모습이라고 했고, 마지막으로 사명외도는 같은 모습도 아니고 다른 모습도 아니다고 한 것이다.

海東疏 乃至以下 第三總結 於中二句 從此以下 乃至日爲空 是順結也 若離以下 是反結也

내지 이하는 세 번째로 모아 결론 내는 부분이다. 그중에서 두 구절이 있다. 그 이하로부터 내지 왈 空이라 한다까지는 순결이 되고 若離약리라고 한 이하는 반결이 된다.

기신론 원문에 보면 이하라는 부분이 있다. 그 부분은 이제까지 해설한 것을 결론지은 부분이라는 말이다.

順結순결이라는 말은 어떤 논리와 이론을 따라가면서 마지막에 그것을 인정해 주는 쪽으로 결론을 내는 것을 말하고, 反結반결은 그 인정을 뒤집어서 원래의 자리에 연역시키는 것을 말한다. 예를 들면 처음부터 우리는 형제다 라는 것은 순결이고, 형제니까 처음부터 우리는 그렇다는 것은 반결이 될 수 있다.

그러니까 여실공의 세계에서는 망심과 분별 같은 것들이 원래 없었다. 그런데 범부가 망심에 의한 분별을 하니까 이런 중생세계가 나타나 있다. 이런 마음을 갖고는 이 세계의 바탕인 空을 알 수가 없다는 것이다. 이게 바로 순결로 맺은 결론이다.

망심과 분별은 범부에게 나타난 잘못된 소견이지만 범부는 원래 없었다. 그러므로 망심은 없었다. 그 망심이 없다면 구태여 空이라 할 것도 없는 것이다. 망심을 상대로 하여 空을 전제하였기 때문이다. 이렇게 말한 것은 반결이라는 것이다.

B. 불공

起信論 所言不空者 已顯法體空無妄故 卽是眞心 常恒不變 淨法滿

足 則名不空

말한 바 불공은 이미 법체가 공하여 망념이 없어진 상태다. 그것은 곧 진심이다. 그러면 상항하고 불변하며 정법이고 만족이 된다. 그것을 불공이라고 한다.

말한 바라는 말은 앞에 여실불공을 일컫는다. 이제까지 아주 폭넓고 깊이 있게 여실공의 세계를 드러내었다. 진여는 여실공하고 여실불공하다고 했는데 이제 여실공의 풀이는 그만하고 지금부터 여실불공을 설명하려 하는 것이다.

불공이라는 말은 일체법의 본체가 空하여 망념이 없는 상태를 말한다. 그것이야 말로 우리의 진짜 마음이다. 그러면 어떻게 될까. 진짜 마음은 어떤 상태일까.

첫째, 상항이다. 즉 영원한 공덕을 가지게 된다. 범부에게는 영원함이란 없다. 모두가 다 짧은 순간이다. 인생도 순간이고 마음도 순간이다. 사랑도 순간이고 미움도 순간이다. 정말 돌아보면 어느덧 산천이 몇 번이나 변했는지 모른다. 그렇게 순간들의 희로애락들이 모여서 한평생이 만들어진다. 하지만 진짜 마음을 보게 되면 내 자신이 언제나 그대로 항상한 상태로 있다.

둘째, 불변이다. 나는 지금 남자인간이다. 하지만 다음 생애에 나는 어떻게 될지 모른다. 여자인간이 될 수도 있고 어떤 짐승이 될 수도 있다. 아귀로 태어나든지 아니면 물고기로 태어날지 그 누구도 모른다.

지금 인간이란 말은 다음 생애에 또 다른 중생으로 태어날 수 있다는 요소를 안고 있다. 그러므로 현재의 나는 드라마배우처럼 진짜의 내가 없다. 상황에 따라 내가 달라질 뿐이다.

그러나 진짜 마음을 보면 나는 나로써 영원하게 내가 있는 것이다. 무엇에 이끌리어 피동적으로 움직이는 내가 아니라 능동적으로 자유 자재하게 이 우주천지에서 하고 싶은 대로 다 하고 사는 그 마음을 말한다.

셋째, 정법이다. 지혜가 충만해진다. 범부는 무지가 충만해져 있지만 진짜의 나는 지혜가 완벽하다. 그러면 광명으로 법계를 두루 비출 수 있는 능력이 나온다. 사방에 모르는 것이 없고 천지에 숨은 것이 없다. 모두 다 훤하게 드러난다. 그러므로 우주 전체가 내 영역 속에 들어오게 된다.

넷째, 원만이다. 진짜의 나에게는 즐거움만 있다. 고통은 어리석음에서 생기는 것이므로 이미 무지가 사라진 나에게 三苦와 四苦와 八苦는 있을 수 없다.

중생의 몸은 苦의 인연에서 생겨났기 때문에 늘 고통을 받아야 한다. 사랑하고 좋아하는 것이 사라져 갈 때 한없는 고통을 받으며, 세상의 환경 자체가 끊임없이 나를 힘들고 고통스럽게 한다. 이것이 三苦다.

四苦는 생로병사이며 八苦는 거기다 사랑하는 사람과 헤어지는 고통, 미워하는 사람과 살아야 하는 고통, 무엇이든 하고는 싶으나 여건이 허락하지 않아 하지 못하는 고통, 더 나아가 진짜 말 안 듣는 육신을 질질 끌고 다니는 고동이다. 하지만 참 나에게는 이런 고통들이 없다. 언제나 즐거움과 기쁨만 넘쳐난다.

위에서 제시한 네 가지는 열반 四德의 한 모습이다. 4덕은 바로 상락아정의 공덕을 말한다. 이것을 보고도 현재의 나를 주인으로 생각한다면 필연적으로 삼계육도의 四苦八苦를 받게 된다.

하지만 죽어도 이제는 그런 고통을 받아서는 안 되겠다고 생각한다면 지금부터라도 참 나인 四德을 찾아야 한다. 둘 중에 하나는 선택해야 하는데 그 선택권이 범부 자신에게 있다. 어찌할 것인가. 이제.

起信論 亦無有相可取 以離念境界 唯證相應故

그렇다고 해서 어떤 모습을 가히 가지고 있다는 것은 있을 수 없다. 망념을 떠난 세계는 오직 증득한 자만이 상응한다.

여실불공 속에 열반 4덕이 들어 있다고 했다. 그럼 열반 4덕만 들어 있는 것인가. 아니다. 그 속에는 천지가 이미 들어 있다. 우선 두드러진 공덕 네 개만 언급했을 뿐이다.

불공 속에는 어느 특정한 것들이 들어 있지 않다. 전체가 들어 있다. 사람들은 空하면 전체가 들어 있고 불공하면 아무것도 들어 있지 않다고 생각하는데 이것은 범부의 사고방식이고 계산방식이다.

空하면서도 不空이다. 이것은 범부의 논리로써는 성립할 수 없다. 범부는 하나만 알기에 空과 不空이 동시에 이뤄진다는 것을 이해할 수 없다.

이것은 오직 망념을 떠난 자만이 그 상태를 알 수 있다. 망념을 가지고 그것을 알려고 한다면 붉은 안경을 끼고 하얀색의 백합을 찾는 것만큼이나 어리석은 짓이 된다. 그래서 그 세계는 오직 마음을 깨달은 자, 즉 증득한 자만이 그 세계를 알 수 있다고 한 것이다.

海東疏 釋不空中 亦有三句 初牒空門 謂言已顯法體空無妄故 次顯
不空 卽是眞心乃至則名不空故

불공을 풀이한 가운데도 세 구절이 있다. 처음에는 空門을 증명한다.
이를테면 이미 법체가 공하여 망념이 없다고 한 것이다. 다음은 不空을
드러내는 부분이다. 곧 이 진심 내지 이름이 불공이다 까지다.

아이들에게 방을 청소하라고 하면 앉은 자리만 대충 치운다. 먼지
와 쓰레기는 좁은 틈 속으로 밀어 넣어버린다. 조금 더 크면 청소를
한 쓰레기를 방안 쓰레기통에 버린다. 다 큰 어른들은 쓰레기가 자기
집안에 있으면 안 된다고 밖에다 버린다. 사람들의 수준은 딱 여기까
지다.

더러운 것은 물건뿐만 아니라 생각도 있다. 물건은 그렇게 더럽다
고 치우는 사람들이 생각의 더러움은 치우려 하지 않는다.

너저분하게 어질러진 것을 치우면 방안이 깨끗해진다는 것을 아는
사람들이 너저분한 생각들은 버리면 마음이 깨끗해진다는 것은 알지
못한다.

조금 더 넓히고 넓혀 나가면 깨끗함의 파이가 넓어지듯이, 우리의
마음도 맑히고 맑혀 나가면 그만큼 많은 것을 새로 담을 수 있는 공
간이 커지게 된다.

그래서 마음이 비면 비는 것만큼 새로운 것이 들어간다. 그러다가
진짜로 마음이 비어져 버리면 세상천지가 그대로 들어가는 것이다.

그것이 바로 空일 때가 不空이 된다는 말씀이다.

海東疏 亦無有相以下 第三明空不空無二差別 雖曰不空 而無有相
是故不空不異於空 以離分別所緣境界 唯無分別所證相應故也

또한 무유상 이하는 세 번째로 공과 불공은 차별이 없다는 것을 밝힌
부분이다. 비록 不空이라고 해도 어떤 모습이 있을 수 없다. 그러므로
不空은 저 空과 다르지 아니하다. 이것은 분별로 알 수 있는 세계는
아니다. 그것은 분별이 없는 지혜를 증득한 자만이 이 空과 상응하기
때문이다.

　不空이라고 하니 空하지 않는 상태라고 상상하지 말아야 한다. 철
저히 空하면 不空이 된다고 했다. 이것을 위에서 텅 비어 가득하다고
했다.
　사람들은 텅 비면 텅 빈 것으로 끝난다고 하는데, 그것은 텅 비어
본 적이 없기 때문이다. 텅 비면 바로 꽉 차게 되어 있다. 이것을
앞에서 거울로 비유를 들었다. 밝은 거울은 철저히 비어 있기 때문에
전체를 그대로 담고 있다고 했다.
　사람들은 무조건 채워 넣으려 하고 있다. 전철도 사람들이 내려야
탄다. 마찬가지로 새로 무엇을 넣으려면 일단 가지고 있는 것을 버려
야 하는데 범부들은 무엇이든 마음속에 들어 있는 것을 버리면 손해
를 보는 것 같아 그 위에다 계속해서 겹쳐두고자 한다. 그래서 단
한 번도 비어본 적이 없다. 그러다 보니 텅 비면 가득하게 된다는
사실을 알 수가 없다.

이런 세계, 즉 비우면 가득해진다는 이런 텅 빈 충만의 논리는 범부의 차원을 넘어서 있다. 그것을 마명보살은 증득한 자만이 이 空을 안다고 하였고, 원효성사는 이런 경지는 범부의 분별로써 이해될 수 있는 세계가 아니다 라고 말씀하신 것이다.

海東疏 △此下第二釋生滅門 於中有二 初正廣釋 復次有四種熏習以下 因言重顯

이 밑으로는 두 번째로 생멸문을 해석하는 부분이다. 그 가운데 두 가지가 있다. 처음엔 정확하게 널리 풀이하는 것이다. 원문에 부차유사종훈습이라고 한 이하는 인언중현이다.

이제까지는 진여문을 설명하였다. 즉 우리 마음속에 원천적으로 들어 있는 불성, 즉 진여에 대해서 설명해 왔다. 이제 그것을 끝마치고 범부의 세계인 생멸문으로 들어간다.

무엇이든 자기 몸에 익힌 것은 받아들이기가 쉽다. 그리고 이해가 빠르다. 그러다 보니 진여의 세계에 대한 난해한 설명이 그렇게 깊이 와 닿지 않았다. 그것은 언제나 저 멀리 떨어져 있어 나하고는 완전 따로 움직이는 다른 이물질 같이 느껴졌기 때문이다.

그러나 이 생멸문은 한 대목 한 대목마다 나하고 직접적인 연관이 있다. 그러다 보니 전부가 다 나의 일인 것처럼 아주 진하게 받아들여지게 된다.

그리고 그 내용이 바로 이해되고 수긍되이져 진여문처럼 지루함이 덜해진다. 이것은 전혀 생각하지도 않은 길을 설명하면 따분하고 지루하지만 항상 다니는 길에 대해 말할 것 같으면 바로 공감을 하는 것과 같은 이치다.

원문에서 다시 이어서 네 가지 훈습이 있는데 하는 부분이 나올 것이다. 그 뒤를 인언중현이라고 하는데, 그 말은 말로 인해 다시 그 뜻을 드러낸다는 뜻이다. 그때 가면 알 수가 있을 것이다.

海東疏 初中有三 一者釋上立義分中是心生滅 二者復次生滅因緣 以下 釋上生滅因緣

첫 번째 중에 세 가지가 있다. 첫째는 위의 입의분 중의 심생멸문을 해석한 것이며, 둘째는 부차생멸인연이란 한 그 아래로 위의 생멸인연 을 해석한 것이다.

생멸문을 풀이하는데 순서를 두었다. 먼저 말도 많고 탈도 많은 심생멸문을 풀이한다. 도대체 우리 마음에 무엇이 들어 있기에 생멸 할 수밖에 없는 것인가에 대한 문제를 주제로 시작한다.

그 다음에 그렇게 생멸하도록 도와주는 인연은 무엇이란 말인가를 설명한다. 아무리 생멸하는 요소가 있다 하더라도 그것을 도와주는 반연이 없으면 힘을 쓰지 못할 것인데 무엇이 어떻게 도와주어 계속 적으로 중생이 생멸할 수밖에 없는지 그 이유를 설명해 준다.

海東疏 三者復次生滅相以下 釋上生滅相 初中有二 一者就體總明 二者依義別解

셋째는 부차생멸이라고 한 아래 부분인데 그것은 위의 생멸상을 풀이한 것이다. 처음 가운데 두 가지가 있다. 첫째는 본체로 나아가 전체적으로 밝히고 둘째는 뜻에 의하여 따로 나눠서 풀이를 하는 것이다.

세 번째는 그렇게 해서 생멸은 이렇게 계속된다는 생멸의 현 상태를 풀이한다. 그러니까 순서적으로 먼저 생멸의 요소에 대한 설명을 하고, 그 다음에 그것을 도와주는 인연을 밝히고 마지막으로 그로 인해 나타난 생멸의 현 상태를 드러낸다는 것이다.

첫 번째가 되는 생멸의 요소를 설명할 때 먼저 생멸하는 그 본체는 무엇인가에 대하여 우선 말하고, 그 다음에 그것에 대한 여러 가지 분석을 하는 것으로 생멸문의 풀이는 시작된다.

ㄴ) 심생멸문

[起信論] 心生滅者 依如來藏故有生滅心 所謂不生不滅 與生滅和合 非一非異 名爲阿黎耶識

심생멸은 여래장에 생멸하는 마음이 있다. 이른 바 불생불멸하는 것이 생멸하는 것과 더불어 화합해서 하나도 아니고 다르지도 않은 상태로 있다. 그것을 아려야식이라고 한다.

생멸하는 마음은 어디에서부터 시작되었을까. 외도들은 신이 징벌차원에서 인간에게 생멸의 씨를 집어넣었다고들 하는데 불교는 언제 이디서 생멸하는 마음이 생겨나서 이렇도록 범부들이 고통과 죽음에 시달리도록 하는 것인가. 이제 그 생멸의 발원지를 더듬어 보자.

생멸의 기원은 놀랍게도 여래장 그 속에 들어 있다는 것이다. 졸도할 일이다. 아니, 부처의 몸속에 중생이 될 수 있는 성분이 들어 있었다니 이거야 원 정말 까무러칠 일이 아니고 무엇이란 말인가.

이것은 큰 궁궐에 도둑이 들어와 곡식창고 속에 숨어 있는 것과 같다. 거기서 온갖 맛있고 좋은 것들을 다 파먹고 또 밖으로 반출하여 자기 이익을 끝없이 채우고 있는 것이다.

경찰이 이 도둑을 찾아도 그 은신처가 바로 임금이 사는 궁궐이다 보니 어찌 할 수가 없다. 이것은 자체 치안으로 쫓아내어야지 밖의 경찰이 어떻게 할 수 있는 장소가 아니다.

다른 예로 말하자면 이것은 내 몸속에 기생하는 회충과도 같다. 이 회충이 내가 갖고 있는 영양분을 허락도 없이 쭉쭉 빨아먹고 있다.

그들은 내 몸에 안식처를 두고 아무 걱정 없이 대를 이어 살아가고 있다. 이것은 그 무엇도 밖에서는 공격할 수 없다. 내가 스스로 회충약을 먹고 없애버리지 않는 한 그 누구도 이것들을 어떻게 제거할 수가 없다.

海東疏 初中三句 一者標體 二者辯相 三者立名
처음 가운데 세 구절이 있다. 첫째는 본체를 드러내고, 둘째는 그 모습을 분별하며, 셋째는 그 이름을 내세운 것이다.

위 **기신론** 본문 한 줄에 이렇게 세 뜻이 들어 있다는 것이다. 첫째는 생멸하는 그 본체는 무엇인가에 대한 설명과, 둘째는 생멸하는 모습은 어떤 형태를 띠고 있는지에 대한 것과, 셋째는 생멸하는 그 이름을 아려야식이라고 한다고 한 그것을 말하고 있다.

初中言依如來藏故有生滅心者 自性淸淨心 名爲如來藏 因無明風動作生滅 故說生滅依如來藏

첫째 번 가운데서 말한 여래장에 생멸하는 마음이 있다는 것은 자성청정심의 이름이 여래장이다. 거기에 무명풍이 요동해 생멸을 만든 것이다. 그래서 생멸심은 여래장에 의거해 있다고 한 것이다.

자성청정심이라는 말은 우리의 마음 그 본체를 말한다. 그 본체는 자성인데 그것이 청정한 마음이라는 것이다. 즉 번뇌와 죄업에 물들기 전의 흰 도화지 같은 상태를 말한다. 그것을 여래장이라고 한다. 이 말은 우리 중생의 혼탁한 마음 그 속에 여래가 숨어 있다는 뜻에서 여래장이라고 부르는 것이다.

위에서 언급했지만 이 자성청정심에 생멸하는 요소가 들어 있다. 그래서 생멸심은 여래장에 의존해 있다고 성사가 말씀하신 것이다.

別記 然不生滅心與生滅心 心體無二 但將二義取心爲二以說依耳

그렇게 불생불멸하는 마음이 생멸하는 마음과 더불어 있지만 그 심체는 둘이 없다. 단지 두 뜻을 가지고 마음을 둘로 나눠 설명하다 보니 의거하여 라는 말을 쓴 것뿐이다.

불생불멸하는 진어의 마음은 부처의 마음이고 생멸하는 마음은 중생의 마음이다. 이 둘은 샴쌍둥이처럼 하나로 붙어 있다. 그래서 마음의 본체는 하나라서 둘이 없다고 한 것이다.

그런데 왜 한 쪽인 여래장에 의거해 라고 말한 것인가. 불생불멸하는 진여심을 우선시해서 여래장만 언급한 것이다. 사실은 두 마음이 없지마는 진여심에 생멸심이 들어 있다고 설명하다 보니 편의상 두 마음으로 나누게 된 것이다.

別記 如不動水 爲風所吹而作動水 動靜雖異 水體是一 而得說言 依靜水故有其動水 當知此中道理亦爾

그것은 움직이지 않던 물에 바람이 불면 물이 움직이는 것과 같다. 動靜동정이 비록 다르나 물의 본체는 하나다. 그렇게 말한 것은 靜水에 의거하다 보니 動水가 있다고 하는 것과 같다. 마땅히 알라. 이 가운데 도리 또한 그러한 것이다.

물에는 원래 파도가 없었다. 그런데 바람이 불면 파도가 생긴다. 그러면 물과 파도가 나눠지지만 그 본체는 같다. 본체가 같기 때문에 물과 파도는 분리될 수 없다.

그래도 파도라는 현상이 일어나 있기 때문에 물과 따로 설명하는 것이다. 물은 물이고 파도는 파도이기 때문이다. 마찬가지로 부처에게 원래 중생은 없지만 무명의 바람에 의하여 중생이 생겨났다. 이제 하나가 둘이 된 것이다.

그래서 하나에서 또 다른 하나가 생겨났다는 말을 하다 보니 어쩔 수 없이 그 주체인 여래장을 든 것이라고 하신 것이다.

여기서 말한 靜水정수는 고요한 물로 여래장 속의 부처를 뜻하고

動水동수는 움직이는 물로 그 속에 들어 있는 생멸상의 중생을 말한다.

물과 파도의 도리를 잘 이해하면 부처와 중생의 연관성이 저절로 알아진다. 물에는 파도가 없었는데 파도가 될 수 있는 요소가 들어 있었다는 것이다. 그래서 바람이 불면 바로 파도가 일어나게 되는 것이다.

부처에게는 중생이 원래 없었는데 중생이 될 수 있는 요소가 들어 있었다. 거기에 무명풍이 불면 없던 중생이 순식간에 일어나는 것이다. 제자가 어느 날 스승인 마조와 마주 앉았다.

"왜 이 마음이 바로 부처라고 하십니까?"
"어린아이 울음을 그치게 하려고 그런다."
"울음이 그치면 그때는 뭐라 하시겠습니까?"
"그때는 이 마음이 실제로는 마음도 아니고 부처도 아니다 라고 말해야지."

파도를 일으키는 힘은 바람이다. 중생을 일으키는 힘은 무명이다. 바람이 없으면 파도는 즉시에 물이 된다. 거기에 파도가 된 흔적은 없다. 무명이 없으면 중생은 바로 없어진다. 그리고 즉시에 부처가 된다. 부처가 된 자리에 중생의 흔적은 없다.

이제 대충 이해가 가시는가. 부처와 중생의 관계에 대해서. 그래서 중생은 원래 없다고 하는 것이다. 파도가 원래 없듯이 중생은 원천적으로 원래 없는 것이다.

海東疏 如四卷經言 如來藏爲無始惡習所熏 名爲識藏 又言刹那者
名爲識藏故

사권경에서 말씀하시기를, 여래장이 무시로 악습에 훈습되어 왔기에
識藏식장이 되어 있고, 또 찰나도 식장이 되는 것이다고 하셨다.

우리의 마음인 여래장은 중생과 더불어 중생세계를 떠돌아다닌다.
그러다 보니 중생으로 살아온 억겁의 악습과 죄업에 아주 더럽게 절
어 있다.

원문에 無始무시라는 말이 나온다. 무시라는 말은 시작 없는 이래
라는 뜻이다. 눈앞에 존재하는 모든 것들은 다 시작이 있지마는 중생
은 시작이 없다.

중생이 시작이 있고 끝이 있다고 한다면 그것은 외도들이 하는 소
리다. 불교에서는 중생은 시작도 없고 끝도 없다. 그래서 무시로부터
우리의 마음은 죄악의 습성에 깊이 절어 와 있다고 한다.

식장은 의식을 쌓아 두는 저장고다. 범부의 마음은 여래장이고 그
것은 바로 식장이라는 뜻이다.

意識의식은 쌓아 두면 썩는다. 의식은 신선한 정보를 날라다 주는
신문과도 같다. 하지만 신문의 정보는 오래되면 아무 쓸모가 없다.
그것들이 쌓여져 있으면 이제 폐지뭉치가 된다. 그처럼 의식도 오래
묵혀 두면 전혀 이득이 없다.

찰나가 식장이 된다고 하셨다. 찰나는 순간이다. 범부들은 한 순간
한 찰나라도 그냥 흘려버리지 않는다. 모두 다 자신의 의식 창고에
쳐 넣듯이 저장한다. 저장강박증을 가진 치매노파의 눈동자에는 모

든 쓰레기들이 나름대로 다 가치 있게 보인다.

그래서 닥치는 대로 가져와 쌓아놓는다. 그처럼 범부는 모든 순간들을 그냥 흘려보내지 않고 자신의 의식 창고에 다 집어넣는다. 그것들이 識藏식장이 된다고 하신 것이다.

別記 當知此云有生滅心 正謂識藏 今通取所依如來藏 與能依生滅心 合爲心生滅門

마땅히 알라. 여기서 말하고 있는 생멸심은 바로 식장인 것이다. 이제 소의인 여래장과 능의인 생멸심을 통틀어 합해서 생멸문으로 삼은 것이다.

기신론에서 말하고 있는 생멸심은 사권경에서 말씀하신 식장을 거론한 것이다. 所依소의는 받아들이는 쪽이고 能依능의는 작용하는 쪽이다. 그러므로 여래장은 소의가 되고 생멸심은 능의가 된다.

이렇기 때문에 생멸심으로 6도를 윤회하면서 온갖 죄악과 악습을 만들어 그것을 여래장에 시도 때도 없이 집어넣는다. 그것을 사권능가경에서는 식장이라고 하셨고, 기신론에서는 생멸문이라고 부르고 있다.

그러므로 생멸은 그 동력이 바로 과거의 악습을 갖고 있는 여래장이라고 말할 수 있다. 그런 여래장에다 또 현재의 생멸심이 다시 새로운 악습을 지어 쉬지 않고 공급하다 보니 중생의 생멸심은 영원히 쉬어지지 않고 계속되는 것이다.

別記 故言心生滅者依如來藏故有生滅心 非棄如來藏而取生滅心 爲生滅門也 如下文云 此識有二種義 故知二義皆在生滅門也

그렇기 때문에 생멸이라는 것은 여래장에 생멸하는 마음이 들어 있다는 것이다. 그것은 여래장을 버리지 않고 생멸하는 마음을 취해 생멸문을 삼은 것이다.

반복되는 말이다. **기신론**은 진여연기를 주창하는 가르침이기 때문에 진여가 중생을 따라 윤회를 한다는 것이다. 그 진여는 어디에 있느냐 하면 여래장 속에 들어 있다.

그러므로 여래장은 생멸한다. 여래장 없이는 중생은 생멸할 수도 부처가 될 수도 없다. 모든 것의 주체는 여래장이라는 말씀이다.

別記 如下文云 此識有二種義 故知二義皆在生滅門也

본문 저 밑글에 말하기를, 이 식에는 두 종류의 뜻이 들어 있다고 했다. 그러므로 두 뜻은 모두 다 생멸문 속에 들어 있다는 사실을 알아야 한다.

혈맥기 1. 2를 보고 누가 말했다. 간단히 설명하면 되지 뭐 그리 구질구질하게 말이 많습니까 라고. 경전이나 논서를 보면 수없이 되풀이되는 말씀이 연속되고 있다.

원효성사도 마찬가지다. 여래장에 대해 입이 닳도록 반복해서 또 설명하고 있다. 그런데도 나는 그분들의 말씀이 그냥 허드레 반복설로만은 들리지 않는다. 그 속에서 그분들의 간절하고 진심 어린 자애

로움이 끊임없이 느껴지고 있기 때문이다.

海東疏 所謂以下 第二辯相 不生不滅者 是上如來藏 不生滅心動作
生滅 不相捨離 名與和合

소위 이하는 두 번째로 그 형태를 말한다. 불생불멸이라는 것은 바로
위에서 말한 여래장이다. 불생불멸의 마음이 움직여 생멸을 만든다.
이 둘은 서로 떨어지거나 분리되지 않는다. 그래서 화합되어 있다고
한 것이다.

소위 이하는 **기신론** 원문을 보시기 바란다. 거기에 생멸하는 형태
를 드러내 놓고 있다. 그것은 불생불멸하는 마음이 생멸하는 마음과
뒤범벅이 되어 있다고 했다. 정확히 현재 범부의 마음이 그런 것이다.
대나무에 꽃이 피면 대나무는 죽는다. 대나무를 아무리 쪼개 봐도
그 안에 꽃은 없다. 그렇다면 그 꽃은 어디에서 나오는 것일까. 대나
무가 자기가 죽을 것을 알면서도 어쩔 수 없이 꽃을 만들어 내는 것
이다.
부처의 마음에서 중생이 나온다. 그 부처의 마음을 아무리 뒤져봐
도 거기에 중생이 될 소지는 없다. 그런데 중생이 나온다. 부처가
자기 죽을 줄 알면서 어쩔 수 없이 중생을 만들어 내는 것이다.
대나무와 꽃은 분리되거나 서로 떨어지지 않는다. 대나무꽃은 대
나무에서 영양분을 얻어 꽃을 피운다. 그리고는 함께 죽는다. 중생은
중생 혼자서 살아갈 수 없다. 그 밑에 불생불멸하는 여래장인 부처에
빨대를 꽂고 살아간다. 그러다가 같이 죽고 같이 지옥으로 들어가

무수한 고통과 괴로움을 받는다.

如下文言 如大海水因風波動 水相風相不相捨離 乃至廣說
저 하문에서, 대해의 물은 바람에 의해 파도로 움직인다. 물의 모습과
바람의 작용은 서로 떨어지거나 분리되지 않는다 하면서 널리 설하고
있다.

하문은 뒤에 나오는 **기신론** 문장이다. 거기에서는 위의 문제를 물
과 바람으로 비유하고 있다. 물은 조용하고 싶은데 바람이 그냥 두지
를 않는다.

바람이 불면 물은 움직인다. 그러면 파도가 일어난다. 파도는 물의
작용이다. 그러므로 바람과 물은 서로 분리되지 않는다.

물은 불생불멸하는 마음이고 파도는 생멸하는 마음이다. 이 둘은
원천이 같아서 자꾸 하나로 있으려 한다. 하지만 바람이 그냥 두지
않는다. 그 둘을 어떻게든 갈라놓으려 한다. 그처럼 부처의 마음과
중생의 마음은 자연적으로 하나가 되고자 한다. 이 작용을 대승이라
한다고 했다.

무도 바람이 들면 천지에 쓸 데가 없다. 국도 못 끓이고 나물도
못 무친다. 겉은 멀쩡해도 아깝지만 버려야 한다. 집안에 멀쩡한 사
람도 바람이 들면 폐인이 된다. 어디 써 먹을 데가 없다. 눈물을 머금
고 버려야 한다. 바람은 그렇게 무서운 것이다.

그런 바람이 부처의 본성을 건드린다. 흔적도 없던 중생의 씨앗이
그 속에서 발아한다. 그리고는 중생이 턱 나타난다. 중생을 버리고

싶지만 버릴 수가 없다. 도리어 숙주가 되어준 주인인 부처를 버려버린다. 그렇게 하는 무명의 바람은 가히 몰인정하며 무자비하기만 하다.

海東疏 此中水之動是風相 動之濕是水相 水擧體動 故水不離風相 無動非濕 故動不離水相

이 가운데서 물의 움직임은 바로 바람의 작용이다. 움직이는 축축함은 바로 물의 속성이다. 물의 본체가 움직이는 것은 바람의 작용을 벗어나지 못하고 있다는 뜻이다. 물이 움직여도 축축함 아닌 것이 없다. 그러므로 물의 모습으로부터 벗어나지 않는다고 한 것이다.

가만히 있는 나무에 바람이 불면 가지가 흔들린다. 흔들리고 싶지 않으나 흔드니까 흔들리는 것이다. 바람은 볼 수가 없다. 그러나 가지가 흔들리기 때문에 바람이 분다는 것을 알 수 있다. 가지가 흔들린다고 해서 나무가 뭐 어떻게 되는 것이 아니다. 나무는 가만히 있어도 그 나무고 흔들려도 그 나무로 그냥 그 자리에 있다.

중생과 부처의 관계도 마찬가지다. 부처의 본성에서 중생이 무명풍에 의해 깨춤을 추지만 부처의 본성은 변하지 않는다. 어떤 때는 인간으로 춤을 추고 어떤 때는 짐승으로 으르렁거려도 부처의 본성은 그냥 그대로다. 중생 혼자서 광란의 삶을 살고 있을 뿐이다. 그러다 무명풍이 없어지면 중생도 거품처럼 사라진다.

바람이 멈추면 나무는 언제 흔들렸나 싶을 정도로 조용해진다. 무명풍이 그치면 중생은 언제 그런 고통과 비참함을 갖고 살았나 할 정도로 싹 없어져 버린다. 마치 어젯밤 꿈에 광풍을 만났던 것과 같이 자고 일어나면 자신만 그대로 있고 그 외에 것은 아무것도 남아 있지 않은 것과 같다.

물과 파도는 벌써 몇 번째 비유로 등장하고 있다. 물이 파도가 되었거나 물 그대로 있거나 간에 물은 물의 본성인 축축한 습성을 가지고 있다. 축축함은 습기의 성품이다. 바람이 아무리 불어 산더미만한 파도를 일으켜도 그 파도는 물의 본체인 습성을 벗어나지 않는다는 것이다.

[海東疏] 心亦如是 不生滅心擧體動 故心不離生滅相 生滅之相 莫非神解 故生滅不離心相 如是不相離 故名與和合

마음 또한 그와 같다. 불생멸하는 마음의 본체가 움직이다 보니 생멸상을 벗어나지 않고 있다. 생멸의 모습은 신해 아님이 없다. 그러므로 생멸은 마음의 체상을 벗어나지 않는다. 그와 같이 이 둘은 서로 떨어지지 않는다. 그래서 더불어 화합되어져 있다고 한 것이다.

마음도 마찬가지다. 마음이 탁하고 거칠어 고통을 산더미처럼 짊어지고 산다고 해도 부처의 본성은 그대로 간직하고 있다. 죄업이 심하여 고통에 신음하는 지옥에 있거나 어리석어 축생으로 버둥대며 살거나 부처의 본성은 그 중생 속에 그대로 있다는 것이다.

신해라는 말은 성사가 한 번 앞에서 언급하신 적이 있다. 신령스럽게 모든 것을 다 아는 본각지혜를 말한다고 했다. 생멸하는 중생이라고 해서 부처가 원천적으로 갖고 있는 최고의 지혜인 신해를 버리고 사는 것은 아니다. 단지 갖고는 있되 죄업이 그 신해의 능력을 덮어 버린 상태로 있을 뿐이다.

부처를 떠나 있어서 중생이 고통을 당하는 것은 아니다. 부처를 안고 있으면서도 고통을 당하고 있으니 문제인 것이다.

중생은 언제 어디서나 부처의 본성과 함께 살고 함께 죽는다. 그 이유가 바로 위에서 말씀하신 부처와 중생이 함께 뒤섞여 절대로 분리될 수 없기 때문이다.

별기 別記云 心之生滅 依無明成 生滅之心 從本覺成 而無二體 不相捨離 故爲和合

따로 기록할 것 같으면 마음의 생멸은 무명에 의거하여 이루어져 있고 생멸하는 마음은 본각에 의거하여 이루어져 있다. 이 둘의 본체는 없다. 그러므로 서로 버리거나 떠나지 않는다. 그렇기 때문에 화합해 있다고 한 것이다.

그냥 넘어가도 될 부분을 성사께서 별기를 붙여 주셨다. 여기에서 말씀하시고자 하는 포인트는 두 가지다. 하나는 마음의 생멸이고 둘은 생멸하는 마음이다. 마음의 생멸은 무명이 작업을 걸면 없던 생멸이 일어난다.

생멸하는 마음은 본각에 붙어 있다. 즉 마음의 생멸과 생멸하는 마음 이 둘은 자체적인 실체가 없기에 스스로 작동할 수 없다. 바깥에서 어떤 영향을 주이야 발동을 한다. 그래서 둘 다 불생멸하는 본체에 기생하며 발동할 때를 기다린다. 그래서 서로 벗어나지 않는다고 하고 화합에 있다고 한 것이다.

그러다 때를 만나 이것이 힘을 얻으면 상당히 무서워진다. 쇠에 녹이 시작될 때는 대수롭지 않지마는 그 녹이 세력을 얻으면 사정이 완전 달라진다. 즉 기생해 있던 녹의 성질이 숙주인 본체를 파먹어 버리기 때문이다.

생멸심도 마찬가지다. 처음엔 자체적으로 힘을 쓰지 못하다가도 무명이라는 어리석음이 부채질을 계속하면 생멸심이 작동되는 것이다.

그것이 일을 저지르면 본체인 부처가 찍소리 못하고 당하고 만다. 지금 정확히 그런 것이다. 생멸하는 우리의 마음이 원래 불생불멸하는 부처의 성품에 붙어 있다가 무명과 합세해 부처를 누르고 중생이 되어 버린 것이다.

그러므로 해서 이전에 상상도 하지 못했던 생사의 고통을 모질게 받고 있는 것이다.

누가 이런 생사를 벗어날 수 있단 말인가. 범부는 그 누구도 생사를 이길 수 없다. 아무 세력도 없던 생멸심이 작동해 버리면 이런 엄청난 힘을 가지는 것이다. 이 짓을 누가 막을 것인가. 이것은 세상을 엎어 버리는 큰 어둠과 같아서 범부의 힘으로는 가히 막을 재간이 없다. **바라문피사경**에 있는 山海空市라는 법문을 들어보자.

한 바라문가에 4형제가 있었다. 큰 형이 범지가 되고 뒤따라 둘째가 범지로 들어갔다. 범지는 결혼하기 전에 수도원에 들어가 세속의 삶을 준비하는 수행과정의 행자이다.

주로 도량을 청소하고 장로들의 생활을 보살핀다. 음식은 익혀 먹지 않고 사치를 금하며 절제된 생활로 육욕을 금하고 자신을 정결하게 한다.

돋보이는 수행과정은 스승을 절대적으로 존경하고 공경하며 시봉한다는 것이다. 그들은 매일 걸식을 하여 스승께 먼저 갖다 드리고 스승의 잡다한 시중을 든다. 스승이 그 음식을 다 들고 나면 그때야 스승이 남긴 음식을 먹는다.

그리고는 스승을 모시고 지성으로 바라문교리를 배우고 익힌다. 그러다 저녁이 되어 스승이 먼저 자리에 누우면 비로소 그들도 자리에 눕는 스승제일주의의 수행을 한다.

범지는 주로 10살 때부터 20살까지의 수련기간을 가진다. 그런데 큰 형이 20살이 되어도 세속에 나가지 않는다. 둘째가 궁금해서 그 연유를 물으니 자기는 해야 할 일이 있다고 했다. 그러자 셋째가 들어오고 넷째가 들어왔다.

어느 날 큰형이 세 동생을 불러놓고 이렇게 말했다. 그 어떠한 수행을 하건 우리의 목숨은 죽기로 정해져 있다. 세속에 나가 결혼을 하고 가정을 꾸며도 모두 다 죽어가는 과정 속에서의 삶인데 거기에 무슨 행복이 있겠으며 기쁨이 있겠는가. 나와 함께 죽음을 피할 수 있는 비법을 익혀 이 세상에 영원히 살 수 있는 길을 찾아보는 것이 어떻겠느냐 라고 했다.

세 형제는 큰형의 제안을 그대로 받아들였다. 그래서 그들은 사람들이 많은 번잡한 수도원을 떠나 깊은 숲속으로 들어가 생사를 벗어날 수 있는 비법을 나름대로 열심히 익혔다. 야망이 크고 욕망이 대단해서 그런지 20년이 지난 어느 날 어쨌든 그들은 최고로 기이한 신통술을 익히는 데 성공하였다.

그들은 내심 크게 만족하면서 그 신통술을 천지에서 마음껏 즐겼다. 타인의 마음을 꿰뚫어볼 수 있는 타심통도 얻었고 한순간에 땅 끝까지 날아갈 수 있는 신족통도 얻었다.

그리고 앉아서 천 리를 볼 수 있다는 천안통과 만 리 바깥에서 속삭이는 소리까지 들을 수 있는 천이통도 얻었다. 하지만 마지막 하나 누진통만은 아직 얻지 못하고 있었다. 그래도 그들의 신통술은 온 나라의 화젯거리가 되었다.

어느 날 큰형이 덜 여문 누진통으로 자신들의 운명을 살펴보다가 깜짝 놀랐다. 앞으로 일주일 뒤 자기가 제일 먼저 죽고 차례로 세 형제가 따라 죽는 운명이 바짝 다가와 있었다.

큰형은 즉시 세 동생을 불러다 놓고 죽음을 피할 각자의 대책을 마련하라고 하면서 자기는 죽음의 사자를 피해 수미산에 들어가 흙 더미 속에 파묻혀 있겠다고 하였다.

둘째는 바다를 택했다. 바다 깊숙이 들어가 있으면 무상한 살귀가 자신을 찾지 못할 거라고 하였다. 셋째는 허공을 택했다. 허공중에 돌아다니는데 어떻게 사자가 자신을 잡겠느냐는 것이었고, 넷째는 차라리 사람들이 많은 번화가에 변장을 하고 숨어 다니는 것이 더 낫겠다고 하였다.

이 소문은 삽시간에 전 나라에 퍼졌다. 위로는 왕에게서부터 아래로는 천민 노예들에게까지 과연 그들이 죽음의 신을 피할 수 있을 것인지 초미의 관심이 되었다. 드디어 7일째 되는 날 궁중에 있던 왕에게 비보 하나가 날아들었다. 번잡한 거리에 변장을 하고 숨어 있던 막내가 급사했다는 조전이었다.

이 소식을 접한 왕은 다른 형들도 곧 죽음의 사자에게 잡힐 것이라고 하였다. 아니나 다를까 공중에서 시체 하나가 떨어져 내렸다고 했다.

또 조금 있으니 바다에 주검 하나가 떠 있다고 했다. 얼마 지나지 않아 하이에나가 산속 땅속에서 시체 하나를 끌어 내 뜯어먹고 있다고 했다. 이 법문을 마친 부처님은 다음과 같이 게송을 읊으셨다.

Neither in the sky, no deep in the ocean,

no in the mountain-soil,

nor in the downtown

can a man be free from a messenger of death.

하늘도 안 된다. 바다도 안 된다.

산 흙속도 안 된다.

번화가도 안 된다.

죽음의 사자는 피할 수가 없다.

[海東疏] 此是不生滅心與生滅和合 非謂生滅與不生滅和合也

이것은 불생멸심이 생멸과 더불어 화합해 있다는 말이지 생멸이 불생멸과 더불어 화합해 있다는 말은 아니다.

생멸의 상태를 계속해서 설명하고 있다. 골자는 불생멸심에 생멸이 붙어 있는 것이지 생멸에 불생멸이 붙어 있는 것은 아니다는 것이다. 그러니까 비록 화합해 있다고 해도 불생멸이 전부가 되는 것이고 생멸은 더부살이로 겨우 붙어 있는 정도라는 것이다.

몸으로 보면 건강한 몸은 불생멸이다. 여기에 병이 될 수 있는 요소가 어딘가에 붙어 있다. 그러다가 면역력이 떨어지든지 다른 병균에 감염되면 발병하기 시작한다. 그렇게 처음에는 미미하게 시작하지만 일단 힘을 얻으면 건강한 몸의 영양분을 빨아먹고 서서히 자라나게 된다.

그러다가 결국 더부살이로 붙어 있던 병이 건강한 몸을 무너뜨리고 마는 것과 같다.

그러므로 표현상 화합되어 있다고 하지만 생멸의 화합지분은 사실 하나도 없다. 겨우 불생멸의 틈 속에 끼어 숨죽이고 있다가 무명을 만나면 생겨나는 것이다. 이것은 마치 곰팡이가 없던 음식에 습기가 들어가면 곰팡이가 피는 것과 같다.

그러므로 우리 마음의 주인은 진여고 우리를 죽이는 것은 현재의 내 마음이라는 사실을 분명히 알아야 한다.

海東疏 非一非異者 不生滅心擧體而動 故心與生滅非異 而恒不失 不生滅性 故生滅與心非一

같지도 않고 다르지도 않다는 말은 불생멸심의 본체가 움직이므로 그 마음이 생멸과 더불어 다르지 않다는 것이다. 하지만 항상 불생불멸하는 성품을 잃지 않고 있기 때문에 생멸은 마음과 더불어 같지도 않다고 하는 것이다.

불생불멸이 생멸과 같으냐 다르냐에 대한 의문을 풀이하고 있다. 불생불멸은 부처고 생멸은 중생이다. 이 둘은 같으냐 다르냐로 물으면 무어라 대답해야 할까.

같다고 하면 어떻게 부처와 중생이 같을 수 있느냐고 되물을 것이고, 다르다고 한다면 그럼 어떻게 중생이 부처가 될 수 있느냐고 되물을 것이다.

처음에 다르지 않다는 대답은 부처의 본성이 생멸과 함께 생멸하기 때문에 같다는 말이고, 다음에 같지 않다는 대답은 중생은 엄연히 중생이라는 것이다. 그래도 부처의 본성은 어디를 가나 그 본성은 변하지 않고 그 속에 그대로 있다는 것을 명심해야 한다.

海東疏 又若是一者 生滅識相滅盡之時 心神之體亦應隨滅 墮於斷邊
또 만약 같다면 생멸하는 의식의 모습이 없어질 때에 心神의 본체도 또한 응당히 따라서 소멸되어야 한다. 그러면 단견에 떨어진다.

한문에 단변이라는 말은 단견을 말한다. 이것은 부정적 소견이다. 즉 세상만사가 무상한 것처럼 사람도 죽으면 몸과 마음이 모두 없어져 空無로 돌아간다고 하는 허무주의적인 생각이다. 그러므로 인연이니 내생이니 영혼이니 하는 말들을 모두 부정한다. 이것은 한쪽만을 고집하는 그릇된 소견이다.

그처럼 부처의 본성과 중생의 본성이 같다면 중생이 죽을 때 부처도 죽어야 하는 단견에 떨어진다. 이것은 꼭 나뭇잎이 떨어지면 니무 본체도 죽는 것이다 하는 것과 같다.

心神이라는 말은 처음으로 나왔다. 심신은 중생의 마음속에 들어 있는 신령스러운 성품을 말한다. 이것을 성사는 위에서 신해라고 하셨는데 결국 다른 말 같은 뜻이 된다.

海東疏 若是異者 依無明風熏動之時 靜心之體不應隨緣 卽墮常邊
만약에 다르다면 무명풍이 훈습하여 요동할 때에 靜心의 본체는 응당히 그 인연을 따라가지 않아야 한다. 그러면 常見에 떨어진다.

상견은 단견과 반대로 긍정적 사고를 말한다. 사람은 죽지만 그 영혼인 자아는 없어지지 않는다. 영혼은 과거나 미래에 상주 불변하여 영원하다고 생각한다. 이것도 단견만큼 한쪽만을 고집하는 그릇된 소견이다.

부처와 중생이 다르다면 중생을 만드는 어리석음의 바람이 불어도 부처의 마음인 정심의 본체는 그대로 있어야 한다. 그런데 같이 요동해 움직인다. 그런데 어떻게 다르다고만 할 수 있겠는가. 겨울나무로 말할 것 같으면 나목 그대로 있어야지 어떻게 그 속에서 새싹이 나와 푸르른 잎을 낼 수 있는가이다.

정심이라는 말은 고요한 마음이다. 이것은 물론 부처의 마음 본체이다. 그러므로 틀리다면 무명풍과는 전혀 상관없어야 한다. 그런데 무명풍이 불면 중생심과 같이 덩달아 움직인다. 그러므로 다르다고만 할 수 없다는 것이다.

海東疏 離此二邊 故非一非異

이 두 쪽 변을 떠나기 때문에 같지도 않고 다르지도 않다고 한 것이다.

세상 모든 것은 전부 다 양면성을 가지고 있다. 손바닥과 손등은 다른 것인가 같은 것인가. 부모와 형제는 같은 존재인가 다른 존재인가. 애인관계에서 남과 여의 마음은 같은 것인가 다른 것인가. 같다 해도 틀리고 맞다 해도 틀린다. 반대로 틀린다 해도 맞고 맞다고 해도 틀린다.

나와 당신의 관계도 마찬가지다. 같다고 해도 틀리고 틀린다고 해도 맞다. 그러므로 이 양면성은 무엇이라고 단정 지을 수 없다. 세상의 이 양면성의 원조는 바로 부처의 본성과 중생의 본성이 같으냐 다르냐로부터 시작된 것이다. 이것부터 답이 안 나오는데 어떻게 세상문제에 답이 나올 수 있을소냐.

別記 別記云 雖有二義 心體無二 此合二義不二之心 名爲黎耶識也
따로 기술하자면 비록 두 뜻이 있다 해도 심체는 둘이 없다. 이 두 뜻을 합해도 둘이 아닌 마음이기에 려야식이라고 한다.

불생불멸과 생멸의 두 뜻이 있다 해도 이 둘은 모두 같은 심체에 들어 있다. 그러므로 둘이 있는 것 같아도 둘이 없다. 태평양과 대서양은 분명 따로 있는 바다이지만 거해에 다 들어 있는 것과 같다. 따로 보면 다르게 보이지만 그 바탕은 하나기 때문에 아려야식이라고 하는 것이다.

아려야식은 진과 망의 화합식이다. 즉 眞인 불생불멸과 妄인 생멸이 하나로 뭉쳐진 장식이다. 이 장식이 바로 모든 의식의 원천이다.

다른 논서에는 9식과 10식을 말하고 있지마는 **기신론**은 이처럼 8식으로 끝을 낸다. 8식을 의식의 최종 종착지로 보는 것이다. 그래서 부처의 성품과 중생의 성질이 보태어진 근본상태를 화합이라고 하고 그 이름을 아려야식이라고 부른다고 한 것이다.

海東疏 如四卷經云 譬如泥團微塵 非異非不異 金莊嚴具亦如是

사권경에서 말씀하시기를, 비유하자면 흙덩이는 흙먼지와 다르지도 않고 다르지 않는 것도 아니다. 금으로 된 장엄구도 또한 이와 같은 것이다.

능가경을 세분화하면 세 가지로 나뉜다. 첫째가 4권능가경인데 구나발다라가 번역하였다. 이 경을 보통 **능가아발다라보경**이라고 부른다. 여기서는 우리의 마음을 통상인 미진으로 비유하면서 자진상 또는 여래장이라고 하였다. 둘째가 7권능가경인데 실차난타가 번역하였다. 이것을 통상 **능가경**이라고 부른다. 여기서는 장식이라고 하였다.

셋째가 10권능가경인데 보리유지가 번역하였다. 이 경을 보통 **대승입능가경**이라고 부른다. 여기서는 여래장을 자진상이라고 표현하였다. 똑 같은 경전을 누가 번역하는가에 따라 이렇게 이름이 다르고 권수가 달라진다.

화엄경도 마찬가지다. 80화엄경은 실차난타스님이 번역하였다. **십주경**은 구마라지바가 번역하였고, **십지경**은 시라달마가 번역하였다. 똑같은 **화엄경**인데 역경사에 따라 이름이 이렇게 다르고 권수도 다 다르다. 이렇게 다른 이름으로 번역된 **화엄경**만 해도 수십 종에 이른다.

원문에 泥團니단은 흙덩이를 뜻한다. 그러나 이해를 쉽게 돕기 위해 이것을 도자기로 의역한다. 도자기는 흙먼지가 모여서 된 것이기에 그렇다.

그렇다면 도자기는 흙먼지인가. 흙먼지가 아닌가. 같다면 도자기와 흙먼지가 외형으로 어떻게 같을 수 있단 말인가 이고, 다르다면 흙먼지를 제외하고 어떻게 도자기가 만들어질 수 있단 말인가 이다. 그러므로 이 둘은 다르다고 할 수도 없고 다르지 않다고도 말할 수 없다.

금으로 만든 장신구 역시 마찬가지다. 금반지는 금가루와 같은 것인가, 다른 것인가. 이것도 역시 위 도자기와 흙먼지를 비유한 것과 같다고 하셨다.

그처럼 불생불멸과 생멸은 같은 것인가, 다른 것인가. 다른 말로 하자면 부처와 중생은 다른 것인가, 같은 것인가. 다르다고 해도 안 되고 다르지 않다고 해도 안 되는 관계인 것이다. 그래서 **기신론** 원문에 非一 非異라고 한 것이다.

海東疏 若泥團微塵異者 非彼所成 而實彼成 是故非異 若不異者 泥團微塵應無差別

만약에 도자기와 흙먼지가 다르다면 도자기는 흙먼지로 이루어진 것이 아니다. 하지만 진실로 그렇게 이루어졌다면 이것은 다르지 않다는 말이다. 만약에 다르지 않다면 도자기와 흙먼지는 응당히 차별이 없어야 한다.

어떻게 보면 간단한 내용인 것 같으면서도 설명은 계속 이어진다. 사람들의 근기가 천차만별이다 보니 누구에게는 간단한 문제 같지만 또 다른 누구에게는 전혀 이해가 가지 않을 수 있기에 성사는 다시 이 문제를 언급하시고 있다.

도자기는 흙먼지에 의해 만들어진 것이다. 먼지는 요소고 도자기는 결과다. 그렇게 하도록 무엇인가의 힘이 작용했다. 그래서 부드러운 흙먼지가 도자기가 된 것이다.

불생불멸은 흙먼지다. 그것을 사람이 물로 뭉치고 불에 구우면 생멸의 덩어리가 된다. 결과로써 다르게 나타났지만 그 근본 요소는 흙먼지다. 그래서 불생불멸과 생멸은 함께 있어서 차별이 없다고 하신 것이다.

흙먼지는 세상 천지에 가득한 부처의 성품인 진여자성이라고 할 때, 그것이 어떤 인연을 만나면 모습과 골격이 갖추어진 하나의 도자기 중생이 된다. 그래서 중생은 부처의 성품이 뭉쳐진 것이고 부처는 중생의 모습이 부수어진 상태라고 말할 수 있다.

[海東疏] 如是轉識藏識眞相若異者 藏識非因 若不異者 轉識滅 藏識亦應滅

이와 같이 전식과 장식과 진상이 만약에 다르다면 장식은 그 바탕이 아니다. 만약에 다르지 않다면 전식이 없어질 때 장식 또한 응당히 없어져야 한다.

  이제 처음으로 轉識전식이 나온다. 전식은 장식에서 아래로 내려
온 주체적 자아식이다. 장식은 모든 의식을 모아 놓은 창고다. 이것
을 여래장이라고 한다. 여래장 속에는 범부와 부처가 같이 들어 있
다. 하지만 범부는 자기 마음속에 중생만 들어 있다고 생각한다. 그
래서 범부 쪽으로만 매진한다.
  능가경에서 이 여래장은 고통과 즐거움의 요인이다. 범부는 우치
해서 이것을 알아차리지 못한다고 하셨다. 또 승만경에서는 여래장
속에 생멸이 들어 있고 열반이 들어 있다. 그래서 여래장 때문에 범
부가 생사를 싫어해서 열반을 구할 수 있다고 하셨다.

  "염생사고 구열반락의 뜻이 무엇이라꼬요?"
  "처음 들어봤습니다. 그런 말은."
  "띄웅!"

  海東疏 而自眞相實不滅 是故非自眞相識滅 但業相滅
하지만 自眞相은 진실로 없어지지 않는다. 그렇기 때문에 自眞相識은
없어지지 않고 단지 業相만 없어지는 것이다고 하셨다.

  自眞相은 자체의 진실된 모습이다. 이것은 여래장 속에 들어 있는
불성 그 자체다. 그러니까 전식과 장식, 그리고 진상이 다 다르다면
장식은 이것들과 완전 별다른 존재다 라는 말이다. 같으면 전식이

126

없어질 때 전식을 갖고 있는 장식도 마땅히 없어져야 한다고 한 것이다.

하지만 모든 것이 다 없어져도 불성 그 자체는 없어지는 것이 아니다. 그래서 다른 것은 다 없어진다 해도 자진상은 없어지면 안 되기 때문에 자진상을 덮고 있는 업상만 없어진다고 하신 것이다.

[海東疏] 今此論主正釋彼文 故言非一非異 此中業識者 因無明力不覺心動 故名業識 又依動心轉成能見 故名轉識 此二皆在黎耶識位
이제 이 논주는 바로 저 경문을 풀이한 것이기 때문에 같지도 않고 다르지도 않다고 말한다. 이 가운데 업식이라는 것은 무명의 힘으로 인해 불각의 마음을 움직이게 만들기 때문에 업식이라고 한다. 또 움직이는 마음이 더 나아가 능견을 이루기 때문에 전식이라고 한다. 이 둘은 모두 다 아려야식의 계위에 있다.

마명보살이 우리 마음의 형태를 不一不異라고 말씀하셨다. 즉 부처와 중생이 하나라 해도 틀리고 부처와 중생이 다르다고 해도 틀린다는 말이다. 이것을 증명하기 위해 원효성사는 **능가경**의 내용을 인용하시면서 이 어원은 **능가경**에서 가져온 것이라고 말씀하시고 있는 것이다.

업식이라는 말이 또 나온다. 성사가 이것은 무명의 힘으로 불각을 움직이게 만드는 것이라고 하셨다. 기억해 두시기 바란다. 이 업식은 아주 중요한 법수다. 물론 능견이나 전식도 마찬가지다.

別記 別記云 黎耶識內生滅見相 名爲轉識 於中體 名爲藏識

따로 기술해 말하자면 아려야식 내에 생멸하는 견상은 전식이다. 그 가운데 본체는 이름이 장식이 된다.

자비롭게도 성사께서 견상과 전식에 대해 바로 별기를 써 주셨다. 견상은 능견에 비친 모습이다. 능견과 전식은 같이 작용한다. 이것들은 장식에 뿌리를 두고 있다. 이런 법수들은 앞으로 더 자세하게 계속해서 나올 것이다.

海東疏 如十卷經言 如來藏卽阿黎耶識 共七識生 名轉滅相 故知轉相在黎耶識

십권경에서 여래장은 곧 아려야식인데, 이것이 7식을 만들어 낸다. 7식은 전멸상이라고 한다. 그러므로 전상은 아려야식의 계위에 있다는 것을 알아야 한다.

십권경은 **능가경**의 다른 번역본이라고 했다. 거기서 여래장을 아려야식이라고 했다. 아려야식은 부처와 중생이 뭉쳐진 화합식이다. 그것은 8식이다. 거기서 7식이 나오는데 그것은 없어지는 의식이라고 하셨다.

바다인 8식에서 파도인 7식이 나온다. 7식은 인연이 되면 나타나고 다하면 전멸한다. 그러나 제8식인 바탕식은 없어지지 않는다. 바탕식은 모든 의식의 저장고이기 때문에 거기서 끊임없이 낮은 식들이 나타나고 사라진다. 하지만 이 장식은 많고 많은 파도를 일으킬 수 있는 바다처럼 항상 그대로 있다.

전상과 능견, 그리고 전식은 같은 뜻 다른 말이다. 이런 것들은 앞으로 아주 상세하게 잘 나올 것이다.

[海東疏] 自眞相者 十卷經云 中眞名自相 本覺之心 不藉妄緣 性自神解 名自眞相 是約不一義門說也

자진상이라는 것은 **십권경**에서 치우침이 없는 진실된 체상을 자상이라고 한다. 이것은 본각의 마음이 망연을 의지하지 않고 있는 상태다. 본성이 스스로 신해하기에 자진상이라 한다. 이것은 不一義門불일의문에 의한 말이다.

우리는 지금 **기신론** 원문에서 심생멸의 不一不異를 원효성사가 풀이하시는 것을 보고 있다. 그 不一不異란 말은 같지도 않고 다르지도 않다는 뜻이다. 즉 중생이 부처와 같지도 않고 다르지도 않은 상태로 제8식인 아려야식을 갖고 있다 라는 대목을 설명하고 있는 것이다.

거기서 부처와 중생이 뒤섞여 있다고 했는데, 그 부처의 본성에 대해 지금 성사는 그것을 풀이하시고 있다. 그 부처의 본성은 자진상이다. 그것은 중생과 부처의 이분법을 떠난 중심의 모습이다. 그래서 원문에 中자를 넣었다. 그것을 나는 치우침이 없는 것이라고 표현하였다.

자상은 自眞相이라고 하였다. 이것은 본각이다. 본각은 우리 마음에 본래부터 깨달아져 있는 불성이다. 이것은 독야청정해서 그 어떤 것과도 짝하지 않고 그 어떤 것에도 물들지 않는다. 그 본성은 원래부터 신기하게 일체법의 모든 것을 다 아는 능력을 갖고 있다. 이렇게 말하는 것은 不一義門에 의한 것이다고 하셨다.

[海東疏] 又隨無明風作生滅時 神解之性與本不異 故亦得名爲自眞相 是依不異義門說也

또 무명풍을 따라 생멸을 만들게 되더라도 신해의 성품은 본각과 다르지 않다. 그래서 그것을 자진상이라고 한다. 이것은 不異義門불이의문 쪽에서 말하는 것이다.

신해의 성품과 본각, 그리고 자진상은 같은 말이다. 어떤 뜻을 가지고 있느냐에 따라 이름을 달리했을 뿐 그 의미는 같다. 그러니까 이 신해의 성품인 본각이 유아독존하다가도 무명풍을 만나면 즉시 오염되어 버린다.

무명풍은 어리석은 바람을 말한다. 어리석은 바람이 본각을 건드리면 본각은 나뭇가지처럼 춤을 추며 즉시 반응한다. 즉 가만히 있던 바다에 무명풍이 불면 물은 즉시 반응하여 파도를 일으킨다. 이처럼 그렇게 대단하던 본각이 이 무명풍에는 완전 꼼짝을 못한다. 그래서 중생의 생멸을 만든다.

그렇다고 해서 그 본래의 성품이 없어지는 것은 아니다. 그 속에 그대로 가지고 있다. 물이 얼음이 되었다고 하더라도 그 흐르고자 하는 속성은 그대로 가지고 있는 것과 같다. 그것은 자체적으로 이미 완성되어 있는 진실된 모습인 자진상이 있기 때문이다.

그러한 것이 무명풍에 의해 중생 속으로 들어가 있다. 이제 완전히 중생과 하나가 되어 있다. 그러므로 부처는 중생과 달라진 모습이 없다. 자진상인 본각을 그런 시각으로 보는 것을 不異義門이라고 하는 것이다.

別記 別記云 當知自眞名 不偏在不生滅
따로 기술하자면, 마땅히 알아야 한다. 자진상은 불생불멸 쪽에만 있지 않다는 사실이다.

바로 이거다. 자진상은 부처에게만 있는 것이 아니라 중생에게도 있다는 사실을 알아야 한다는 말씀이다. 그래서 위에 두 문 쪽으로 이것을 해설하신 것이다. 두 문은 불일의문과 불이의문을 말한다. 즉 하나가 아니라는 쪽과 다르지 않다는 쪽의 두 문이다.

海東疏 於中委悉如別記說也
이 중에 자세한 것은 모두 별기에서 말한 것과 같다.

성사께서 이 不一不異에 대하여 이렇게까지 장구하게 설명해 오셨는데도 아직까지 그분의 마음에 흡족하지 않으셨는지 다시 별기를 쓰신다고 하셨다.
위에서도 말했다시피 지금 **기신론** 어느 부분을 말씀하시고 계시는지 늘 기억해 두어야 한다. 그렇지 않으면 **해동소**의 해설이 뒤엉키고 휘감겨서 감을 잡을 수가 없다. 그러면 해설이 원문보다 더 어렵게 만들어 버리는 수가 있다.

그러므로 언제나 그 해설의 줄기를 놓치지 말고 원문을 따라가야한다. 그때 마명보살과 원효성사의 자상스런 숨결을 생생하게 느낄수 있다.

別記 問 如瑜伽論等 說阿黎耶識 是異熟識 一向生滅 何故此論乃說此識具含二義

묻겠다. **유가론** 같은 데서는 아려야식을 이숙식이라고 했다. 그것은언제나 생멸한다고 했는데 무슨 까닭으로 이 논에서는 이 아려야식이두 가지 뜻을 함께 가지고 있다고 하는가?

유가론은 미륵보살이 지은 100권짜리 대승의 논서다. 이것은 **해심밀경** 속에 들어 있는 내용을 고도의 유식관으로 풀이한 것이다.여기서 이숙식은 한결같이 생멸한다고 하였다. 이숙식은 결과가 다르게 나타나는 의식이라는 뜻이다. 즉 원인에 의한 결과가 그대로나타나야 하는데 원인과 다른 결과로 나타날 수 있다는 이론으로 이숙식이라 이름 지어졌다.

이숙식 속에 들어 있는 그 생멸의 因은 또 다른 다양한 생멸을 만든다. 그 생멸이 또 이런 저런 외부의 인연을 만나게 되면 전혀 다른과보를 만들어 낸다. 선을 만든다는 것이 악이 될 수도 있고 악을지었는데도 결과는 선으로도 나타날 수 있다. 또는 인과를 떠난 無記의 과보도 만들 수도 있다는 논리로 그렇게 이름 붙여졌다.

"이숙식에 대해서 더 알고 싶습니다."

"유가론을 보시면 됩니다."

이 유가론에서는 이숙식은 언제나 생멸을 한다고 했다. 그런데 똑같은 대승논서인 기신론에서는 이숙식과 같은 아려야식이 어떻게 불생불멸과 생멸을 동시에 갖고 있느냐 하는 질문을 던진 것이다.

別記 答 各有所述 不相違背 何者 此微細心略有二義 若其爲業煩惱所感義邊 辦無令有 一向生滅

답해 주겠다. 각자의 저술이 서로 위배 되지 않는다. 왜냐하면 이 미세한 마음에 간략히 두 뜻이 있다. 만약에 업번뇌에 마음이 움직인다는 뜻 쪽으로 본다면 무에서 유가 되게 하므로 한결같이 생멸한다.

미세한 마음에 두 가지 뜻이 있다고 하셨다. 하나는 한결같이 생멸하는 것이고 또 하나는 생멸하기도 하고 영원하기도 하다는 것이다. 먼저 한결같이 생멸하는 쪽을 설명하자면 그것은 유가론에 의거하는 것이다.

업번뇌라는 말은 번뇌가 활동 중이다는 뜻이다. 번뇌가 이숙식을 다시 요동시키면 생멸이 일어나는 것이다. 그것이 말하자면 無에서 有가 나온다는 말이다. 그렇게 되면 반드시 생멸하게 되어 있다. 왜냐하면 상주하는 실상의 본체가 없기 때문에 한결같이 생멸할 수밖에 없는 것이다.

"아니, 꼭 이런 어려운 것을 배워야 합니까?"

"마음의 구성요소를 말하는 것입니다."

돈을 많이 가진 사람은 자동차 부품에 관심이 없다. 자동차를 운전하다가 문제가 일어나면 다시 새 자동차를 사버리면 되기 때문에 구태여 어려운 자동차 부품과 그 기능을 소상히 알 필요가 없다.

하지만 돈이 그렇게 넉넉하지 않는 사람은 자동차에 대해 어느 정도 동력장치와 부품기능을 알아 두어야 한다. 그래야 자동차에 문제가 생기면 고쳐서 쓰거나 대책을 세울 수가 있다.

마찬가지로 복이 많은 사람은 마음에 대해 알아 둘 필요가 없다. 그냥 살아도 다 잘 풀린다. 하지만 복 없는 사람은 마음에 대해 어느 정도는 그 기능과 구성에 대해 숙지하고 있어야 한다. 그래야 제멋대로 작동하는 마음의 동력장치를 제어하거나 고장이 났을 때 즉시 고쳐 쓸 수 있기 때문이다.

그래서 원효성사가 이렇게까지 다각도로 자세하게 우리의 마음을 분석해 주면서 어떻게 해야 고장이 나지 않은 상태로 잘 쓸 수 있는가를 가르쳐 주고 있는 것이다. 그러니 복이 없다면 나 자신을 위해서라도 대충이나마 한 번쯤 내 마음의 해설서인 이 글을 훑어 봐야 되는 것이다.

別記 若論根本無明所動義邊 熏靜令動 動靜一體 彼所論等 依深密經 爲除是一是常之見 約業煩惱所感義門 故說此識一向生滅 心心數法差別而轉

만약에 근본무명에 의해 움직인다는 뜻 쪽으로 본다면 靜정이 動동에 훈습된다 해도 動靜이 하나가 된다. **유가론** 같은 논설은 **해심밀경을** 의거하다보니 한결같다거나 상주한다는 견해를 부순다. 그래서 업번뇌에 마음이 움직인다는 뜻 쪽으로 말하다 보니 이 식은 한결같이 생멸하면서 心과 心數法을 차별하고 전변한다고 한 것이다.

動靜동정은 불생불멸과 생멸을 말한다. 이것은 상태로 봤을 때 엄연하게 둘이다. 그러니까 생멸 쪽으로 힘이 붙으면 불생불멸이 자신의 위치를 지키지 못하고 생멸 쪽으로 완전히 붙어버린다. 그러면 한결같거나 상주하는 성품이 생멸을 따라간다.

심과 심수법은 能所와 같다. 心은 전체를 담당하고 心所는 부분을 맡는다. 심은 저장창고와도 같고 심수는 창고로 옮겨지는 물건과 같다. 심은 심왕이다. 그래서 8식이라고 하고 심소는 부하들이다. 그래서 7식과 6식과 5식이 나와 그에 맞는 기능을 한다.

心數라는 말은 심소와도 같은 뜻이다. 무엇을 계산하고 연산해서 행동으로 옮겨간다. 단순한 계산은 6식이 처리한다. 좀 더 복잡한 수학이 나오면 7식에 전가한다. 그러면 7식이 요리조리 자신의 손익을 따져가며 결론을 내린다. 그 다음에 행동이 옮겨지고 그 결과는 심왕인 8식이 책임진다.

유가론은 이 8식인 심왕뿐만이 아니라 모든 식들이 다 예외 없이 번뇌의 활동에 미혹되기 때문에 생멸을 한다고 한다. 그리고 끊임없이 심왕이 차별하고 또 인연 따라 그 심왕이 전변한다고 한다.

別記 今此論者 依楞加經 爲治眞俗別體之執 就其無明所動義門 故說不生滅與生滅和合不異 然此無明所動之相 亦卽爲彼業惑所 感 故二意雖異 識體無二也

이제 이 논자는 **능가경**에 기준하여 진속의 바탕체가 다르다는 집착을 깨뜨린다. 무명에 요동된다는 뜻 쪽으로 나아가도 불생멸이 생멸과 화합해서 다르지 않다고 하며, 무명에 의해 요동된 모습 또한 곧 저 업번뇌에 미혹된 것이라고 한다. 그렇게 두 뜻이 비록 다르나 아려야식 의 본체는 둘이 없다고 하는 것이다.

기신론은 두 가지를 다 가지고 있다. 이것은 머리 하나에 몸 두 개가 있는 것과 같다. 불생멸 쪽으로 말하면 무명에 오염이 되어도 불생멸이 있기 때문에 영원성을 가지고 있지만 그것이 무명에 요동 되어 업번뇌로 미혹될 때는 생멸을 한다고 한다.

우리는 지금 우리 마음이 처음에 어떻게 생겨났는가를 살펴보고 있는 중이다. 맨 처음 우리 마음은 언제인지 몰라도 불생멸하는 마음 과 생멸하는 마음이 뒤섞여 있는 상태로 시작되었다고 했다. 그 둘이 엉겨서 하나의 지각을 내는데 그것이 바로 제8식인 아려야식이라는 것이다.

그러니까 우리는 맨 처음부터 완벽하지 않은 마음을 가지고 시작 했다는 것이다. 즉 생멸을 갖고 시작하였기 때문에 중생이라는 이름 으로 온갖 죄업을 지어가며 그 고통을 극심하게 받아 온 것이다. 그 것을 어떻게든 피하기 위하여 또 온갖 죄업을 짓고, 또 피하려고 또 다른 죄업을 짓고 또 그에 따른 갖은 고통을 받아오면서 이제까지 살아 온 것이다. 그래서 중생이란 생명체의 기원은 제8 아려야식부터 시작되었다는 것이다.

別記 問 爲當心體常住 心相生滅 體相不離合爲一識 爲當心體常住 亦卽心體生滅耶

묻겠다. 마땅히 심체는 상주하고 심상은 생멸한다고 할 때 심체와 심상은 서로 떨어지지 않는다. 둘이 합해서 하나의 식이 된다고 할 때 마땅히 심체는 상주하기도 하고 또한 생멸도 한단 말인가?

수박 속과 겉은 서로 분리되어 있지 않다. 둘을 합해서 수박이라고 한다. 그러면 묻겠다. 수박 속만 수박이고 껍질은 수박이 아니란 말인가. 이와 비슷한 질문을 하였다.

심체는 마음의 본체고 심상은 마음의 껍데기다. 이 둘이 모여서 제8 아려야식이라고 한다. 그러면 상주도 하고 생멸도 하게 되는데, 그렇다면 심체가 상주도 하고 생멸도 한단 말인가 하고 물은 것이다.

別記 答 若得意者 二義俱許 何者 若論其常住 不隨他成 曰體 論其無常隨他生滅 曰相 得言體常 相是無常

답해 주겠다. 의미로 보면 두 뜻은 모두 맞다. 왜냐하면 만약에 상주를 논하면 다른 것을 따라가 이루지 말아야 한다. 그것을 본체라고 한다. 무상을 논하면 다른 것을 따라 생멸해야 한다. 그것을 모습이라고 한다. 말하자면 본체는 상주하고 心相은 무상한 것이다.

대단히 원론적인 대답이다. 상주는 영원이고 무상은 순간이다. 상주는 실상이고 무상은 허상이다. 그러므로 상주는 그 어떤 경우라도 본체 자리를 지킨다. 그것을 영원이라고 한다.

허상은 인연에 따라 움직인다. 능동적으로 움직이는 것이 아니라 피동적으로 변천한다. 실상에 어떤 인연을 가하면 거기서 나타나는 가짜 모습이 바로 허상이다. 이것은 무상하다. 마치 거울 속에 영상과도 같고 땅위에 그림자와도 같다.

우리의 실상은 부처다. 그런데 우리의 지금 모습은 허상이다. 그렇다면 부처와 우리 둘 중 하나만 정상이다. 부처가 정상이라면 우리는 지금 비정상이다. 그래서 중생은 허상으로 문제투성이고 더 나아가 그런 중생 자체는 없다 라고 하는 것이다.

別記 然言生滅者 非生之生非滅之滅故名生滅 是心之生心之滅故乃名生滅 故得言心體生滅

그러므로 생멸이란 생이 아닌 생이며 멸이 아닌 멸을 이름하여 생멸이라고 한다. 이것은 마음이 일어난 것은 생이고 마음이 없어진 것은 멸이기 때문에 생멸이라고 한 것이다. 말하자면 심체가 생멸한다는 말이다.

생멸은 허상이 하는 것이다. 하지만 허상은 혼자 존립할 수 없다. 반드시 실상이 있어야 한다. 마찬가지로 허상 혼자서 생멸할 수 없다. 실상이 생멸을 해야 허상이 따라 생멸한다. 촛불이 움직여야 유리에 비친 촛불도 움직인다.

중생이 생멸을 한다. 중생 혼자서 어떻게 생멸을 하나. 중생이 뭐 그렇게 할 수 있는 자체적인 동력이라도 있나. 중생은 손등에 생긴 사마귀 같은 존재다. 사마귀는 혼자서 생멸할 수 없다. 이름은 사마귀라는 개별 명칭을 가지고 있지만 자기가 할 수 있는 것은 아무것도 없다. 우리 몸의 본체에 기생하면서 단독적인 세포를 가지고 있을 뿐이다.

중생도 마찬가지다. 중생 혼자서는 아무것도 할 수가 없다. 유아 혼자서 무엇을 할 수 있는가. 부모가 다 해 준다. 몸은 개체로 떨어져 있지만 부모의 조종 하에 움직이고 성장한다.

중생의 부모는 부처다. 부처가 다 알아서 해 준다. 단 여기서 반드시 알아야 할 부분이 있다. 그럴 때 그 부처는 중생에 의해 병이 든 부처라는 사실이다. 그래서 심체가 생멸한다고 한 것이다.

[別記] 如似水之動名爲波 終不可說是動非水之動 當知此中道理亦爾

마치 물의 움직임을 파도라고 하면, 그 움직임을 물의 움직임이 아니라고 끝까지 말할 수 없는 것과 같은 것이다. 마땅히 알라. 이 가운데 도리 또한 그러한 것이다.

파도는 물의 왜곡된 모습이다. 물 없이 파도가 생길 수 없다. 파도의 바탕은 물이다. 중생은 부처의 왜곡된 모습이다.

부처 없이 중생이 생길 수 없다. 그래서 여래장 거기에 중생이 있다고 하셨다. 중생의 바탕은 부처다. 이 둘의 관계를 어떻게 부정할 수 있느냐는 거다.

정원에 잔디가 살아났다. 그리고 1년을 살다가 죽었다. 잔디는 죽었다가 살아났는가. 죽어도 죽었는가. 정확히 말하면 살아났어도 산것도 아니고 죽어도 죽은 것이 아니다. 원래 그 자리에 있다. 그래도사람들은 잔디가 살고 죽는다고 한다.

해는 뜨는 것인가, 지는 것인가. 뜨더라도 뜨는 것이 아니며 지더라도 지는 것이 아니다. 해는 원래 그 자리에 있다. 그러나 사람들에게는 언제나 해가 뜨고 진다고 한다.

別記 設使心體不動但無明相動者 則無轉凡成聖之理 以無明相一向滅故 心體本來不作凡故

설사 심체가 움직이지 않고 단지 무명의 모습만 움직인다면 범부가 성인이 된다는 이치는 맞지 않는다. 무명의 모습은 한결같이 소멸되고 심체는 본래 범부가 되지 않았기 때문이다.

허수아비는 사람이 될 수 없다. 그것은 가짜이기 때문이다. 가짜는 진짜가 될 수 없다. 진짜만이 가짜가 될 수 있다. 그럴 때 그 가짜의 속성은 진짜다. 그러므로 언제든 가짜를 버리고 진짜가 될 수 있다. 하지만 원래 가짜는 가짜로 있을 뿐 진짜가 될 수 없다.

중생이 부처가 된다. 중생이 원래 중생이라면 중생으로 그쳐야 한다. 중생이 어떻게 부처가 될 수 있나. 중생과 부처가 엄연히 현상적으로 다른 개체인데 어떻게 그것이 가능하겠는가. 하지만 그것이 가능한 것은 부처가 중생이 되어 있기 때문이다. 그러므로 부처가 되겠다는 결단만 내리면 다시 부처로 환원할 수 있다는 것이다.

중생은 고통을 받고 있다. 부처는 그것이 없다. 그렇다면 중생을 버리고 부처가 되면 그만 아닌가. 바로 이것이다. 여기서 불교가 나온 것이다. 하지만 중생은 그 고통을 받아도 그것이 고통인 줄 모르고 있기 때문에 그 굴레에서 벗어나려고 생각하지 않는다. 그게 문제라고 하는 것이다.

別記 難曰 若使心體生滅 則眞心有盡 以生滅時無常住故 又若心體本靜而隨緣動 則生死有始 是爲大過 以本靜時無生死故

힐난하기를, 만약에 심체가 생멸한다면 眞心이 없어지게 된다. 생멸하게 될 때에는 常住가 아니기 때문이다. 또 만약에 심체가 본래 적정했으나 인연 따라 움직였다면 생사에 시작이 있게 된다. 이것은 큰 과오가 된다. 근본적으로 적정할 때에는 생사가 없었기 때문이다.

첫 번째 시비는 심체의 생멸이다. 몇 번이나 말했었다. **기신론**은 진여연기를 가르치는 논서라고 했다. 그러니까 생사는 중생이 하는 것이 아니라 그 실체인 부처가 한다고 하는 것이다. 그 부처의 본성을 여기서는 진심이라고 표현하였다.

진심은 언제나 상주한다고 했다. 상주는 영원이라고 했다. 그런데 진여가 생멸을 한다면 영원이라는 말이 성립되지 않는다. 이게 도대체 무슨 말이냐 하는 것이다.

두 번째 시비는 우리의 마음이 본래는 고요하였으나 무명풍에 의해 요동하기 시작하였다고 했다. 고요는 부처의 상태고 요동은 중생의 움직임이다. 그렇다면 조용하게 있는데 무명이 건드려서 일어났다는 것이다. 그러면 일어난 시발점이 있어야 한다. 그 시발점이 중생의 기원이라 말할 수 있는 것이 아닌가 라는 시비이다.

別記 又若心隨緣變作生滅 亦可一心隨緣變作多心 是三難不能得離 故知此義不可立也

또 만약에 마음이 인연을 따라 생멸을 만든다면 이것 또한 일심이 인연을 따라 수많은 마음을 만들어 낼 수 있다는 거다. 이 세 가지의 힐난을 능히 피하지 못할 것이다. 그러므로 알라. 이러한 뜻은 가히 맞지 않는 것이다.

마음은 하나라고 했다. 한 개의 마음이라야 착란하거나 혼란스럽지 않다. 한꺼번에 마음이 뒤엉켜 쏟아져 나오면 어떻게 그것을 감당할 것인가.

그러므로 마음은 언제나 하나여야 한다. 그런데 생멸을 따라 이런 마음 저런 마음이 계속해서 나온다면 범부의 마음은 분명히 잘못된 것이다. 그것은 정상적인 마음이 아니다. 그래서 범부의 마음은 엉망진창으로 뒤죽박죽이 된 상태다.

마음은 분명히 한 개여야 한다. 그런데 물상의 반연 따라 많고 많은 마음이 나온다면 그 마음은 모두 허상의 마음이다. 이런 마음은 또 다른 인연을 만나면 또 다른 마음이 나타나게 된다. 텔레비전 속에 텔레비전이 나타나듯이 마음속에 또 다른 마음이 계속해서 나타나고 소멸하는 것이다.

이런 겹치기 마음과 산발된 마음을 갖고 어떻게 범부가 복덕을 쌓고 수행을 해서 부처가 된단 말인가 하는 시비이다.

別記 解云 此義無妨 今從後而答 如說常心隨無明緣變作無常之心 而其常性恒自不變 如是一心隨無明緣變作多衆生心 而其一心 常自無二

풀어 주자면, 그 뜻은 잘못 됨이 없다. 이제 맨 나중 질문부터 답을 해 주겠다. 상주의 마음이 무명을 따라 무상의 마음으로 변하더라도 그 상주의 성품은 항상 자체적으로 불변한 것이다. 이와 같이 일심이 무명의 인연을 따라 수많은 중생심으로 변하지마는 그 일심은 항상 자체적으로 둘이 없는 것이다.

배우는 연기를 하기 위해 존재하는 자다. 인연이 닿으면 언제든지 카메라 앞에 나아가 연기를 한다. 그리고 그 연기는 전 세계의 안방에 있는 TV에 방영된다. 그 연기자는 항상 한결같은 얼굴이거나 똑같은 이름으로 연기하지 않는다. 아주 다양한 옷을 입고 다각적인 심성의 모습을 나타낸다.

사람은 하나인데 연기자의 얼굴은 천의 모습을 가진다. 그리고 그 천의 모습만큼 마음도 천의 마음으로 바뀐다. 어제는 폭력을 쓰는 나쁜 이미지의 마음을 쓰고 오늘은 천사 같은 선한 마음을 갖고 나타난다. 하지만 그 사람이 갖고 있는 원래의 마음은 전혀 바뀌지 않고 있다.

別記 如涅槃經云 一味之藥 隨其流處有種種異 是藥眞味停留在
山 正謂此也

저 **열반경**에, 일미의 약은 유통되는 대로 온갖 종류의 맛을 내지마는
그 약의 참된 맛은 산속에 있을 때의 맛이다고 하신 말씀이 바로
이것을 말씀하신 것이다.

  감초가 숙지황과 섞이면 무슨 맛이 날까. 아니면 감초를 구기자와
같이 달이면 또 어떤 맛이 날까. 감초만이 갖고 있는 특유의 달달한
맛은 어떤 약초하고 섞이느냐에 따라 수만 가지 맛으로 달라진다.
그 달라진 맛을 보고 감초라고 말할 수는 없지만 또한 감초가 아니라
고 말할 수도 없다.
  감초의 참 맛은 산속에 있을 때 그 진가를 발휘하듯이 우리의 마음
은 죄업과 번뇌에 섞이지 않을 때 가장 순수하고 가장 깨끗하다. 또
감초가 그 어떤 약재와 섞이더라도 감초만이 갖고 있는 특유의 맛이
없어지지 않듯이 우리의 진짜 마음은 그 어떤 오염물질과 섞인다 하
더라도 결코 변하지 않는다는 말씀이다.

別記 又雖曰本靜隨緣而動 而無生死有始之過 以如是展轉動靜皆
無始故 如論說云 先是果報 後反成因 而恒展轉因果 皆無始故 當知
此中道理亦爾

또 비록 말하기를, 본래 적정한데 인연을 따라 움직인다 해도 생사가
시작되는 과오는 없다. 이처럼 동정이 전전하다 보면 모두 시작이
없다. 저 논에서 우선은 결과지만 후에는 도리어 원인이 되므로 항상

인과는 전전하여 모두 시작이 없다고 하였다. 이 가운데 도리 또한 그와 같다는 것을 마땅히 알아야 한다.

두 번째 질문에 대한 답을 한다. 생사가 있다면 생사의 실체가 있어야 한다. 그런데 생사의 실체는 없다. 그러므로 불교에서는 기본적으로 생사는 원래 없다고 하는 것이다. 그런데 어떻게 생사의 시작이 있단 말인가.

원래는 생사가 없었는데 인연에 의해 생사가 생겼으니 그게 시초가 되지 않느냐 하는데, 그렇다면 닭이 먼저냐 알이 먼저냐이다.

적정의 고요함을 닭이라고 하면 거기서 요동의 병아리가 나왔을 때 자꾸 그 병아리가 시작이 아니냐 하는데 그렇다면 그 닭은 시작이 없었단 말인가. 병아리가 커서 닭이 되었을 것 아닌가. 그러니 병아리가 먼저인가, 닭이 먼저인가 라는 논쟁은 아무 쓸모가 없다. 이것은 답이 없기 때문이다.

그래서 지금은 결과지만 그것은 원래 씨앗으로 있었을 테고, 그 씨앗은 또 결과에서 만들어진 것이 아닌가. 씨는 과실을 맺고 그 과실은 다시 씨를 만들어 나가는 것이다. 그러다 보면 시작과 끝은 없는 것이다. 그래서 성사께서 어느 한 논서를 인용하여 인과라는 것은 전전하므로 어느 특정한 시작점이 없다고 하신 것이다.

여기서 성사가 인용하신 논서는 특별히 어떤 논서인지 알 수가 없다. 그분이 알고 계신 논서 중에 하나일 것인데 그분이 아시는 논서의 범위가 워낙 넓어서 꼭 집어 어떤 것이다고 찾아내기가 정말 어렵다. 그것은 마치 바다에서 바늘을 찾아내는 것과 같이 아득하기만

하다.

別記 又雖心體生滅 而恒心體常住 以不一不異故 所謂心體不二 而無一性 動靜非一而無異性

또 비록 심체는 생멸해도 영원한 심체는 상주한다. 그것은 같지도 않고 다르지도 않기 때문이다. 소위 심체는 둘이 아니면서 하나도 없는 성품이고 동정이 같지도 않으면서 다르지도 않은 성질이다.

첫 번째 질문에 대한 답이다. 앞에 심체는 중생 속에 들어 있는 심체고 뒤에 심체는 부처가 갖고 있는 심체다. 이것은 본질적으로는 같지만 현상 속에서는 엄연히 다르다. 그래서 같지도 않고 다르지도 않다고 말한 것이다.

두 번째 문단에서 심체는 둘이 아니면서 하나도 아니라는 말은 부처와 중생의 심체는 둘이 아니고 하나다. 하나라고 해도 이미 틀렸다. 분명히 부처와 중생이 둘인데 어떻게 하나라고 하는가이다. 그러므로 하나라고 해도 틀린다. 뒤따라 나오는 動靜동정도 같은 의미이다.

別記 故如水依相續門則有流動 依生滅門而恒不動 以不常不斷故 所謂不度亦不滅故

그러므로 물은 상속한다는 쪽으로 보면 유동함이 있지만 중생은 생멸문으로 봐도 항상 요동하지 않는다. 그것은 상주하지도 않고 단절하지도 않기 때문이다. 이른바 不度며 또한 불멸이 되는 것이다.

파도는 계속 출렁거려도 물의 본체는 요지부동이고 중생은 끊임없이 육도윤회를 해도 그 본체는 전혀 요동하지 않는다. 그것은 상주도 아니고 무상도 아니다. 상주라고 하니 무상한 것이고 무상하다고 하니 상주하는 것이다. 그러다 보니 상주하지도 않고 무상으로 소멸하지도 않는 것이다.

여기에서 不度부도란 말은 법도가 아니란 말이니 상주하지 않는다는 뜻이고 불멸은 소멸하지 않는다는 뜻이다.

別記 當知此中道理亦爾 是故所設三難無不消也

마땅히 알라. 이 가운데 도리 또한 그러하다. 그렇기 때문에 말한 바 세 가지 힐난이 해소되지 아니함이 없다.

우리는 지금 심생멸하는 생멸문의 첫 문단을 공부하고 있다. 왜 중생이 생멸을 할 수밖에 없는가의 기원을 살펴보고 있는 중이다.

거기서 심체가 생멸한다고 하니 심체가 어떻게 생멸할 수가 있는가라는 의문의 시비를 잠재웠다. 둘째는 중생이 있다고 하니 중생의 시작이 있는가하는 의문을 풀어 주었다. 마지막에는 마음이 인연에 의해 만들어진다면 수많은 인연이 있게 될 때 그에 맞도록 수많은 마음이 일어나야 되지 않느냐 하는 의구심이다. 그것을 시원하게 다 풀어 주었다.

海東疏 第三立名 名爲阿黎耶識者 不生滅與生滅和合 非一非異 故總名爲阿黎耶識 飜名釋義 是如楞加宗要中說 就體總明竟在於前

세 번째는 이름을 세운 것이다. 이름이 아려야식이 된 것은 불생멸과 생멸이 화합하여 같지도 않고 다르지도 않기 때문에 두 뜻을 모아 아려야식이라고 했다. 번역한 이름과 뜻을 풀이한 것은 **능가경종요** 가운데서 설해 놓았었다. 본체에 나아가 총설로 밝힌 것은 앞의 설명으로 마친다.

첫 번째는 생멸하는 본체를 드러내었다. 그 본체는 여래장에 숨어 있었다. 두 번째는 그 모습을 가려 보았는데, 그것은 부처와 동일하지도 않고 그렇다고 해서 다르지도 않은 상태라는 것을 알게 되었다.

이제 세 번째로 그렇게 많은 이름들을 두고 왜 하필 아려야식이라고 했는가에 대한 답변이다. 그것은 성사께서 직접 저 **능가경종요** 3권 가운데에 잘 설명해 두었다고 하셨는데 안타깝게도 그 책은 유실되고 현재 전해지지 않고 있다.

솔직히 이 **능가경종요**가 현존한다면 그분의 저술 중에서 가장 뛰어난 작품이 될 것이다. **열반경종요**나 **법화경종요** 같은 것보다 더 깊이 있고 더 심오한 저술이었을 텐데 너무 안타깝고 아쉽기만 하다. **기신론해동소**가 논서로서 최고라면 그 종요는 경전의 해설서로서 절대적인 최고봉이 되었을 것이라는 데 대해서는 의심의 여지가 없다.

아려야식의 원어는 Alaya Vijnana이다. 이것은 진망화합식이다. 眞은 불생불멸이고 妄은 생멸이다. 眞은 각이고 妄은 불각이다. 眞은 부처고 妄은 중생이다. 이 둘이 뭉쳐진 지각의식이 아려야식이라고 마명보살이 말씀하신 것이다.

이것을 현장스님은 장식이라고 번역하였고 진제스님은 무몰식이라고 한역하였다. 장식은 위에서 이미 설명을 하였다. 무몰식은 삼세를 두고 사물과 생각의 모든 잔여물이 여기에 쌓여서 스스로 없어지지 않고 계속해서 지각작용을 한다는 뜻이다.

이 Alaya Vijnana 는 한역하신 스님에 따라 아뢰야식 아리야식 아라야식 등으로 이름이 달라진다. 중국식 한자음으로 거의 가 다 이 소리가 나기 때문에 전혀 문제가 없다. 이것은 꼭 문수사리보살을 만수사리로 음역한 것과 같다.

어쨌든 **기신론**에서 이 아려야식은 진여연기를 하는 8식이다. 더 이상 나가면 유식과 구사의 논리가 나온다. 그러면 본류를 잃고 지류를 헤맬 수 있다. 말이 많으면 요란스럽기만 할 뿐 쓸 만한 핵심은 그 속에 묻혀 버리는 것과 같다. 필요한 말만 부각시키는 데는 아주 짧고 간단한 단어로 충분하다. 그래서 아려야식은 진망화합식이며 제8식이다고 한 것이다. 여기까지만 알면 다음 문장을 이해하는 데 충분하다.

기신론의 의도는 생사의 고통에 빠져 있는 중생을 구제하는 데 있다. 그러므로 먼저 중생이 왜 생사에 빠지게 되었는지 그 이유를 설명하고 그 상태를 확인시켜 주고자 한다. 대신 유식이나 구사 같은 논서는 심리를 다루는 일종의 이론학이기 때문에 그런데 관심을 가지는 분들은 그쪽 분야를 연구하면 될 것이다.

海東疏 △此下第二依義別解 此中有三 一開義總標 略明功能 二依義別釋 廣顯體相 三明同異

이 밑으로는 두 번째로 뜻을 따라 개별로 풀이한다. 거기에 세 가지가 있다. 첫째는 뜻을 묶어서 간략히 그 공능을 밝히고, 둘째는 뜻을 따라 따로 해석하면서 널리 그 체상을 나타내며, 셋째는 같고 다름을 밝히는 것이다.

앞에까지는 생멸문의 본체에 나아가 생멸문이라는 것이 무엇인지 그 뜻을 한꺼번에 묶어서 설명하였다. 여기서부터는 두 번째로 생멸문에 의거해 개별적인 것들을 풀이하고자 한다. 즉 생멸문에 어떤 것들이 들어 있어서 생멸을 주도하고 있는지 그 구성 내용에 대해 알아보는 것이다.

마지막에는 불생불생과 생멸이 어떻게 같고 다른지에 대해 밝혀 주는 것이다.

起信論 此識有二種義 能攝一切法 生一切法

이 식에는 두 뜻이 들어 있다. 능히 일체법을 함섭하고 있고 일체법을 생출하고 있다.

우리는 아려야식 중생이다. 아려야식은 부처와 중생이 범벅이 되어 있는 생명체라고 했다. 그런데 그 중심축이 중생에게 완전 쏠려 있다 보니 우리가 중생이 되어 버린 것이다.

우리가 갖고 있는 모든 지각인식의 바탕은 제8 아려야식에 있다. 그 아려야식에는 두 가지 기능이 있다. 하나는 품는 것이고 또 하나는 만들어 내는 것이다. 이 둘 중에 여러분들은 어느 것을 더 좋아하시는가. 품는 것인가, 만들어 내는 것인가.

海東疏 初中言此識有二種義能攝一切法生一切法者　能攝之義如前廣說　然上說二門各攝一切

처음 가운데서 말한 이 식에는 두 가지 뜻이 들어 있다. 능히 일체법을 함섭하고 일체법을 생출한다는 말에서 능히 함섭한다는 뜻은 앞에서 이미 널리 설하였었다. 그러나 위에서는 두 문이 각각 일체법을 함섭하고 있다고 말하였었다.

아려야식은 일체의 법을 함섭하고 생출한다고 했다. 이것을 저 위 입의분에서는 두 문이 일체법을 다 함섭해 있다고 했다. 두 문은 진여문과 생멸문이다. 즉 부처의 세계와 중생의 세계다. 이 두 세계가 일체의 모든 법을 다 함섭해 있다고 했다. 그래서 이 두 문을 벗어난 세계는 세상천지에 없다고 했다.

여기서는 아려야식이고 위에서는 두 문이라고 했을 뿐 일체법을 함섭해 있다고 한 것은 같다. 일체법은 세간법과 출세간법 전체를 말하고, 함섭은 모두 다 포함해 끌어안고 있다는 뜻이다.

海東疏 今此明一識含有二義　故此一識能攝一切　不言二義各攝一切　以此二義唯在生滅門內說故　如是二義不能各攝一切法故

이제는 一識일식이 두 뜻을 가지고 있다는 것을 밝힌다. 그러므로 이 일식이 능히 일체법을 함섭해 있지 두 뜻이 각각 일체법을 함섭해 있다고 말하는 것은 아니다. 이 두 뜻은 오직 생멸문 속에서만 있기 때문에 능히 각각 일체의 법을 함섭해 있는 것은 아니다는 것이다.

아려야식인 우리 마음은 진여의 정토세계와 생멸의 중생세계를 다 가지고 있다. 하지만 함섭과 생출이 각각 세상을 다 가지고 있다는 것은 아니다. 이 둘은 생멸문 속에 있는 기능이기 때문에 진여문까지 전체를 다 가지고 있지는 못하다. 그래서 각각 일체의 법을 가지고 있는 것은 아니다 라고 하신 것이다.

그러니까 함섭과 생출을 따로 보았을 때 함섭 속에는 진여문과 생멸문이 함께 들어 있지마는 생출은 생멸문만 갖고 있기 때문에 모두 각각 함섭해 있다고 말할 수는 없는 것이다는 것이다.

海東疏 又上二門但說攝義 以眞如門無能生義故 今於此識亦說生義 生滅門中 有能生義故

위에 두 문은 단지 그 뜻을 함섭해 있다. 진여문 가운데서는 능히 생출하는 뜻이 없지만 지금 이 식은 또한 생출하는 뜻을 가지고 있다. 생멸문 속에는 생출하는 뜻이 있기 때문이다.

진여문에서는 무엇을 만들어 낼 필요가 없다. 이미 완성되어져 있기 때문이다. 그래서 거기서는 생출하는 뜻이 없다. 하지만 생멸문 쪽으로 내려오면 사정이 달라진다. 생멸문에서는 모든 것이 부족하고 모자라기 때문이다. 그래서 쉬지 않고 뭘 만들어 내어야 한다.

우리의 삶은 지금 생멸문 속에 들어와 있다. 그러다 보니 잠시도 쉬지 않고 계속 무엇을 만들어 낸다. 어설픈 번뇌의 머리와 앞으로 달린 두 손으로 참 별에 별것들을 다 만들어 내었다. 창문을 열고 펼쳐진 시가지를 한 번 내다보기 바란다. 전부 인간이 편의상 그렇게 다 만들어 낸 것들이다.

여기서 끝나는 게 아니다. 그렇게 많은 것들을 만들어 내었지마는 여전히 뭔가가 부족하고 넉넉하지 못하다. 그래서 앞으로도 상상할 수 없는 것들을 계속하여 또 만들어 낼 것이다.

지금까지 만들어 낸 것은 정말 아무것도 아니다. 이것은 아주 작은 부분에 그칠 뿐이다. 만들고 또 만들고 세우고 또 세우고 하다가 용량이 포화상태에 이르면 그때는 모두 다 부수어 버릴 것이다. 그리고 다시 또 만들고 세우고 만들고 세우고 하면서 주어진 생명을 소진할 것이다. 그것이 어리석은 범부가 해야 하는 일이고, 그렇게 하기 위해서 처음부터 범부는 만들어졌던 것이다.

海東疏 此義云何 由不覺義熏本覺故生諸染法 又由本覺熏不覺故生諸淨法

이 뜻은 뭐냐 하면 불각이 본각을 훈습하면 모든 염법이 생기고 또 본각이 불각을 훈습하면 모든 정법이 생기기에 그렇다.

훈습이라는 말은 뒤에 아주 잘 나오겠지만 어디에 어떤 힘을 지속적으로 가하면 그 힘을 받는 쪽이 힘을 가하는 쪽으로 변해지는 것을 말한다. 즉 고기 굽는 집에 자주 가면 몸에서 고기냄새가 나고 생선회를 자주 먹으러 다니면 몸에서 비린내가 나는 것과 같다.

오다가다 여성 한 분을 사귄 적이 있다. 아주 참하고 정숙해 보이는 여성인데 이상하게 그 여자를 만나면 어디서 담배냄새가 미미하게 났다. 요즘 같으면 별일 아닌 것이지만 그때는 평범한 여자가 담배를 피운다는 것은 상상도 하지 못하던 시절이었다.

몇 번인가 물어보고 싶었지만 상대방의 인격 때문에 참고 또 참았다. 나는 특이한 성격을 가졌나 보다. 상대가 누구든 무엇 하는 사람이든 개인적인 문제는 결코 물어보지 않는다. 그것은 그리 중요하지가 않다. 상대가 세속적으로 아무리 높은 권력을 가졌거나 돈이 굉장히 많거나 하는 것도 관심 밖이다. 그냥 같이 있을 때만 서로에게 충실하면 된다는 주의다.

그러다 보니 **해동소**를 같이 공부하고 신행을 몇 년이나 계속하고 있어도 저 사람이 무엇 하는 사람인지 모르는 경우도 많다.

그러다가 인연이 다해 우리 회중에서 나가고 난 뒤에야 그 사람이 세속적으로 아주 대단한 사람이었다는 것을 알 때도 있다. 그처럼 나에게는 그 사람의 직함은 상관없다. 정해진 회비를 때 맞춰 잘 내고 다른 동료에게 피해만 주지 않는다면 그가 누구든 한 사람의 보통 신행자로 대우해 줄 뿐이다.

그런데 이 여인은 나에게 좀 다른 경우가 아닌가. 그래서 그 냄새의 진원지를 알아보고자 해도 어떻게 알아볼 수가 없었다. 몇 번을 진지하게 만났는데 옷깃이 스칠 때마다 아주 미미한 담배냄새가 났다. 결국 그 여인과 헤어졌다.

그리고 세월이 흐르고 난 뒤 그 여자가 신탄진 담배공장에서 현장근무를 했다는 것을 알았다. 그녀에게 다시 전화했을 때 그녀는 급히

시가에 볼일이 있어서 조치원으로 가고 있다고 했다.

불각이 본각을 훈습시키면 중생세계가 일어나고 본각이 불각을 훈습시키면 부처세계가 나타난다. 염법은 중생세계고 정법은 부처세계를 말한다. 그러니까 중생이 부처를 훈습시키면 부처가 중생 속에 숨어 버리고 부처가 중생을 훈습하면 중생이 점차 없어지게 되는 것이다.

海東疏 依此二義通生一切 故言識有二義生一切法 此文卽起下有四種熏習以下文也

이 두 뜻에 의하여 일체법을 모두 다 내기 때문에 말하기를 이 식에 두 뜻이 있어서 일체법을 낸다고 한 것이다. 이 문장은 저 밑에 사종훈습 이하의 문장을 끌어 온 것이다.

범부는 아려야식을 쓴다. 이 식이 모든 지각의식의 바탕이다. 여기에 함섭과 생출 두 가지의 기능이 있다. 이것 때문에 중생세계와 부처세계가 나눠져 있는 것이다.

사종훈습은 **기신론** 저 밑 부분에 가면 아주 잘 나온다. 고려대장경 판 **해동소** 같으면 5권에 가야 이 내용이 나온다.

거기서 어떻게 하면 중생 쪽으로의 가속을 멈추고 부처의 세계로 돌아갈 수 있단 말인가를 전제로 그 수행을 멋지게 설명해 줄 것이다. 그때가 되면 그 말씀에 크게 공감할 것이다. 지금은 고려대장경 판 **해동소** 2권 13페이지를 하고 있으니 지침 없이 한참은 더 나아가야 된다.

그때까지 어려워하거나 물러서지 말아야 한다. 어차피 이런 가르침은 범부에게 적합하지는 않다. 그러나 범부가 받고 있는 삶의 고통이 진절머리가 난다면 그것으로부터 벗어나는 방법을 배워야 한다. 항암치료를 받는 것이 힘들고 진절머리가 나지만 살려고 하면 어떻게든 끝까지 다 받아내야 하는 것처럼 범부로부터 벗어나려면 어쩔 수 없이 그 방법을 다 배우고 익혀야 한다.

이것은 꼭 공부하는 학생이 장차 어엿한 어른이 되고자 한다면 아무리 공부하고 싶지 않더라도 주어진 학문의 코스는 다 거쳐야 하는 것과 같다.

海東疏 當知一心義寬 總攝二門 此識義狹 在生滅門 此識二義旣在一門 故知門寬而義狹也 引經釋義如別記也

마땅히 알라. 일심의 뜻은 넓어서 두 문을 다 가지고 있지만 이 식의 뜻은 좁아서 생멸문만 가지고 있다. 이 식의 두 뜻은 이미 말했다시피 한 부문 속에만 있는 것이다. 그러므로 알라. 문은 넓고 뜻은 좁다. 경전을 인용해 이 뜻을 풀이한 것은 별기와 같다.

고목나무가 있다. 동서로 두 갈래의 큰 가지를 가지고 있다. 서쪽으로 뻗은 가지는 싱싱하고 푸르지만 동쪽으로 뻗은 가지는 온갖 벌레가 먹어서 상처투성이로 엉망진창이 되어 있다. 뿌리는 변함없이 튼실하고 등걸도 더없이 단단한데 한쪽 가지만 유독 병이 들어서 비실거린다.

여기서 나무뿌리는 여래장이다. 나무 등걸은 일심이다. 두 갈래는 진여문인 함섭과 생멸문인 생출이다. 함섭의 가지는 생기가 흘러넘치는데 생출의 가지는 거의 고사 직전이다.

뿌리는 전체를 다 가지고 있다. 등걸은 두 가지를 가지고 있다. 가지는 한 개씩만 가지고 있다. 이제 이해가 가시는가. 일심은 두 개를 다 가지고 있고 생멸문은 한 개를 가지고 있다. 하지만 그 한 개 속에 옆의 가지와 등걸, 그리고 뿌리의 속성을 전부 연결하고 있다. 그것은 서로 떨어질 수가 없기 때문이다.

여기서 왜 일심의 문은 넓고 이 식의 뜻은 좁은지 이제야 이해가 확실히 갈 것이다.

別記 問 上言一心有二種門 今云此識有二種義 彼心此識有何差別

위에서 말하기를 일심에 두 종류의 문이 있다고 했다. 이제 이 識에 두 종류의 뜻이 있다고 한다. 저기에서의 마음과 여기에서의 識은 어떤 차별이 있는 것인가.

마음과 識의 차이는 무엇인가에 대한 질문이다. 식은 각지하는 분별력이다. 마음과 이 분별력의 차별은 무엇인가에 대해 묻는다.

보통사람들은 마음이 분별하고 마음이 생각하고 마음이 계산한다고 생각하는데 웬 뜬금없이 각지하는 분별력이냐고 의아해 할 것이다.

그럼 마음과 각지하는 분별력은 어떻게 다른 것인가 한번 들어보자.

別記 解云 上就理體 名爲一心 體含絕相隨緣二義門 故言一心有

二種門

해답하자면 위에서는 본질이 되는 바탕을 일심이라고 했다. 그 바탕체는 절상과 수연의 두 뜻이 되는 문을 함섭하고 있다. 그렇기 때문에 일심에 두 종류의 문이 있다고 했다.

마음에 두 가지 내용이 들어 있다. 絶相절상과 隨緣수연이다. 절상은 절대적인 상태 그 자체이고 수연은 인연 따라 움직이는 모습이다.
말하자면 고요한 바다는 절상이고 출렁이는 파도는 수연이다. 절상은 부처의 마음이고 수연은 중생의 마음이다. 중생의 마음이 더 활동적이고 적극적으로 보일 수가 있다. 하지만 반드시 기억해 두어야 할 것은 그 움직임이 자의에 의한 움직임이 아니라 무명풍에 의해 움직인다는 것이다. 그래서 중생의 마음에는 문제가 있다고 항상 말해 오고 있는 것이다.
한자에 이런 글자가 있다. 바로 이 㤼이라는 글자다. 풀어보면 사람 옆에 마음이 붙어 있다. 그러니까 사람마음을 표시한 것이다. 이 글자의 뜻은 두려워할 심 자다. 인간의 마음은 본인 쪽으로 보았을 때는 세상이 두렵고, 상대방 쪽에서 보았을 때는 내 마음이 두려운 존재다. 그만큼 내 마음은 서로에게 겁나는 존재라는 뜻이다.

別記 如經本言 寂滅者名爲一心 一心者名如來藏 義如上說
경본에서 말씀하시기를, 적멸을 이름하여 일심이라고 하고, 일심을 이름하여 여래장이라고 하셨다. 그 뜻은 위에서 설한 것과 같다.

158

혈맥기 2권에 보면 입의분이 나온다. 거기에 보면 성사가 이 문장을 한 번 언급하셨다. 경본이라는 말씀은 **능가경**의 말씀이다.

거기에서 똑같은 일심을 두고 적멸이라고 하셨고 또 한편 여래장이라고도 하셨다. 적멸은 바다고 여래장은 파도를 말하는 것이다. 다시 말하자면 우리 마음속에 들어 있는 부처의 본성을 적멸이라고 하고 중생의 움직임을 여래장이라고 표현하신 것이다.

그러므로 여래장을 갖고 살아가는 중생이 고통과 번뇌에 시달려 도저히 살 수가 없다고 생각하는 자가 있다면 중생을 버리고 부처로 돌아가면 된다. 거기에는 생사도 없고 고통도 없고 번뇌도 없을 뿐만 아니라 언제나 즐거움과 환희가 넘쳐나고 있다. 그러므로 가고 안 가고에 대한 결단은 본인에게 달려 있는 것이다.

別記 今此中識者 但就一心隨緣門內 理事無二 唯一神慮 名爲一識 體含覺與不覺二義 故言此識有二種義

이제 이 가운데서 식이라는 것은 다만 일심 속의 수연문에 理事가 둘이 없다는 뜻을 취한 것이다. 거기에 유독 하나의 신려가 있는데 그것을 일식이라고 한다. 그리고 본체는 각과 불각의 두 뜻을 가지고 있기 때문에 이 식에는 두 종류의 뜻이 들어 있다고 한 것이다.

중생의 마음이 여래장이다. 이 여래장 안에 하나의 識이 있는데 그 식의 이름이 아려야식이다. 이 식은 수연을 한다. 수연은 인연을 따른다는 말이다. 하지만 그 식 속에도 본질인 理와 현상인 事가 들어 있다. 그 현상인 事는 제 아무리 잘났다고 날뛰어도 본질인 理에 뿌리를 박고 있다. 그 본질이 바로 불성인 신려다.

神慮신려라는 말은 신령스럽게 무엇을 생각하는 능력이다. 이것은 여래장의 본체 속에 들어 있다. 그래서 본체에 각과 불각이 들어 있다고 하는 것이다. 그 본체가 그러하므로 그 지엽인 아려야식에도 두 종류의 뜻이 들어 있다는 것은 자명한 사실이다.

別記 是故心寬識狹 以心含二門識故 又門寬義狹 以生滅門含二義故

이렇기 때문에 마음은 넓고 식은 좁다고 하였으니 마음은 두 문의 식들을 함섭하고 있기 때문에 그렇다. 또 문은 넓고 뜻은 협소하다고 하였으니 그것은 생멸문이 두 뜻을 함섭해 있기 때문이다.

바다는 넓고 강은 좁다. 마음의 바다는 넓어서 진여문이거나 생멸문이거나 상관없이 지엽적인 강물을 다 받아들인다. 그래서 마음은 넓고 식은 좁다고 한 것이다.

마음의 두 부문에 진여문과 생멸문이 있다. 이 생멸문 속에 두 뜻이 들어 있는데 그것이 바로 함섭과 생출이다. 이 함섭은 진여의 성품이고 생출은 생멸문의 작용이다. 그 작용은 진여문에 의지해 있다. 그래서 생멸문 속의 중생에게 불성이 들어 있다고 한 것이다.

別記 如四卷經云 不離不轉名如來藏識藏 七識流轉不滅 所以者何 彼因攀緣諸識生故 非聲聞緣覺修行境界

사권경에서 이탈되지도 않고 유전하지도 않는 것을 여래장식장이라고 했다. 7식은 유전하지만 그 속성은 단멸하지 않는다. 왜냐하면 반연으로 해서 모든 식들이 생겨나기에 그렇다. 이것은 성문이나 연각이 수행하는 경계가 아니다고 하셨다.

본체인 실상에서 이탈되지 않고 언제나 항상 그대로인 상태를 상주라고 한다. 보석은 그 어떤 환경에도 본성인 반짝임을 그대로 간직하고 있다. 그것이 바로 본성에서 이탈되지 않는다고 한 것이다.

유전은 중생이 하는 윤회를 말한다. 천번 만번을 유전해도 부처의 본성은 유전하지 않는다. 유전은 밖의 영향에 의해 자신의 상태가 달라지는 것이다.

물은 아무리 변해도 물의 본성은 잃지 않는다. 구름이 되거나 고드름이 되거나 개울물이 되거나 간에 물의 본성인 축축함은 그대로 가지고 있다. 그처럼 중생이 천만 번 윤회를 한다고 해도 부처의 본성은 그냥 그대로 가지고 있다.

그래서 유전하지도 않는 것을 여래장식이라고 하셨다. 유전은 흘러 돈다는 뜻이다. 즉 삼계육도를 주처 없이 떠돌아다닌다는 말이다. 그렇게 유전하여도 언제나 그 본성은 그대로 있는 것, 그것은 여래장이 갖고 있는 살아 있는 지각능력이다. 이것을 여래장식이라고 한다.

그러나 그것을 싸고 있는 껍데기는 만신창이가 되어 있다. 그 껍데기를 7식이라고 한다. 보석이 산속에 있으면 흙에 묻혀 있고 물속에 들어 있으면 물에 젖어 있다. 진흙에 들어가면 진흙에 묻혀 있고 똥속에 들어가면 똥을 뒤집어쓰고 있다. 겉모습은 어디 있느냐에 따라 다 다르다. 그것을 7식이라고 한다.

7식의 세계는 아무도 모른다. 이 7식을 알려고 하면 본인이 7식을 깨닫거나 8식이 되어봐야 가능하다. 조그마한 산봉우리는 그보다 더 높은 산봉우리 위에 올라가 봐야 그 봉우리의 정상을 보아 알 수가 있다.

반대로 6식인 의식의 세계를 알려고 하면 의식의 세계를 뛰어넘거나 7식의 세계에 가 있어야 한다. 그렇지 않으면 절대로 6식의 세계를 알 수가 없다. 6식은 인간이 쓰는 인지능력이다. 이것을 깨닫지 않고서는 결코 인간의 의식범위를 이해할 수가 없다.

의식의 세계를 뛰어넘는다는 것은 7식의 세계에 들어가는 것이다. 7식은 보살이 깨닫는 것이지 성문이나 연각이 깨닫는 경지가 아니다.

소승 성자인 성문과 연각은 6식을 깨달은 자들이다. 그들은 거기에 멈춰 있다. 더 이상 앞으로 나아가지 않는다. 그래서 그들의 열반은 작은 열반이라고 한다. 그러므로 그들은 7식의 세계를 알 수가 없다.

6식을 깨달으면 아라한과다. 정말 굉장한 차원이다. 이 정도 되면 허공을 비행하고 물밑을 유영한다. 질병이 몸에 붙어 있어도 고통을 느끼지 않는다. **반야심경**에서 오온이 개공한 것을 직관하는 차원이다.

6식을 깨달아야 6식을 가진 인간을 제도할 수 있다. 동물은 5식을 가지고 있다. 그래서 6식인 인간이 동물을 길들인다. 이것처럼 7식을 가진 자들이라야만 6식의 인간을 향상시킨다. 그런데 6식의 인간이 6식의 인간을 수행시켜 7식으로 향상시킬 수 있을까. 이것은 절대로 불가능하다. 결코 있을 수 없는 일이다.

6식을 깨달으면 작은 열반에 들어간다고 했다. 열반은 고요를 의미한다. 하지만 6식을 가진 자들은 그 마음이 고요해질 수가 없다. 오직 6식을 깨달은 자만이 작은 열반이나마 그 적멸의 맛을 보게 된다. 6식을 가진 자들은 그 마음이 적멸하지 않기 때문에 6식의 세계 너머를 가늠해 볼 수가 없다.

자 그럼 이런 문제는 어떻게 생각해야 하나. 6식을 가진 스승이 6식을 가진 인간을 어떻게 가르칠 수가 있는 것인가. 물론 세속적 정보교육은 충분히 가능할 수가 있다. 하지만 의식세계를 향상시키는 것은 어림없는 일이다.

개가 침팬지를 가르칠 수는 없다. 개는 5식을 가지고 있고 침팬지는 5식과 6식 사이에 있는 영장류이다. 그래서 개들끼리 억 만 마리가 살아도 침팬지의 수준을 넘어설 수는 없다.

그런데 6식을 가진 자가 어떻게 6식을 가진 자를 변혁시킬 수 있단 말인가. 이것은 불가능하다. 그 어떤 방법과 기교를 쓰더라도 그것은 불가능하다. 6식의 인간을 가르칠 수 있는 자는 오로지 6식의 세계를 깨달은 자만이 가능하다.

그래서 선원에서는 나이와 상관없이 6식을 깨달은 자를 조실이나 방장으로 모셨다.

올챙이들은 물 밖의 세계를 모른다. 개구리가 되어서야 마른 땅을 밟는 느낌을 맛볼 수 있다. 그때 개구리는 물과 땅을 오가면서 올챙이를 다독인다. 마찬가지다. 6식을 가진 자를 가르치려면 6식을 벗어난 자라야만이 가능한 이유가 여기에 있다.

그런데 6식을 벗어나지 못한 자가 6식을 가진 인간을 향상시킨다고 만든 명상수련장소가 우리나라에만 5천 개가 넘는다. 이것은 무엇을 의미하는 것인가.

원숭이는 원숭이들끼리 놀고 사람은 사람끼리 놀게 되어 있다. 사람이 사람을 수련해서 그 정신세계를 향상시킨다는 것은 원숭이가 원숭이를 수련시켜서 사람을 만드는 보다 더 어렵고 더 극난하다. 그런데 어떤 자들은 그 방법을 가르치고 어떤 자들은 그 수련을 의심 없이 받아들이고 있다. 참 별난 세상이다.

別記 十卷經云　如來藏識不在阿黎耶識中　是故七種識有生有滅 如來藏識不生不滅

십권경에서 여래장식은 아려야식의 중심에는 있지 않다. 그러므로 7종식은 생멸이 있지마는 여래장식은 불생불멸한다고 하셨다.

여래장은 여래를 감추고 있다는 말이다. 여래장 중생은 부처를 품 안에 안고 살아가는 범부를 일컫는다고 했다. 여래장식은 이런 자들 이 쓰는 최종적인 각지식이다. 그러므로 여래장 속에 아려야식이 들 어 있다.

분명히 알아야 한다. 여래장식 속에 아려야식이 들어 있는 것이지 아려야식 속에 여래장식이 들어 있는 것은 아니다라는 것이다. 즉 이것은 어느 쪽에다 무게중심을 두고 보느냐 하는 관점의 중요성을 말한다.

여래장식이 있음으로 해서 아려야식이 생겨나는 것이지 아려야식 에 여래장식이 기생하는 것이 아니다 라는 뜻으로 핵심이 되는 中

164

자를 성사가 별기 원문에 쓴 것이다.

7종식은 일곱 가지 종류의 지각이다. 여래장 거기서 아려야식이 나오고 거기서 7식이 나온다. 그 다음에 범부가 쓰는 6식이 나오고 그 다음에 동물이 쓰는 5식이 나온다.

5식은 그냥 식이라고 하기에는 좀 부족한 본능적 분별력이다. 바로 감각기관이 밖의 세상에 반응해 충동적 감정을 느끼는 수준이다.

그러므로 7종식은 밖의 상황에 따라 언제나 손익의 계산으로 일어나고 사라지지만 여래장이 갖고 있는 원천적인 근본의식은 불생불멸한다고 하는 것이다.

아무래도 계속 언급되는 7종식에 대해 간단한 설명을 해 둬야 할 것 같다. 7종식은 7식을 말한다. 제8 아려야식은 이미 지겹도록 설명해 왔다. 이 아려야식을 쓰는 자들은 대승의 십지보살들이다.

그 밑이 7식인데 말라식이라고 음역한다. 이 식은 소승의 성문과 벽지불, 또는 대승의 초발의보살이 쓰는 知覺지각이다.

7식 아래는 인간들이 쓰고 있는 6식이 있다. 6식은 의식이다. 아직도 본능의 감정보다는 사고의 이성이 앞선다. 그래서 본능적으로 움직이는 동물보다는 한 수 위의 생명체로 살아간다. 그렇다보니 이성을 잃고 감정대로 살아가는 자들을 보고 동물 같다고 한다.

동물은 5식을 쓴다. 5식은 외부조건에 반응하는 본능식이다. 1식인 눈과 2식인 귀, 그리고 3식인 코와 4식인 혀, 그리고 5식인 촉감을 가지고 산다.

1식인 눈은 세상의 모습과 색깔을 인식하고 2식인 귀는 세상의 소리를 인식한다. 3식인 코는 세상의 냄새를 인식하고 4식인 혀는 세상의 맛을 인식한다. 마지막에 5식인 촉감은 세상의 느낌을 인식한다. 이 다섯 가지 식에 세상을 대하는 그들의 인식작용이 다 들어 있다. 그래서 동물들을 전 5식 생명체라고 한다.

이 동물 수준 위에 6식을 가진 인간이 있다. 인간은 6식인 의식을 가지고 있다. 의식은 세상에 대해 상상하고 계산하고 분별하는 능력이다.

그래서 인간은 동물보다는 위에 있지마는 7식과 8식을 갖고 있는 생명체들에게는 명함조차 끄집어 내지 못한다. 그만큼 그분들이 갖고 있는 7식의 의식수준은 높고도 대단한 차원이다.

別記 何以故 彼七種識依諸境界念觀而生 此七識境界 一切聲聞 辟支佛外道修行者不能覺知

왜냐하면 7종식은 모든 경계를 의탁해 염관으로 생겨나는 것이다. 그러므로 이 7종식의 경계는 일체의 성문이나 벽지불, 외도를 수행하는 자들은 능히 각지하지 못하는 것이다.

7종식은 혼자서 생기는 일이 없다. 항상 상대적인 관념에서 생긴다. 그러므로 근본적으로 지각능력을 가진 여래장식하고는 그 성질이 완전 다르다.

7종식은 염관으로 생겨난다. 그것은 망념에 의한 분별이다. 이것의 뿌리는 아려야식이고 그 바탕은 여래장식이다. 그러므로 이 세계는 싱문이나 벽지불, 또는 외도들이 각지하는 경계가 아니다는 말씀이다.

그들은 고작 의식의 세계에 머물고 있는 자들이다. 물로 비유를 들면 웅덩이에서 헤엄을 치는 아이들에 불과하다. 그들이 어떻게 보살의 경지인 호수를 알고 드넓은 바다인 부처의 경지를 알겠는가. 그런 자들이 깨달아 알기에는 차원이 완전히 다른 급수 위의 경우가 되는 것이다.

別記 此之二文 同明此識不生滅義 何者 欲明境界風所動故

이 두 문장은 함께 이 識은 불생멸한다는 뜻을 밝히고 있다. 왜냐하면 경계를 일으키는 바람에 의해 물이 움직인다는 것을 밝히고자 하기 때문이다.

사권경과 **십권경**의 말씀은 여래장식은 그 자체로 영원하다는 것이다. 예를 들면 해는 하늘에 그대로 있는데 물결에 비친 달은 수없이 생멸을 한다.

그런데도 우리의 진짜 마음인 여래장식은 어떤 대상을 상대로 하여 일어나지도 않고 소멸되지도 않고 있다. 그것은 태초부터 소소영영하고 불생불멸하기 때문에 그렇다.

別記 藏海中七識浪轉 是故七識有生有滅 如來藏者 卽是藏識 雖不離轉 而體不轉 故如來藏不生不滅 故言不離不轉名如來藏識等

여래장의 바다에 7식의 파도가 일어난다. 7식은 생멸이 있다. 여래장은 비록 장식이라 하더라도 파도로부터 벗어나지 못하고 있다. 그래도 그 본체는 전변하지 않는다. 그렇기 때문에 파도로부터 벗어나지도 않고 전변하지도 않는다는 이름으로 여래장식은 영원하다고 한다.

바람 없는 바다를 상상해 본 적이 있는가. 물결이 조용하게 움직이면 바다가 고요하다고 한다. 고요한 바다를 본 적이 있는가. 고요한 바다는 없다. 크고 작은 물결이 바다를 그냥 두지 않는다.

물결은 파도다. 파도는 홀로 존재할 수 없다. 거울에 비친 촛불이 홀로 존재할 수 없듯이 파도도 물 없이 홀로 존립할 수 없다. 파도는 생멸한다. 그 생멸하는 파도를 7식이라고 한다. 하지만 8식인 바다는 그 상태로 영구하게 이어진다. 그러므로 바다는 영원하다.

파도와 바다는 뿌리가 같다. 파도는 요동하고 바다는 고요하다. 중생은 요동하고 부처는 고요하다. 파도가 난폭하게 요동을 치면 표면적인 바다는 함께 요동한다. 중생이 거칠게 요동하면 표면적인 부처도 같이 거칠게 요동한다. 원문에서 아무리 장식이라 하더라도 파도로부터 벗어나지 못한다는 말씀이 바로 이 말이다.

하지만 표면이 아닌 깊숙한 바다는 파도에 의해 요동하지 않는다. 아무리 거친 파도라도 심해의 바다는 꿈쩍하지 않는다. 그것이 바로 본체는 전변하지 않는다는 말씀이다. 그렇게 외부의 경계에 초연한 의식을 여래장식이라고 한다.

別記 十卷義者 欲明七識是浪非海 相在黎耶識海中 故有生滅

십권경의 뜻은 7식은 파도이지 바다가 아니라는 것을 밝히고자 한 것이다. 파도의 모습은 아려야식의 바다에 있다 보니 생멸이 있다고 한 것이다.

7식은 아려야식의 바다에서 일어난 단기세포다. 중생도 여래장 세계에서 일어난 단기생명이다. 이 둘 다 자체적인 실체는 없다. 모두 다 본체에 기생하고 있다. 본체가 없으면 이것들은 살아날 수가 없다. 그런데도 중생들은 부처의 세계를 완전히 잊고 산다.

나뭇잎은 나무와 공생한다. 탄소를 받아들여 동화작용을 해 뿌리를 튼튼히 한다. 그러면 뿌리는 더 많은 영양분을 빨아올려 더 싱싱하고 더 생기 있는 나뭇잎을 만들어 준다. 겨울이 와서 나뭇잎이 다 떨어져도 뿌리는 그대로 있다. 나뭇잎은 뿌리에게서 나와 뿌리를 이롭게 한다. 그러나 범부는 부처에게서 나와 부처를 한없이 병들게 한다.

하기야 더 짧은 시각으로 보면 부모에게서 나와 부모를 한없이 힘들게 하는 게 범부들인데 저 멀리 보이는 부처까지 뭐 들먹일 게 있겠는가. 부모 말이 나왔으니 1권에서 시작한 **마투포사카경**을 연속해서 싣는다.

"비구. 잘했어. 잘했어. 아주 잘했어."

어떤 벌이 내려질까 조마조마한 심정으로 엎드려 있던 가엾은 비구에게 떨어진 부처님 말씀은 전혀 뜻밖이었다. 그는 잔뜩 겁을 먹고 있었다. 완전히 주눅이 들어 있었다. 그런데 부처님은 잘했다 라는 칭찬을 세 번이나 연속해서 해 주셨다. 그는 어리둥절하고 어안이 벙벙했다.

"오래전에 내가 갔던 길을 너도 가고 있구나. 나도 수행자 시절 시주밥을 얻어서 부모를 봉양한 적이 있다."

이 말씀을 듣고 비구는 깊은 안도감과 큰 용기를 얻었다. 대신 다른 비구들은 크게 놀랐다. 그들이 안정을 찾고서 부처님께 공손히 여쭈었다. 과거 전생에 부처님이 어떤 인연이 있었기에 시주밥으로 부모님을 봉양하셨는지 그 이야기를 들려 달라고 공손히 간청하였다. 그러자 부처님은 다음과 같이 말씀하셨다.

아주 오래오래 전에 바라나시에서 멀리 떨어지지 않은 강가에 서로 마주보는 사냥꾼 마을이 있었다. 그들은 각기 500여 명이나 되는 부족들과 함께 살고 있었다.

두 부족의 부족장은 어릴 때부터 좋은 친구로 지내왔었다. 그들은 어느 한쪽이 딸을 낳고 어느 한쪽이 아들을 낳으면 둘을 결혼시키자고 약속했다.

우연하게도 동쪽 강가에 살고 있던 부족장에게서 아들이 태어났다. 그 아들의 이름은 두쿠라카였다. 같은 시각에 서쪽 마을에서도 아이가 태어났는데 공교롭게도 딸이었다. 그 딸의 이름은 파리카였다.

둘은 얼마나 깜찍하고 귀엽게 생겼는지 꼭 하늘의 요정 같았다. 그런 그들이 청소년으로 성장해 가면서 특이하게도 사냥에 대해 전혀 관심을 가지지 않는 것이었다. 사냥꾼의 후손이 사냥에 관심이 없을 뿐만 아니라 살아 있는 미물들까지도 절대 죽이는 일이 없었던 것이다.

두 남녀가 열여섯 살이 되자 양가부모들은 그들 자식들의 결혼에 대해 이야기를 나누기 시작했다. 그러나 그들 둘은 결혼에 조금도 흥미가 없었다. 우리들에게 제발 좀 결혼이야기는 그만해 주었으면 좋겠습니다 라고 두쿠라카는 말했다. 물론 파리카도 똑같이 말했다. 그들의 부모는 맨붕에 빠졌다.

그들은 엄하게 세 번이나 결혼을 종용했다. 그래도 두쿠라카의 마음은 요지부동이었다. 그러면서 왜 이해를 못하십니까? 저는 결혼하고픈 마음이 없습니다. 저는 세속적 가정의 삶을 원하지 않습니다 라고 완강히 거절했다.

파리카 역시 결혼을 하지 않겠다고 하면서 결혼 이야기만 나오면 귀를 막고 그 자리를 피해 버리곤 하였다.

두쿠라카와 파리카는 결혼을 다그치는 부모님들의 잔소리 때문에 마음이 몹시 심란했다. 그래서 그들은 상대방에게 결혼하고 싶으시면 다른 사람을 찾아보십시오. 저는 당신은 물론 그 누구와도 결혼하고 싶은 마음이 없습니다 라고 비밀리에 메시지를 보냈다

이 말은 서로가 아직 상대방의 의향을 모르고 있던 중이었기 때문에 혹시나 상대방은 결혼을 원하지 않을까 하는 마음에서 이렇게 자기의 의견을 전달한 것이었다.

어쨌거나 양가부모들은 그들의 강력한 저항에도 불구하고 차근차근 결혼 절차를 진행했다. 한편으로는 자식들을 설득시키고 다른 한편으로는 상대방 부족에게 덕담과 선물을 교환하면서 아주 성대한 결혼식을 준비하기 시작했다.

두쿠라카와 파리카는 결국 부모들이 원하는 결혼식을 받아들이기로 하였다. 두 부족은 기쁨에 못 이겨 많은 부족들과 내빈들을 초청하여 대단한 결혼식을 올렸다.

그러나 그들은 이름뿐인 결혼일 뿐 신혼생활은 하지 않기로 약조

했다. 서로에게뿐만 아니라 모든 생명에게 관대와 연민, 그리고 자비를 수행해 나가는 세속적이 아닌 탈세속적인 삶을 살기로 서로 맹세했던 것이다.

두 사람이 결혼을 하여 시가에 살림을 차린 지가 오래되었지만 전통적 가업인 사냥을 따라하지 않았다. 그러자 두쿠라카의 부모는 대단히 화가 났다.

"도대체 염치가 있는 거냐? 응. 너는 사냥꾼의 자식으로 태어났어. 그런데 너는 우리들처럼 사냥이나 물고기를 잡으려고 하지 않아. 사실 우리는 네가 살생하는 것을 단 한 번도 본 적이 없어. 아니 벌레 한 마리도 안 죽이잖아."

부모의 불평과 원망은 나날이 더 심해져 갔다. 급기야는

"너희들은 부부로 사는 것도 싫어하는 것 같아. 아이들도 원하지 않고. 도대체 그래서 뭘 어떻게 하겠다는 거냐."

"존경하는 부모님! 만약에 당신이 허락해 주신다면 우리는 오늘이라도 당장 고행수도승이 되고자 하옵니다."

뜬금없는 두쿠라카의 이 청원에 부모는 억장이 무너지는 것 같았다. 그리고는 한숨을 깊이 쉬며 독백처럼 이렇게 내뱉었다.

"도대체 진실로 너희들이 원하는 것이 뭐냐?"

"우리들은 세속을 떠나고 싶습니다."

부모는 더 이상 할 말을 잇지 못했다. 한참 동안 눈물에 젖은 눈으로 그들을 바라보고만 있을 뿐이었다. 그러다가 결코 그들의 뜻을 꺾을 수 없다는 것을 느끼고는 맥 빠지고 지친 목소리로,

"그래 가거라. 우리는 너희들을 위해 최선을 다 했다. 이제 더 이

상 어떻게 할 수가 없구나.”

무겁고 힘겨운 허락이 떨어지자 신혼부부는 즉시 멀고 먼 여행에 오를 준비를 하였다. 그리고 무릎을 꿇고 부모님들께 따뜻하게 키워 준 그간의 은혜에 감사하면서 건강과 안녕을 진심으로 기원했다.

멀고 험한 여행 끝에 그들은 갠지스강에 도달했다. 그리고 다시 발걸음을 재촉하여 히말라야산이 보이는 설산으로 들어갔다.

그 시점 타바팀사의 하늘에 살고 있던 범천의 왕관이 뜨거워지기 시작했다. 그는 그의 수행비서인 비싸캄마 신을 불렀다.

“대단한 두 명의 수행자가 방금 히말라야산으로 들어갔다. 너는 그들을 위해 미가삼마타 강 부근에다 오두막을 지어 주어라. 그들이 편의상 따로 살도록 지어 주고 각기 수행하는 데 필요한 물품들을 빠짐없이 모두 챙겨 드려라.”

비싸캄마는 범천의 명령을 받아 즉시 마땅한 장소에다 초막을 지어주고 그들이 서로 왕래할 수 있도록 작은 오솔길도 만들어 주었다. 그리고는 그들의 수행에 방해가 되는 네 발 달린 짐승들은 모두 다 다른 곳으로 보내버렸다.

그들이 사는 외진 오두막은 모든 생명들의 안식처가 되어 주었다. 그것은 그들이 일체 생명체에게 내리는 자비가 충만하였기 때문이었다. 그들은 이제 완벽한 고행주의자가 되었다.

그들의 수행에 영향을 받은 숲속의 모든 새들과 동물들은 자연적으로 그들이 갖고 있던 폭력성과 살생성을 더 이상 드러내지 않고 다른 생명체에게 위험을 주는 일도 하지 않았다.

매일 아침 둘은 개울에서 물을 떠와 오두막을 청소했다. 그리고는 같이 과일을 따고 도토리를 주우며 나무뿌리를 채취했다. 식사는 주로 베리 같은 과일로 대용했다.

그리고 부지런히 각자의 오두막에서 명상을 하면서 자신들의 마음을 더욱더 깨끗이 하는 데 게을리 하지 않았다. 범천은 그들의 일거수일투족을 하늘 위에서 내려다보며 그들의 고행수도에 조금도 어려움이 없도록 하였다.

그러던 어느 날 그들에게 큰 불행이 다가온다는 것을 범천은 직감했다. 그래서 그가 직접 사람의 형상을 하고 두쿠라카에게 나타났다. 두쿠라카는 이 산중에 도대체 누군가 하고 적이 놀라워했다.

"놀라지 마시오. 수행자여. 나는 범천이오. 당신에게 대단히 큰 위험이 다가오고 있습니다. 당신과 당신의 부인 파리카를 보살필 아들이 한 명 필요합니다. 이번만은 당신들이 세속의 관습을 따라야 합니다."

"당신이 하늘의 범천이라면 어떻게 그런 제안을 나에게 할 수 있단 말이요. 우리는 세속에 있을 때도 육욕적인 생각을 하지 않았는데 무슨 소리를 하는 거요. 우리는 지금 고행자요. 그런 행위는 절대로 생각할 수도 없고 할 수도 없는 일이오."

"그럼에도 불구하고 당신에게는 아들이 필요합니다. 좋습니다. 내가 다른 방법을 하나 일러 드리지요. 배란기 때 당신의 손가락으로 그냥 간단히 파리카의 배꼽 아랫부분을 터치하십시오. 그러면 됩니다."

두쿠라카는 마지못해 그렇게 하겠다고 하였다. 그리고는 파리카에게 자세히 이 사실을 말하고 양해를 구했다. 파리카가 어느 날 배란기가 되었다고 말하자 두쿠라카는 그의 손가락으로 그녀의 배꼽 아랫부분을 부드럽게 터치하였다.

바로 그때 덕망 있는 보살마하살 한 분이 천상의 세계에서 바로 파리카의 자궁 속으로 들어갔다. 10개월 뒤 그 산에 살고 있던 킨나라라는 여신의 도움을 받아 아들이 하나 태어났는데 그 아이는 금빛이 나는 준수한 모습을 하고 있었다.

그들은 아들에게 즉시 수반나사마라는 이름을 지어 주었다. 그리고는 파리카와 함께 지내도록 포근한 자리를 만들어 주고 아주 소중하게 기르기 시작했다. 그들 둘이 산속으로 먹을 것을 구하러 나갈 때엔 킨나라가 와서 아이를 정성껏 돌봐주었다.

사마는 아주 멋진 아이로 잘 성장했다. 두쿠라카와 그의 아내는 사마를 더 없이 소중하게 여기고 존귀하게 다뤘다. 사마가 스스로 자기관리를 시작하게 되자 보모 역할을 하던 킨라라는 더 이상 오지 않았다. 부모가 먹을 것을 구하기 위해 산에 들어갈 때는 사마 혼자 남아 두 집안 정리를 다 해 주었다.

그는 가끔 그의 부모가 산속에서 무슨 사고를 당해 위험에 빠지지나 않을까 하는 걱정으로 마음을 졸이기도 하였다. 그들이 바구니를 들고 저 멀리서 걸어오면 한순간에 불안이 사라져 반갑게 뛰어나가 그들을 맞이하곤 하였다.

그러던 어느 날 해질 무렵 두쿠라카와 파리카는 평상시처럼 산에서 채취한 꽃, 과일, 그리고 나무뿌리를 들고 집으로 돌아오고 있던 중 갑작스런 폭우를 만나게 되었다. 그들은 급히 등걸이 큰 나무 밑으로 들어가 폭우가 그치기를 기다렸다.

그런데 정말 불행하게도 그 나무 안에는 개미탑이 있었고 거기에는 가공할 만한 독을 가진 코브라가 살고 있었다. 폭우가 그칠 줄 모르고 계속되자 두쿠라카와 파리카의 옷은 빗물에 흠뻑 젖게 되었다.

그들은 자기도 모르게 떨어지는 비를 피해 점점 나무 등걸 쪽으로 가까이 갔다. 그들의 숨소리와 젖은 땀 냄새가 나무 등걸 속에서 잠자고 있던 코브라의 신경을 자극하게 되었다. 뭔가가 나무 등걸 속에서 움직인다는 느낌이 들어 그쪽으로 눈길을 돌리는 순간 코브라가 그들의 눈을 향해 순식간에 맹독을 분사하였다.

두쿠라카가 기겁해 소리쳤다.

"무슨 일이야. 왜 이리 캄캄하지. 아무것도 보이지가 않아."

파리카도 동시에 소리쳤다.

"두쿠라카. 나 역시 아무것도 보이지 않아요. 눈이 멀어 버렸어요."

그들은 졸지에 봉사가 되어 버렸다. 아무것도 보이지 않자 땅바닥을 기며 어떻게든 돌아갈 길을 찾기 시작하였다. 그리고는 도대체 우리가 과거 전생에 무슨 죄를 지었기에 이런 기가 막힌 재앙을 받는 거야 하며 울부짖었다.

과거 전생에 두쿠라카는 부자 환자들을 돌보던 유명한 의사였다. 그런데 어느 날 눈병을 앓고 있던 어느 가난한 환자를 진료하게 되었다. 그 환자는 돈이 없다면서 진료비를 다 내지 못하고 쩔쩔매고 있었다.

"어쩌지 이럴 때는?"

그는 금생에 파리카로 태어난 그의 아내에게 물었다. 그와 아내는 돈이 없는 사람들의 처지를 이해할 수가 없었다. 그들은 부잣집에서 태어났고 늘 부자환자만 상대해 오다 보니 돈이 없다는 이런 환자를 그냥 돌려보낼 수가 없었던 것이다.

"그가 절대로 이 진료비를 잊지 않도록 가르쳐 줍시다. 봉사가 되는 연고 하나를 만들어 주면서 그것을 자주 눈에 바르면 낫는다고 하세요."

환자는 의사가 시키는 대로 했다. 그래서 그 환자는 얼마 후 봉사가 되어 버렸다. 그 결과로 금생에 이 커플은 정확히 그 사악한 죄과를 받은 것이다. 그래서 그들도 그 가난한 환자처럼 남은 인생을 앞 못 보는 고통으로 살아가게 된 것이다.

오두막에서 애타게 부모를 기다리던 사마는 점점 더 불안감이 밀려왔다. 이렇게 부모가 늦게 돌아온 적이 없었기 때문이다. 결국 그는 부모를 찾으러 밖으로 나가야 되겠다고 생각하고 부모가 간 길을 따라가며 부모를 부르기 시작했다.

먼저 자식의 목소리를 듣고 파리카가 큰 소리로 대답했다.

"사마 오지 마. 더 이상 앞으로 오지 마. 여기에 큰 위험이 있다. 그게 뭔지는 모르겠다. 그러니 더 이상 가까이 다가오지 마라."

사마는 소리 나는 쪽을 바라봤다. 저 멀리 땅에 엎드려서 기어오는 부모가 보였다. 그는 도대체 무슨 일이 일어났는지 상상을 할 수가 없었다. 아침에 멀쩡히 나가신 부모가 봉사가 되어 땅을 기어 오다니 순간 믿을 수가 없었다.

그는 부모의 경고를 아랑곳하지 않고 곧바로 달려갔다. 그리고는 그들을 껴안고 일단 부드럽게 안심시켰다. 주위를 둘러보니 마침 긴 나뭇가지가 있어 그들에게 끝을 잡으라고 하고 조심조심 집으로 모시고 왔다. 집에 도착하자 그들은 사마를 붙들고 다시 흐느껴 울기 시작했다.

"거기에 분명 코브라가 살고 있었을 겁니다. 부모님이 그 코브라를 흥분케 했을 것입니다. 그래서 그 코브라가 얼굴에 독물을 뿜었는데 그 독물이 두 분 눈에 명중되었던 것입니다."

그렇게 세 사람은 하나가 되어 오랫동안 슬프게 울었다. 그런데 사마의 울음소리가 좀 이상했다. 울음 속에 웃음이 섞인 것 같은 소리가 들렸던 것이다. 그것을 느낀 파리카가 물었다.

"아들아. 너는 지금 울고 있는 거야? 웃고 있는 거야?"

"울면서 웃고 있습니다."

"그것이 무슨 말이냐? 알다가도 너의 속마음을 모르겠구나."

"부모님이 봉사가 되어 앞을 못 본다는 데 대해서 슬피 울고 있습니다. 그리고 기뻐 웃습니다. 지금부터 제가 부모님을 직접 모실 수 있다는 데 대해서 웃고 있습니다."

"……."

"부모님 조금도 걱정 마십시오. 제가 두 분을 제 몸같이 살피겠습니다. 저를 낳아서 이제까지 따뜻하게 키워주신 주신 그 은혜를 지금부터는 제가 목숨을 다해 갚도록 하겠습니다."

이 이야기는 여기서 이만 그치고 나머지 부분은 **혈맥기** 4권에서 다시 시작하도록 한다. 흥미진진하면서도 눈물겨운 **마투포사카경**의 다음 내용을 기대해 보시기 바란다.

如來藏者是海非浪 不在阿黎耶識海中 故無生滅 故言如來藏不在阿黎耶識中

여래장은 바다지 파도가 아니다. 그러므로 아려야식 바다 가운데 있지 않다. 그러므로 생멸이 없다. 그래서 여래장은 아려야식의 바다 가운데에 있지 않다고 한 것이다.

아려야식은 생멸한다. 그 생멸의 모체는 아려야식 속에 들어 있는 불생불멸의 여래장이다. 그래서 여래장은 생멸이 없다. 여래장은 불생불멸 하는 실상 그 자체만을 지칭한다. 그러므로 여래장은 아려야식의 세계에 있지 않다고 한 것이다.

여래장 거기에 생멸하는 마음이 붙어 있는 것이지 여래장이 생멸하는 마음과 합해져 있는 것은 아니다. 합해져 범벅이 되어 있는 것은 아려야식이다. 다이아몬드에 흙이 붙어 있으면 그냥 다이아라고 부르지 않는다. 그것을 흙덩어리다이아라고 한다. 그것은 다이아와 흙이 합해져 있는 상태다. 마찬가지로 여래장은 순수다이아 보석이고 아려야식은 두 가지를 다 가지고 있는 모습이다.

그래서 여래장은 아려야식을 가지고 있지마는 아려야식은 순수하게 여래장을 가지고 있지 않다고 하는 것이다. 아려야식은 흙투성이인 채로 있기 때문이다.

別記 是故七識有生有滅等 以如來藏卽是阿黎耶識 故言不在

이렇기 때문에 7식은 생멸을 한다. 여래장은 아려야식이지만 생멸 가운데 있지를 않다.

7식은 파도와 같기 때문에 부침을 연속한다. 아무리 부침해도 파도는 실체가 없다. 그것은 가짜다. 마치 꿈을 꾸지마는 꿈은 가짜와도 같은 것이다. 깨고 나면 꿈속의 세계는 없다. 마찬가지로 7식의 세계에 중생이 있지마는 그 중생은 파도처럼 가짜다.

꿈을 꾸는 진짜 마음과 파도의 바탕인 바다는 여래장이다. 여래장은 생멸하지 않지마는 외부인연에 의해 꿈을 꾸고 파도를 만들어 낸다. 하지만 여래장은 그 자체로 언제나 거뜬히 자기의 본분을 지킨다. 그러므로 여래장은 생멸하는 아려야식에 있지 않다고 한 것이다.

別記 若使 如來藏不在生滅黎耶識中者 卽應下云是故八種識有生有滅 何故但言是故七識有生滅耶

만약 여래장이 생멸하는 아려야식 중에 있지 않다면 저 아래 문장에, 그러므로 8종식은 응당히 생멸하는 것이다고 했는데 어찌해서 단지 7식만이 생멸을 한다고 하는가.

아려야식은 8식이다. 그리고 아려야식과 여래장식은 같다고 했다. 여래장식은 생멸하지 않는다고 하고 아려야식은 생멸한다고 한다. 무슨 이런 일이 다 있는가. 어떻게 똑같다 해놓고 어떤 것은 생멸한다 하고 어떤 것은 불생멸이라고 할 수 있느냐다.

그렇다면 여래장은 생멸하지 않는다고 하더라도 아려야식은 생멸한다고 하니 그럼 8식이 생멸한다고 해야 하는데 어떻게 이제까지 7식만 계속 생멸한다고 하느냐. 이런 힐난을 면할 수가 없게 되었다. 이제 어떻게 할 것인가.

별기 當知此二經文其本是一 但翻譯者異 故致使語有不同耳

마땅히 알아야 한다. 두 경문의 원본은 하나다. 단지 번역하신 분들이
다르다 보니 말씀하고자 하는 말이 같지 않을 뿐이다.

   성사는 여기서 잘 알아 두어라고 하시면서 그 이유를 다음과 같이
설명하셨다. 원본은 하나인데 번역하신 분이 어느 쪽으로 보느냐에
따라 아려야식의 성격이 달라진다는 것이다.
   어떤 분은 아려야식 속에 들어 있는 絶相을 두고 말하다 보니 생멸
이 없다고 하고 어떤 분은 隨緣을 말하다 보니 생멸이 있다고 하는
경우다.
   똑같은 약을 두고 어떤 분들은 약의 효과가 정말 좋다고 하고 어떤
분들은 약의 부작용이 있다고 하는 것과 같은 것이다.

별기 又四卷經云 阿黎耶識名如來藏 而與無明七識共俱 離無常
過 自性淸淨 餘七識者 念念不住 是生滅法 如是等文 同明黎耶本覺
不生滅義

또 사권경에 아려야식이 여래장이다. 무명과 더불어 7식과 함께 있지만
무상한 허물을 벗어나 자성이 청정한 상태에 있다. 나머지 7식은 생각
생각마다 상주하지 못하다 보니 바로 생멸을 한다. 이와 같은 등의
문장은 아려야식과 본각은 동일하여 불생멸한다는 뜻을 밝힌 것이다.

   아려야식을 생멸로 보는 시각과 불생멸로 보는 시각을 두 경전에
서 인용하셨다. 먼저 사권경을 인용하여 아려야식은 불생멸한다는

해석분 181

뜻을 밝히고 있다. 그것은 여래장과 더불어 있으면서 무명과 7식을 끼고 있지만 자성이 청정한 상태에 있다고 하셨다. 자성 쪽으로 보면 언제나 상주한 상태로 있다. 즉 파도가 아무리 요동을 하여도 바다는 늘 그 자리에 그대로 있는 것과 같다고 하신 것이다.

別記 又四卷經云 刹那者名爲識藏 十卷云 如來藏阿黎耶識共七種識生 名轉滅相 如是等文 是顯黎耶生滅不覺之義

또 **사권경**에 찰나가 식장이다고 하셨고 **십권경**에서 여래장과 아려야식은 함께 일곱 가지 종류의 식을 만들어 내고 있다. 그것들은 모두 전멸상이다 라고 하신 경문들은 바로 아려야식은 생멸하여 불각이라는 뜻을 드러내고 있는 것이다.

　사권경 말씀은 아려야식을 생멸로 보시고 있다. 찰나 찰나는 순간 순간이다. 이것은 생멸이다. 이것들이 모여 있는 것은 생멸하게 되어 있다. 그래서 식장은 생멸한다고 했다. 식장이 바로 아려야식이다.
　똑같은 **사권경**이지만 앞에서는 불생멸을 말씀하셨다. 그런데 이 문단에서는 생멸 쪽을 말씀이다 보니 뜻이 약간 다르게 느껴진다. 그것은 한 개의 손에 양면이 있는 것과 같다. 어느 쪽을 보느냐에 따라 손등과 손바닥이 달라지는 것과 같은 논리다.
　십권경에서는 아예 생멸을 적시하셨다. 여래장과 아려야식은 7식을 계속해서 만들어 내는데 그것은 전멸상이라고 하셨다. 즉 주체가 되는 能依인 이려야식도 객체가 되는 所依의 7식도 모두 생멸문 속에 들어 있다는 말씀이다.

此今論主總括彼經始終之意 故言導此識有二種義也

이제 이 논주는 저 경문에 있는 시종의 뜻을 총괄하여 말하다 보니 이 식에는 두 가지 뜻이 들어 있다고 한 것이다.

이제 이 논주는 물론 마명보살이다. 마명보살이 **능가경**을 보시고 딱 두 가지 요점을 짚어 내셨다. 그것은 아려야식 속에 두 가지 기능이 있는데 하나는 세상을 함섭하고 있는 불생멸이고, 또 하나는 세상을 끊임없이 만들어 나가는 생출의 생멸 작용이다고 한 것이다.

아주 복잡한 여래장과 아려야식을 단 두 줄기로 추려서 그 핵심을 뽑아내신 것이다. 그러므로 이제까지 성사께서 노파심으로 인용하신 **사권경**과 **십권경**의 내용에 이어 여래장과 아려야식과의 관계, 그리고 상주와 무상의 상태, 8식과 7식의 문제들은 그냥 참고로 받아들이면 될 것이다.

어쨌거나 우리 마음에는 두 가지 기능적 작용이 있다고 했다. 하나는 함섭, 하나는 생출인데, 위에서 한 번 넌지시 물은 적이 있다. 당신은 이 둘 중에서 어느 것을 좋아하느냐고. 하나는 가지는 것이고 하나는 만드는 것이다고. 보통의 사람들은 가지는 것보다 계속해서 만들어 나가는 것에 더 큰 매력을 느끼는데 당신은 어떠냐고 물은 적이 있다.

云何爲二 一者覺義 二者不覺義

이를테면 무엇이 둘이 되는가. 첫째는 각이라는 뜻이고, 둘째는 불각이라는 뜻이다.

위 **기신론** 원문에서 아려야식에는 두 가지 기능이 있는데, 하나는 함섭이고 또 하나는 생출이다고 했다. 그 함섭이 바로 각이라는 뜻이고 생출이라는 것이 불각이라는 뜻이다.

다시 말하자면 깨달으면 가지는 것이고 못 깨달으면 만드는 것이다. 못 깨달음을 이제부터 불각이라고 부른다. 불각한 상태에서는 계속적으로 무엇을 만들어 내어야 한다. 그렇지 않으면 현재가 불안해서 견딜 수가 없다. 그러므로 범부는 가만히 있지를 못하고 끊임없이 무엇을 창조하고 조작하고 건립하고자 하는 것이다.

海東疏 第二廣中有三 初言云何爲二者 問數發起 次言覺義不覺義者 依數列名 所言以下 第三別解 先釋覺義 後解不覺 覺中有二 先略後廣

두 번째는 널리 풀이하는 것이다. 그중에 셋이 있다. 처음에 말한 어떻게 둘이 되는가는 개수를 물어서 의문을 일으킨 것이다. 다음에 말한 **覺義**각의와 **不覺義**불각의는 개수에 의한 이름이다. 소언 이하는 세 번째로 떼어서 풀이한 부분인데, 먼저 각의를 설명하고 뒤에 불각을 풀이한다. 각 중에 둘이 있다. 먼저는 간략히 밝히고 뒤에는 넓게 설명하는 것이다.

이 대목 위에 있는 원문 세모 부분에 과목이 있다. 그 과목대로 이제 두 번째다. 이제까지는 첫 번째로 간략하게 아리야식이 갖고 있는 작용을 밝혀 왔었다.

아려야식은 우리 마음의 근본의식이라는 사실을 잊지 말아야 한다. 그래야만이 무엇을 말하는지 그 핵심을 놓치지 않고 다음 문장과 연결 지을 수 있다. 지금은 우리 마음속에 들어 있는 근본의식 가운데 각의 뜻과 불각의 뜻을 풀이하는 대목에 와 있다. 이제 그것을 차례대로 설명해 나갈 것이다.

起信論 所言覺義者 謂心體離念

말한 바 각이라는 뜻은 이를테면 심체에 망념이 떨어진 상태다.

불교 신앙의 목표가 깨달음이다. 이제 깨달음의 정의가 명확해졌다. 깨달음이란 무엇인가. 그것은 바로 마음의 본체에 망념이 완전하게 사라진 상태를 말한다.

참 많이도 언급하여 왔다. 일상에서나 사원에서나 끊임없이 깨달음을 노래해 왔다. 하지만 정확하게 그 깨달음이 뭔지 깔끔하게 밝혀주지는 못했다. 이제 이 대목에서 그 깨달음이 무엇인지 정말 시원하게 정의를 내려준 것이다.

"깨달음이 뭡니까?"
"마음의 본체에 망념이 떨어진 상태를 말합니다."

여기서 참 재미있는 표현이 하나 있다. 왜 망념이 없는 상태라 하지 않고 망념이 떨어진 상태라고 했을까이다. 왜 無 자를 쓰지 않고 離 자를 썼을까 하는 의문이다.

어둠은 있고 없고를 떠나 있다. 어둠이 있는 것인가. 그렇다면 어둠이 없을 수 있는 것인가. 만약 어둠을 有無로 정의할 수 있다면 그것은 어둠이 아니다. 어둠은 원래부터 유무의 세계에 있지 않은 무형물이다. 어둠이란 정확히 말해서 빛의 부재현상이다. 그러므로 그것은 유무로써 판단되어지는 것이 아니다.

하지만 우리 마음의 심체에 이 어둠이 붙어 있었다. 아주 질긴 거머리처럼 차지게 붙어 있었다. 이제 내 마음속에 들어 있던 불성이 빛을 발하여 밖으로 삐져나오자 거머리 같은 어둠이 자동적으로 떨어져 나간 것이다. 참 오랫동안 내 피를 빨아먹었다. 그 바람에 나는 언제나 눈앞이 가물거리는 영양실조로 힘들게 살아왔었다.

이제 불의 뜨거움에 의해 어둠의 거머리는 떨어져 나갔다. 나는 드디어 어둠의 흡혈귀로부터 완전히 벗어났다. 이제 자유다. 정말! 그것이 覺이다.

覺각은 나 자신이 없어지는 순간이다. 나에게 붙어 있는 찰거머리 같은 망념이 떨어지면 나는 그때부터 무한의 자유를 얻는다. 거머리가 떨어져 나가면 나도 없어진다. 거머리의 객체가 없으면 我라는 주체도 없어지기 때문이다. 이것은 꼭 건강한 사람은 자신을 의식하지 않고 자연스럽게 살아가는 것과 같다.

이와 반대가 있다. 똑 같은 발음을 가진 각이지마는 완전 다른 의미를 가진 각이 있다. 그것은 바로 날선 角각이다. 이 각은 망념이 뭉쳐서 만들어 낸 범부의 무기다. 이 무기는 자신은 물론 상대방을 위험하게 만드는 도구다. 결국 이 角은 망념을 바탕으로 분별과 시비를 만들어 중생세계를 파멸시킨다.

한 覺은 세상을 살리고 한 角은 세상을 죽인다. 발음도 같고 글자

수도 같다. 하지만 그 뜻은 이렇게 완연히 다르다. 하나는 빛이고 하나는 어둠이다. 각을 갖고 있는 소유주가 다르면 이렇게 그 기능이 현격하게 달라진다. 그것은 자비의 覺은 부처가 가지고 날선 角은 중생이 가지고 있기 때문이다.

起信論 離念相者 等虛空界 無所不徧 法界一相 卽是如來平等法身 依此法身說名本覺

망념이 떨어지면 허공계와 같아져 두루하지 않는 바가 없다. 그러면 법계와 한 모습이 되어 즉시 여래평등법신이 된다. 이 법신을 기준으로 본각이라고 한다.

망념이 떨어져 각이 드러나면 그 깨달음의 크기는 허공계와 같아진다. 그러면 우주 천지에 가득하지 않는 곳이 없게 된다. 그때가 되면 우주와 나는 하나가 되는데 그것이 법신이다. 개체의 범부가 드디어 전체의 법신이 되는 순간이다. 이것은 꼭 한 개의 빗방울이 바다에 떨어져 바다로 융해되어 버리는 것과 같다.

일반적 과학으로는 지상에서 80에서 100킬로미터 상공을 우주라고 본다. 즉 지구의 영향이 미치지 않는 곳이라야 비로소 우주라고 한다.

그래서 지구 대기의 영향이 지구 중력의 영향보다 약해지는 곳부터 우주로 판단한다. 그 높이쯤 되면 대기가 희박해 양력을 만들 수 없어 항공기가 날 수 없다. 그 정도의 지점을 우주의 경계로 보고 있다. 그 밑으로는 한 나라의 영공이 되고 그 위로는 공역인 우주가 되는 것이다.

불교에서의 우주는 인간들의 사고와 경계 범주를 완전 넘어간다. 시작점도 없고 끝 지점도 없다. 모두 다 우주다. 지구인은 이미 공중에 떠 있는 한 부분의 우주인이다.

그러므로 우주인의 유무에 대해 궁금할 필요는 없다. 보고 싶으면 언제든지 좌우에 움직이는 우주인들을 만날 수 있다. 우주를 벗어난 세계와 생명체는 없다. 모두 다 우주 속에 들어 있다. 그 우주를 여래평등법신이라고 부르고 인격체로는 청정법신비로자나불이라고 칭한다.

마음에 망념이 붙어 있으면 지금처럼 볼품없는 중생의 몸을 가지고 그것이 떨어져 나가면 전 우주가 내 몸이 된다. 내가 내 한 몸 살기에 적합한 담을 쳐 버리면 내가 그곳에 갇혀 우주를 잃고 내가 그 담을 허물어 버리면 나를 잃고 우주를 얻는다. 중생은 전자를 택했고 부처는 후자를 택했다.

그래서 부처는 깨달은 자라고 하고 중생은 깨닫지 못한 자라고 한다. 이 사실을 먼저 정확히 이해하여야 한다. 마음에 망념이 생기면 고통을 겪는 중생이 되고 마음에 망념이 없으면 고통이 없는 부처가 된다는 이론을 먼저 숙지해야 한다.

그리고 그것을 실천하는 것이 수행이고 그것이 완성되면 覺이 된다는 것이다. 그 覺을 본각이라고 부른다.

起信論 何以故 本覺義者 對始覺義說 以始覺者 卽同本覺 始覺義者 依本覺故而有不覺 依不覺故說有始覺

왜냐하면 본각의 뜻은 시각의 뜻을 상대로 해서 말한 것이다. 시각은 곧 본각과 같다. 시각의 뜻은 본각에 의거하기 때문에 불각이 있게 되는 것이고, 불각에 의거하기 때문에 시각이 있게 된 것이다.

이제 본각에 이어 시각과 불각이 나오기 시작했다. 보통 어디서든 쉽게 하는 소리가 깨달음이다. 언제나 깨달으라고 한다. 불교는 물론 여타의 모든 종교도 말끝마다 깨달음을 입에 달고 산다. 도대체 뭐가 잘못되었기에 깨달아야 한단 말인가. 지금이 어떤 상태이기에 깨달 아야 하며 깨달으면 어떻게 된단 말인가. 거기에 대한 설명은 언제 어디서나 부족한 상태였다.

이 대목은 그 깨달음의 당위에 대해 일목요연하게 설명해 주고 있 다. 본각이 있다. 본래부터 깨달아져 있는 각이다. 이것을 회복하면 시각이다. 모르면 불각이다. 모른다에서 시작하여 수행을 하면 깨달 음을 이루게 되는데 그것이 시각이 되는 것이다.

원래 우주에 방향은 없다. 그러나 어느 지점을 말해야 할 때 그 이해를 돕기 위하여 방향이 정해졌다.

해 뜨는 방향을 동으로 하자. 그와 동시에 전혀 없던 서남북이 그 어졌다. 이제 동쪽은 서쪽을 상대하고 남쪽은 북쪽을 상대하다 보니 사방의 방위가 정해지게 되었다.

태양은 그 자리에 있다. 자구가 공전과 자전을 하다 보니 밤낮이 생겼다. 태양을 본각이라고 하자. 낮이면 본각인데 밤이면 불각이 되어 버린다.

그러다 다시 아침이 되면 시각이 된다. 어제의 태양이 불각의 밤을 밀어내고 본각이 다시 뜬 것이다. 이때 태양은 한 치의 움직임이 없이 시각이면서도 본각이 되는 자리에 있는 것과 같다.

海東疏 略中亦二 先本 後始 明本覺中 亦有二句 先明本覺體 後釋本覺義

간략히 밝힌 가운데 또한 둘이 있다. 먼저는 본각이고 뒤에는 시각이다. 본각을 밝힌 가운데 또한 두 문구가 있다. 먼저는 본각의 체를 밝히고 뒤에는 본각의 뜻을 풀이하고 있다.

본각과 시각과의 관계를 상호관계로 두었다. 본각이 없으면 시각도 없고 시각이 없으면 본각이 없다고 했다. 그래서 먼저 그 본각이 무엇인지 간단하게 밝히고 있다. 본각에 대한 광범위한 해설은 뒤에 다시 나올 것이다.

海東疏 初中言心體離念者 謂離妄念 顯無不覺也

첫 줄 가운데서 말한 마음의 본체에 망념이 떨어진다는 것은 이를테면 망념이 떨어지게 되면 불각이 없다는 것을 나타내고 있다.

망념과 불각은 같이 움직인다. 불각은 망념을 일으키는 바탕이다. 불각이 없으면 망념이 일어나지를 못한다. 흙이 없으면 흙먼지가 일어날 수 없듯이 불각이 없으면 망념이 일어날 수가 없다.
쇠는 습기를 받아들일 요소를 안고 있다. 그 요소가 바로 녹을 만든다. 결국 쇠는 녹에 의해 부식되어 버린다.

우리 마음에 불각이라는 것이 본각에 붙어 있다. 이 불각이 어리석음을 받아들여 망념을 일으킨다. 그 망념이 범부를 죽인다. 범부가 나고 죽는 것이 아니라 이 망념이 범부를 죽이고 살린다.

망념이 떨어졌다는 말은 불각이 없다는 말이다. 불각이 없으면 망념이 태동되지 않는다. 이제 본각만 남는다. 이것은 꼭 쇠에 녹이 쓸 수 있는 요소가 떨어진 것과 같다. 그러면 강철이 된다. 강철은 더 이상 습기에 부식되지 않는다. 마찬가지로 불각이 떨어져 버리면 이제 망념이 활동을 할 수가 없다. 망념이 없으면 覺이 되는 것인데 그 인격체가 바로 부처라고 한다.

海東疏 等虛空界者 非唯無闇 有慧光明徧照法界平等無二 如下文云 有大智慧光明義故 徧照法界義故

허공계와 같다는 말은 오직 어둠만 없을 뿐만 아니라 지혜광명이 있어서 법계를 두루 비춘다. 그리고 평등해서 둘이 없다. 이것을 저 아래 문장에서 대지혜광명의 뜻이 있기 때문이며 변조법계의 뜻이 있기 때문이라고 하였다.

허공계와 같다고 하니 깨달으면 허공처럼 무정물이 되는 것이 아닌가 하는 의구심을 완전히 없애주는 대목이다. 사람들은 깨달은 사람을 보면 좀 바보스러우면서도 자비롭고 천진하면서도 좀 굼뜬 그런 인물로 상상해 왔다.

우리도 그런 소리를 참 많이 하고 살았다. 사찰에서 좀 우직하고 순진하면 무조건 깨달은 도인이라고 불렀다. 그렇지 않다. 깨달은 사람은 그 심성이 칼날처럼 예리하고 그 작용이 섬광처럼 번뜩인다.

그들에게는 무명이 없다. 무명은 무지의 좀 다른 이름이다. 무지보다 더 강하고 더 농도 짙은 상태를 무명이라고 한다. 무명은 어둠이다. 깨닫게 되면 마음에 어둠이 사라진다. 깨달음은 태양이 뜨는 것과 같아서 어둠의 무명은 자동적으로 사라진다.

깨달은 자는 세상을 완전히 알아 버린다. 모르는 것이 없다. 모른다는 말은 무엇인가에 가려져 있다는 뜻이다. 가려져 있으므로 어둡다. 어둠이 없다는 말은 다 드러나 있다는 것이다.

그러므로 모르는 것이 없다. 설령 숨겨져 있어도 모두 다 알게 된다. 무정물인 태양은 비추지 못하는 부분이 있지만 살아 펄떡이는 깨달음을 얻으면 비추지 못하는 부분이 없다. 그러므로 다 알 수 있다고 한다.

평등해서 둘이 없다는 말은 이미 허공처럼 하나가 되어 버렸다는 말이다. 그러므로 보는 자도 없고 보이는 물건도 없어진다. 이것은 주객의 세계를 완전히 벗어난 경지다. 그래서 상대적 세계가 없는 경지가 되었다는 뜻으로 둘이 없다고 한 것이다.

[海東疏] 第二釋義 是對始覺釋本覺義 明本覺竟

두 번째는 본각의 뜻을 설명한다. 이제 시각을 상대로 본각의 뜻을 풀이해 준다. 그러함으로 해서 본각을 밝힌 것을 마치게 된다.

첫 번째는 본각의 체를 밝혀준다고 하였다. 본각의 체를 이해하시는가. 그것은 진짜 우리의 마음이다. 지금 범부가 쓰고 있는 죄업의 마음이 아닌 진짜 우리의 마음을 본각의 체라고 한다. 그것을 편의상 진여라고 하고 불성이라고도 한다.

그 본각의 체는 허공과도 같다고 하였다. 체라는 말은 뼈대라는 말이니 본각의 체는 본각의 바탕뼈대라고 해야 하지만 그냥 간단하게 본각의 체라고 부른다. **화엄경**에서는 이것을 법성이라고 하였다. **화엄경** 말씀이다.

法性遍在一切處법성변재일체처
一切衆生及國土일체중생급국토
三世悉在無有餘삼세실재무유여
亦無形相而可得역무형상이가득

법성은 일체의 중생과
모든 세계에 두루하다.
삼세에도 꽉 차 있지만
형상이 없어 가질 수 없다.

그러니까 우리의 진짜 마음은 허공과도 같다는 것을 명심해야 한다. 그러면 다시 묻는다. 우리의 진짜 마음은 어디에 있는가? 허공 천지에 있다. 내 마음 안에 있다고 하지 않았나? 물론이다. 우리 육신 속에도 그 본각의 본체는 들어 있다. 그것이 바로 허공 속에 들어 있지 않는가. 그러므로 우리의 진짜 마음은 내 육신 안에 들어 있을 뿐만 아니라 허공 속 천지에 들어 있다는 것이다.

또 묻는다. 그 기능은 무엇인가 하면 覺照각조의 뜻이 있다는 것이다. 각조는 모든 것을 깨달아 훤히 비추는 능력이다. 본각 속에는 각조의 능력이 있다. 그것을 명심해야 한다.

그런데 우리는 지금 어떤가. 범부의 죄업 속에 본각을 가둬두고 있다. 각조는커녕 겨우 학교나 사회에서 얻어들은 짧은 정보지식으로 힘들게 살아가고 있다.

그 본각을 깨달으면 어떻게 되나 라고 물으면 이렇게 대답한다. 세상천지와 하나가 된다. 그러면 세상이 내 자신이 된다. 잃은 것도 없고 가진 것도 없다. 이미 전체 속에 다 들어 있다. 그 본각을 깨닫지 못하면 세상천지에 내 것은 아무것도 없다. 내 몸은 말할 것도 없고 내 마음까지도 다 내 것이 아니게 된다.

내가 가질 수 있는 것은 내가 이곳에 오기 전에 이미 이곳에 있었다. 누가 두고 간 것이다. 나도 그렇게 두고 갈 것이다. 내가 가도 그것은 또 그렇게 남아 있게 될 것이다. 그러므로 아무것도 내 것이라고 가져갈 것이 없다. 그런데도 내 뒤 어리석은 자는 또 그것을 챙기려고 혼신의 힘을 다 할 것이다.

옆집에서 개가 짖고 있다. 누가 그 집 앞을 지나가는가 보다. 개는 아주 날카롭게 짖는다. 우리 집은 아예 쳐다보지도 말라고 공포스럽게 위협한다. 우습다. 그 집이 자기 집인가. 아니다. 조금 있으면 저 개는 또 어디로 팔려갈지 모른다.

그 개가 그 집에 오기 전에 그 집이 있었고 그 개가 팔려가고 난 뒤에도 그 집은 그대로 있을 것이다. 그런데 멍청한 그 개는 그 집이 자기 집이라고 으르렁거리며 요란을 떨고 있는 것이다.

次釋始覺 於中有二 先顯亦對本覺不覺起義 後對不覺釋始
覺義

다음은 시각을 풀이한다. 그 가운데 둘이 있다. 먼저는 본각을 상대로
불각이 일어나는 뜻을 나타내고, 뒤에는 불각을 상대로 시각의 뜻을
풀이해 준다.

1이라는 숫자는 2를 일으킨다. 2가 없고 3이 없다면 1은 존재하지
도 않는다. 2는 1에서 나온 것이고 3은 2 때문에 생긴 것이다. 2는
1이 분열할 때 나오고 합치면 도리어 1이 된다. 그러므로 원래 2는
없었다. 3 역시 1이 분열하면 세 개로 나눠지다가 인연 따라 합치면
2가 되고 더 나아가면 역시 1이 된다.

그러므로 원래 2와 3 같은 숫자는 없었다. 모두 다 1에 의한 파생
적 숫자다. 집안에 TV가 두 대 있으면 한 명의 연기자가 두 명이 되고
세 대가 있으면 세 명이 된다. 모두 다 한 명에 의해 분조된 모습이다.

하지만 그 한 명도 둘, 셋이 없다면 어떻게 한 명이라는 인원수가
나올 수 있을 것인가. 거기서 절대적인 空이 나온다.

그래서 空의 시각에서 보면 세상은 공하다고 하는 것이다. 모두
다 空에서 나온 파생적 물상이기 때문에 결국 공으로 귀납한다는 것
이다.

그 空을 설명하기 위해 1인칭인 한 사람이 나오고 하나의 각이
나오는데 그것이 바로 본각이다. 본각의 설정은 그렇게 시작된다.

정리하자면 본각이라는 것은 원래 없는 것이다. 시각과 불각을 설
명하기 위해 내세운 일시적 명제일 뿐이다. 왜냐하면 현실 속에서는

엄연히 세상은 空하지 않고 불각과 시각이 존재하기 때문이다. 그래서 이 불각과 시각 때문에 없던 본각이 본각이라는 이름을 갖고 나타나 불각과 시각을 설명하도록 도와주게 된 것이다.

海東疏 此中大義 欲明始覺待於不覺 不覺待於本覺 本覺待於始覺 既互相待 則無自性

이 가운데 대의는 시각은 불각을 상대로 하고 불각은 본각을 상대로 하며 본각은 시각을 상대로 하고 있다는 것을 밝히고자 한 것이다. 그렇게 서로 관계하다 보니 곧 자성이 없다.

맑은 물은 그냥 물이다. 그런데 혼탁한 물이 있다면 그 차이의 기준은 무엇일까? 바로 맑은 물이다. 맑은 물이 있기 때문에 혼탁한 물이 있다. 혼탁한 물은 마실 수가 없다. 마시면 병이 들고 병이 들면 죽는다. 그러므로 혼탁한 물은 반드시 걸러서 마셔야 한다.

맑은 물은 본각이다. 혼탁한 물은 불각이고 그것을 여과해 깨끗하게 되면 시각이 되는 것이다. 그러면 원래의 본각과 같이 깨끗한 물이 된다. 이 세 가지 물은 서로 상대해 있다. 그러므로 독립된 자성이 없다.

자성은 자체적으로 갖고 있는 본성을 말한다. 맑은 물은 혼탁한 물이 없으면 맑은 물이라고 할 필요가 없다. 그러므로 독립된 자성이 없다고 한다. 그처럼 覺들은 서로 상대해야만이 覺의 이름이 나오게 되는 것이다.

海東疏 無自性者 則非有覺 非有覺者 由互相待 相待而成 則非無覺 非無覺故 說名爲覺 非有自性名爲覺也 略明二覺竟在於前

자성이 없다는 것은 覺이라는 것은 있지 않다는 것이다. 각이 있지 않다는 것은 서로 상대하여 있기에 그렇다. 상대하여 이루어져 있기 때문에 각이 없지도 않다. 각이 없지 않으므로 각이라고 한다. 그렇다고 자성이 있어서 각이라고 하지는 않는다. 간략하게 두 각에 대해 밝히는 것은 앞의 설명으로 마친다.

부처는 중생을 상대로 하여 부처라고 한다. 중생이 없으면 어떻게 부처라는 이름이 있을 수 있겠는가. 부처가 병들면 중생이 된다고 했다. 그러면 극심한 고통을 받게 된다. 그 고통이 정말로 싫어서 치료를 받으려고 한다. 어떠한 대가를 치르더라도 원래의 건강한 모습을 찾고자 한다.

병든 중생은 불각의 상태다. 치료를 하는 것은 수행이고 다 나으면 시각이 된다. 시각은 원래의 건강한 모습인 본각이다. 이것들은 서로 상대하여 있다. 건강하다는 말은 병이 들었다는 전제 하에 건강하다고 한다.

병든 중생이 없으면 어떻게 완전체인 부처라는 이름을 가질 수 있겠는가. 모두 다 상대적 관념에서 발생한 명칭들이다. 그러므로 원래 부처는 없다. 하지만 이렇게 중생이 있지 않은가. 그러면 부처가 없을 리가 없다. 병든 자가 있는데 어떻게 건강한 자가 없겠는가. 그래서 성사는 覺이라는 것은 원래 없다고 하셨다가 뒷부분에 覺이라는 것은 없지도 않는 것이다고 하셨다.

그렇다고 해서 覺의 자성이 있다는 것은 아니다. 각은 전체이기 때문에 부분의 자성이 있을 수 없다. 그러므로 그것을 空이라고 했다. 그래서 반야부 경전에서 부처도 또한 공하다고 하신 것이다.

別記 言覺義者 即有二種 謂本覺 始覺 言本覺者 謂此心性離不覺相 是覺照性 名爲本覺

말한 각의 뜻에는 두 종류가 있다. 이를테면 본각과 시각이다. 말한 본각이란 이를테면 이 심성이 불각을 떠난 모습이다. 이것은 각조의 성품이 있는데 그것을 본각이라고 한다.

본각에 대해서 성사는 설명하실 만큼 다 하셨는데도 아직도 사람들이 가뿐하게 이해를 하지 못하고 있을까 싶어 마음이 안 놓이시는 것 같다. 별기를 쓰시면서까지 본각과 시각을 다시 언급하시는 것을 보면 새삼 그렇게 느껴진다.

본각은 빈 책상과 같다. 아무것도 없는 책상 위는 깨끗하다. 그런데 그 책상 위에 온갖 것들이 흐트러져 쌓여 있으면 정신이 없다. 지저분한 것은 둘째 치더라도 도대체 어디에 뭐가 포개져 있는지 알 수가 없다. 이것이 불각의 상태다.

도저히 더 두고 볼 수 없어서 하루 날을 받아 책상 위를 완벽하게 정리해 버렸다. 이제 원래의 책상 면이 나타났다. 속이 다 시원하다. 이제 본각의 원래 모습을 되찾은 것이다. 이것이 시각인 셈이다.

別記 如下文云所謂自體有大智慧光明義故

저 아래 문장에 이르기를, 이른바 대지혜광명의 뜻이 있기 때문이다 라고 하였다.

　별기에서 위 내용이 뒤에 나온다고 언급을 하였다. 깨달은 자는 각조의 능력이 있는데 그것은 본각에 대지혜광명이 있기 때문에 그렇다. 이것을 드러내기 위하여 불교는 결국 3대겁 아승기야 플러스 알파의 세월 동안 복덕을 짓고 수행을 한다.

　그래서 부처는 무엇이든 다 알고 있다. 부처는 바로 지혜 그 자체이기 때문이다. 그래서 불이라고 한다. 불은 밝음이기 때문에 어둠과 공존할 수가 없다. 그래서 부처에게는 어둠인 무명, 즉 어리석음이 없다. 그것을 본각이라고 하고 광명이라고 하는 것이다.

　마치 밝은 태양이 먹구름에 갇혀 버리면 밝음이 없어지지만 먹구름이 걷히고 나면 그 밝음이 그대로 있는 것과 같다. 그 밝음은 본각이고 구름에 덮인 상태를 불각이라고 하며 마지막에 그 밝음이 다시 혁혁하게 나타난 것을 시각이라고 하는 것이다.

別記 言始覺者 卽此心體隨無明緣 動作妄念 而以本覺熏習力故 稍有覺用 乃至究竟 還同本覺 是名始覺

말한 시각이라는 것은 곧 이 심체가 무명의 인연을 따라 움직여 망념을 일으키지만 본각이 훈습하는 힘에 의해 점점 각이 힘을 발휘하다가 마지막에 드디어 본각과 같아지게 되면 그것을 시각이라고 하는 것이다.

맑고 깨끗한 웅덩이가 있다. 누가 막대기로 휘저으면 그 휘젓는 힘에 의해 웅덩이 물은 금방 흙탕물이 된다. 그러다 그 휘젓기를 그만두게 되면 서서히 물은 다시 깨끗해지기 시작한다.

맑은 물은 본각이고 휘젓는다는 것은 무명이 작동하는 것을 말한다. 그러면 그 심체가 흙탕물로 오염이 된다. 하지만 가만히 두면 맑은 물이 흙탕물을 가라앉힌다. 이것을 본각이 훈습한다고 한다. 본각은 언제나 불각을 훈습하여 맑고 깨끗하게 하고자 한다. 이것을 대승이라고 한다고 하였다.

물도 마찬가지다. 물은 언제나 원래의 상태로 환원하고자 노력한다. 수직으로 있으면 수평이 되고자 하고 움직이면 고요하고자 한다. 그러면 가장 안전하고 평화로워진다. 중생의 마음도 번뇌가 들끓는 수직이 아니라 수평이 되어야 하고 열탕처럼 끓어오르는 탐욕이 없어지고 고요해지면 가장 안락하고 평화로워진다. 그때가 시각이고 그 자리가 본각이다.

맑은 물이 점점 흙탕물을 정화해 가면 마지막에 결국 전체가 맑은 물이 되듯이 본각이 점점 힘을 발휘하면 불각이 서서히 물러간다. 그러다가 마지막에 가면 불각은 없어지고 시각이 된다. 그 시각은 원래의 모습인 본각이 되는 것이다.

別記 言不覺義 亦有二種 一者根本不覺 二者枝末不覺

말한 불각의 뜻에도 두 가지가 있다. 첫째는 근본불각이고 둘째는 지말불각이다.

근본불각은 근본적으로 본체에 들어 있는 불순물이다. 그것이 어떤 계기를 만나면 바로 힘을 써서 본체를 무너뜨린다. 이것은 식물이나 동물 그 어느 생명체에도 다 들어 있다. 그냥 보면 있는지 없는지 알 수가 없지만 그것이 좋아하는 어떤 인연을 만나면 즉시에 발동한다.

우리 신체는 30조 이상의 세포를 가지고 있다. 그중 두뇌만 해도 신경세포가 1000억 개를 넘는다. 그 수많은 세포 속에 각자의 질병을 일으킬 수 있는 DNA가 구석구석 촘촘히 박혀 있다. 그냥 보면 절대로 보이지 않는다. 하지만 그것이 어떤 인연을 만나면 그에 맞게 정확히 발병하기 시작한다. 그것이 근본불각이다.

근본불각이 작동하면 이제 외형으로 그 모습이 바뀌기 시작한다. 사과나무 반점낙엽병이라는 것이 있다. 처음엔 멀쩡해도 습도와 토질이 맞지 않으면 누렇게 사과가 변하다가 힘없이 낙과하게 된다. 사람 같으면 아무렇지도 않던 자가 졸지에 환자복을 입고 병상에 누워 있게 되는 것과 같다. 이것이 지말불각이다.

지말불각은 근본불각에 의하여 나타난 비정상의 모습이다. 이 인과는 피할 수가 없다. 반드시 그렇게 되고야 만다. 지말불각은 고칠 수가 없다. 아무리 손을 써도 나아질 방도가 없다. 근본불각을 갖고 있는 한 지말불각은 속수무책이다. 비정상의 원인을 제거하지 않고 정상이 되기를 바라는 자만큼 어리석은 자는 없다. 범부가 지금 그렇게 하고 있다.

근본불각 때문에 범부가 생사를 거듭한다. 생사의 상태는 지말불각이다. 이 지말불각의 결과는 근본불각에 의해 나타난다. 그러므로 지말불각에 문제가 있으면 근본불각을 제거해야 한다. 그런데 범부는 지말불각의 결과를 정상으로 돌리려고 무진 애를 쓰고 있다.

인류가 생긴 이래로 쉴 새 없이 세대를 이어 지말불각에서 그 방법을 찾고 있다. 그것은 불가능하다. 불가능한 시도를 계속하고 있다. 그래서 범부는 어리석다고 한다. 되지도 않을 일을 끊임없이 하고 있기 때문이다.

근본불각이 있는 한 생사는 없어지지 않는다. 생사가 없어지지 않는 한 중생은 끝나지 않는다. 중생이 끝나지 않는 한 지말불각의 모습은 계속해서 나타난다. 그래서 우리 몸에 지말불각이라는 지 字가 그렇게 많이 붙어 있는 것이다. 가장 중요한 부분은 말할 것도 없고 머리 뒤꼭지부터 발 뒤꿈지까지 모두 다 지 字 투성이다.

"뒤 꿈지가 아니고 뒤꿈치인데요?"
"어원이 쌍동이인데 왜 쌍둥이라고 하지?"

그렇다면 우리 몸에 지 字가 과연 몇 개나 들어 있을까. 한번 찾아보시기 바란다. 32개가 나오면 정상이다. 귀지, 코딱지, 속아지, 배아지에 이어 하나도 빠뜨리지 않고 다 찾으면 32개가 된다. 물론 방언도 되고 사투리도 된다. 다 신체의 모습을 표현한 말이므로 뭐라 해도 문제될 것은 없다.

別記 根本不覺者 謂黎耶識內根本無明 名爲不覺 如下文云依阿黎耶識說有無明不覺而起故

근본불각이란 이를테면 아려야식 속에 근본무명을 말한다. 그래서 불각이라고 한다. 저 아래 문장에서 아려야식 거기에 무명이 있어서 불각이 일어난다고 하였다.

깜부기병이 있다. 무성생식을 하는 식물의 세포가 병이 든 것이다. 주로 보리나 밀에 잘 생기는 병이다. 이 병에 걸리면 탱탱하던 곡식의 이삭이 새까맣게 변한다. 멀리서 보면 꼭 굵고 까만 오디가 달려 있는 것 같다. 그러면 그 곡식은 자체의 씨앗을 남기지 못한다.

이처럼 아려야식 속에 중생의 씨앗이 있다. 이것이 근본불각이다. 이 근본불각은 근본무명과 찰떡궁합이다. 이 둘은 혼자서는 아무 힘도 발휘하지 못한다.

그러나 둘이 합하면 실로 엄청나고 가공할 만한 괴력을 만들어 낸다. 원자폭탄도 만들어 내고 수소폭탄도 만들어 내고 차르폭탄도 만들어 낸다. AI보다도 억만 배나 더 똑똑하고 이성에 갈등하는 센스로 붓도 끊임없이 만들어 낸다.

대단하지 않은가. 정말 놀라운 일이 아닌가. 이 둘이 만나 만들어 낸 합작품의 소산물이 정말 경이롭지 않은가. 하지만 여기서 뒤엎어 생각하면 더 놀랄 일이 일어난다. 완전 불량품인 중생의 머리로 만들어 낸 세상도 이렇게 대단한데 진짜 정상적인 머리로 만들어 낸 부처의 세계는 과연 어떤 세계일까를 생각하면 머리에 쥐가 날 정도로 상상 그 이상을 훨씬 초월해 버린다.

別記 言枝末不覺者 謂無明所起一切染法 皆名不覺 如下文云 一

切染法皆是不覺相故

말한 지말불각이라는 것은 이를테면 무명이 일으킨 바 일체의 염법 모두를 불각이라고 한다. 이것을 저 아래 문장에서 일체의 염법은 모두 다 불각의 모습이기 때문이다고 하였다.

지말불각은 근본불각에서 파생된 오류뭉치들이다. 원천적으로 노란안경을 낀 사람이 그림을 그렸다고 하면 그 그림은 제대로 된 그림이라고 할 수가 없다. 그것은 노란안경에 기준한 원근과 색채이기 때문이다.

마찬가지로 이 세상 모든 것은 전부 문제투성이들이다. 그것은 근본불각에 의해 만들어진 불량생산물이기 때문이다. 사람은 물론이거니와 가전제품, 집, 자동차, 도로, 학문, 어느 것 하나 완벽한 것이 없다. 전부 다 문제투성이들이다. 이것은 끝나지 않는다. 근본문제가 해결되지 않는 한 이런 시행착오와 부실문제는 중생세계의 영원한 아이콘이 되어 중생 삶 자체를 파괴하게 된다.

어쨌거나 인간 역시 불각이 만들어 낸 불량품 중의 하나다. 인간의 몸 어느 한 구석도 완벽한 곳이 없다. 전부 다 위태위태한 상태로 으스러지기 일보 직전이다. 조금만 수틀리거나 리듬을 잃으면 즉시에 고장이 나 버린다.

도대체 어느 내장 어느 기관 어느 한 곳도 완전한 것이 없다. 전부다 만들다가 만 미완성이거나 불량제조물이다. 그렇다고 부모에게 AS를 신청할 수도 없다. 부모 역시 불각의 무명이 만든 불량품이기 때문이다.

신을 믿는 자들은 신이 인간을 창조했다고 한다. 신을 본떠서 인간의 형상을 만들었다고도 한다. 그렇다면 창조한 그 원판이 불량품이기 때문에 창조된 인간도 불량품이라고 말할 수 있다. 알고 있는가. 원판불변의 법칙을. 그래서 불량품의 신에 의해 창조된 인간은 말할 수 없는 질병과 재액의 고통을 받고 있는 것이다.

그렇게 보면 아무 죄도 없는 신을 그들은 끝없이 욕 먹이고 있다. 신이 뭘 잘못했는가. 신은 잘못이 없다. 있지도 않은 신을 팔아 자기들의 개인적 이익을 챙기고 있기에 그렇다.

그들은 되지도 않은 창조설을 지어 내고 그럴싸한 판타지 신학을 만들어서 어리석은 중생들을 희롱하고 있다. 그 바람에 신은 졸지에 인간 사기꾼들의 동업자가 되어 버린 것이다.

신은 죽지 않았다. 신이 죽었다는 니체의 말에 동의하지 않는다. 신은 원래 태어나지도 않았다. 태어나지도 않은 신이 어떻게 죽는단 말인가. 신은 아예 없었다.

아예 없었기 때문에 역사 이래로 그렇게 많은 사람들이 신을 욕하고 원망해도 신은 꿈쩍 않고 항상 그대로 사람들 입에 달려 있거나 글자 속에 쳐 박혀 있다. 만약 있었다면 인간들의 하는 짓거리가 신물이 나서 벌써 천리만리 도망가 사라져 버렸을 것이다.

이런 해괴하고 기막힌 이론도 다 불각이 만들어 낸 소산물이다. 뭐가 뭔지를 모르니까 무엇이든 그럴싸하게 만들어 내고 그것이 효험이 다하면 또 다른 것을 만들어 내고 하는 것이 인간들이 대를 이어 하는 어리석은 짓거리인 것이다. **자타카** 말씀이다.

토끼가 누워 자는데 큰 야자열매가 떨어졌다. 토끼는 세상이 뒤집어지는 줄 알았다. 그래서 꽁지가 빠지도록 도망을 쳤다. 그렇게 황급히 도망가는 토끼를 본 사슴이 급하게 물었다. 토끼는 세상이 뒤집혀져 오고 있다고 했다. 그 소리에 놀라 사슴도 함께 뛰기 시작했다.

두 동물이 도망을 치고 있으니 다른 동물들도 뭐가 뭔지도 모르고 함께 죽어라 뛰어갔다. 꼭 프레스트검프를 뒤쫓고 있는 마라토너 무리들처럼 그렇게 꼬리를 물고 뛰어갔다.

그들은 결국 사자의 영역까지 뛰어 들었다. 사자가 놀라서 무슨 일이냐고 물었다. 그들은 벌겋게 상기된 얼굴을 서로 쳐다보며 자기들도 그냥 뛰어가는 동물들을 따라 급히 쫓아왔다고 한다. 사자가 그 연원을 추궁해 보니 사슴이었고 사슴은 토끼를 지목했다. 토끼는 자기가 충격을 받은 대로 그대로 이실직고를 했다.

사자는 모든 동물들을 데리고 토끼가 있던 자리로 거슬러 갔다. 거기에는 큰 야자열매 하나가 덩그러니 놓여 있었다. 사자는 말했다. 어리석은 자들은 남의 호들갑에 진짜 뭔가가 있는 것 같아 심하게 동요하지만 지혜로운 자는 그런 실체 없는 말에 휘둘리지 않는다고 당당하게 말했다.

불각은 이처럼 세상에 대한 정확한 사실을 모르게 만들어 버린다. 그 불각 속에는 어리석음이 크게 작동하고 있기 때문이다.

別記 若依識相差別簡本異末義門 則黎耶識中唯有本覺及本不覺
만약에 식상에 의한 차별로 근본불각과 지말불각의 뜻으로 가려 본다면 아려야식 가운데는 오직 본각과 및 근본불각만 있게 된다.

아려야식은 제8식으로 중생의 마음이다. 여기에 불생불멸과 생멸이 화합되어 있다. 화합이라고 하니 좀 푸근한 느낌을 받을 수 있다. 하지만 화합이란 글자가 그렇다는 것이고 그 내용은 전혀 상극이다.

불생불멸은 본각이고 생멸은 근본불각이다. 그러니까 불생불멸이 어느 정도의 공간을 생멸에게 양보한 것이 아니라 생멸이 무작배기로 비집고 들어가 붙어 있는 상태다. 마치 흰밥에 모래가 들어가 있는 것과 같다.

흰밥과 모래는 화합되어 있는 것이 아니다. 순수하게 흰밥을 원하는데 어디서 들어왔는지 모래가 그 속에 턱 박혀 있는 상태기 때문에 화합이라고 말하기가 영 거시기하다.

어쩌면 섞여 있다는 표현이 더 정확할 것 같다. 원문이 어떤지 몰라도 실차난타스님도 파라마타스님처럼 그분이 한역한 **기신론**에서 화합이라고 한역해 놓았다.

그러니까 본각에 불각이 허락 없이 자리 잡고 있다. 허락이 있으면 화합이고 없으면 불법주거다. 언제부터라고 묻지 말라. 원래부터 그렇게 알박기하고 있다. 뭐가 그런 것이 다 있나 라고 괴이하게 생각하지 말라. 밝음이 힘을 잃으면 어둠이 바로 그 자리를 차지하는 법이다.

우리 마음은 처음부터 완전하지 않았다. 밝음이 완전하지 않을 때 어둠이 들어와 함께 공존하는 상태다. 이 어쭙잖은 상태를 근본불각과 함께 있다는 표현으로 화합이라는 단어를 썼던 것이다.

別記 若就識體無二攝末歸本義門 則彼始覺及末不覺亦是黎耶識

內之義

만약에 識體가 둘이 없어서 지말불각이 근본불각에 돌아간다는 뜻으로 보면 저 시각과 지말불각들은 또한 아려야식 내에 들어 있다는 뜻이 된다.

　파도는 어디로 돌아가나. 결국 잔잔한 물이 된다. 잔잔한 물이 파도를 만들었다. 그렇게 파도를 만들 수 있는 소지는 바로 근본불각이다.
　근본불각에 의해 지말불각이 일어난다. 거기서 시각을 일으킨다. 그러므로 귀납논리로 보면 시각과 지말불각은 파도처럼 모두 다 아려야식 속으로 환원해 들어가는 것이다.

別記 故上云此識有二義者 通含如是二種之意 故下釋中通擧本始二覺及二不覺義也

그렇기 때문에 위에서 말하기를, 이 식에는 두 뜻이 있다고 했다. 그것은 이와 같은 두 가지 뜻이 함께 들어 있어 있기 때문이다. 그래서 아래에 본각과 시각의 두 각과 및 두 불각의 뜻을 함께 말한 것이라고 풀이하고 있다.

　두 뜻은 각과 불각이다. 이것이 아려야식 속에 포함되어 있다고 위에서 말한 것이다. 세상천지가 아려야식 속에 안 들어가는 것이 무엇이 있는가.
　아려야식은 중생심이다. 이 중생심을 벗어난 세계가 어디에 있는

가. 그것은 마치 마술사가 아무리 많은 물건들을 펼쳐내어도 마지막에는 모두 다 마술사 가방 속으로 들어가는 것과 같다.

세상에서 생긴 것치고 세상을 벗어나는 것이 있는가. 모두 다 세상속에서 생기고 죽는다. 세상이 아무리 크고 넓다 해도 중생심을 벗어난 세상이 있는가. 그것은 없다. 그래서 중생심의 요소인 각과 불각이 세상을 다 가지고 있으면서 서로 떨어지지 않고 있다고 한 것이다.

別記 問 爲當心體只無不覺 故名本覺 爲當心體有覺照用 名爲本覺

묻겠다. 마땅히 심체에 불각이 없으면 본각이라 하는 것인가. 마땅히 심체에 깨달음과 비추는 작용이 있어야만 본각이라고 하는가?

본각은 우리의 진짜 마음이다. 이 진짜 마음에 불각이 주인의 허락없이 본드처럼 붙어 있다. 이것은 꼭 보석에 흙이 묻어 있는 것과 같다. 불각인 흙을 벗겨내는 작업이 수행이다.

수행을 해서 그 흙인 불각을 다 벗겨내면 이제 완전한 보석의 모습이 나온다. 여기서의 전제는 흙만 벗겨내면 빛이 없어도 보석이라고 할 수 있느냐 하는 것이다.

아니면 흙 속에 파묻혀 있어도 보석이 갖고 있는 영롱한 빛은 그대로 있다고 전제할 때 비록 흙 속에 묻혀 있더라도 빛이 있으면 보석이라고 할 수 있느냐 하는 것이다.

別記 若言只無不覺名本覺者 可亦無覺照故是不覺 若言有覺照故名本覺者 未知此覺爲斷惑不 若不斷惑 則無照用 如其有斷 則無凡夫

만약에 단지 불각이 없다고 하여 본각이라고 한다면 또한 각조가 없으므로 불각이 된다. 만약 각조가 있기 때문에 본각이라고 한다면 이 각이 번뇌를 끊었는지 아닌지 알 수가 없다. 만약 번뇌를 끊지 못했다면 각조의 작용이 없어야 하고, 만약 번뇌를 끊었다면 범부는 없어야 한다.

첫 번째 문단은 이런 의미이다. 보석에 묻은 흙이 다 닦여져서 이제 완연한 보석이 되었다 하더라도 맑고 깨끗한 광채가 없다면 보석이라고 말할 수가 없다는 것이다.

두 번째 문단은 비록 흙 속에 있으나 보석이 갖고 있는 영롱한 광채를 내뿜고 있기 때문에 보석이라고 한다면 그 빛이 흙 밖으로 나올 수 없으므로 그 광채가 그렇게 빛나는지 안 빛나는지 알 수가 없지 않느냐이다.

세 번째 문단은 마무리해 주는 부분이다. 먼저 두 번째 부분부터 정리한다. 흙을 완전히 털어내지 못했다면 보석이 갖고 있는 빛이 없는 것이다는 것은 번뇌를 다 끊지 못하면 각조의 작용이 없는 본각이 된다.

각조는 깨달음과 동시에 천지를 비추는 지혜작용이다. 그러므로 본각은 반드시 각조가 있어야 하는데 흙 속에 덮여 있어서 각조가 없지 않느냐 하는 의문이다.

즉 번뇌가 없는 그 자체가 본각이라고 한다면 우리는 이미 본각을 갖고 있다. 그렇다면 그 본각에는 번뇌라는 것이 원천적으로 없기 때문에 거기에 어떻게 범부가 있을 수 있느냐 하는 의문이다.

答 非但無闇 亦有明照 以有照故 亦有斷惑

답해 주겠다. 단지 어두움만 없을 뿐만 아니라 또한 밝게 비추는 작용도 있다. 그 비춤의 작용 때문에 번뇌가 끊어진 것이다.

본각의 답은 정확히 주어졌다. 보석 같으면 보석을 덮고 있는 흙만 없어지면 영롱한 광채를 내뿜는 보석이 된다. 즉 본각은 불각만 없을 뿐만 아니라 신해하는 각조의 능력도 갖추고 있다는 것을 명확히 밝히고 있다. 이 말은 번뇌와 업장이 떨어져 나갈 때 태양보다도 더 밝은 광명이 자동적으로 나온다.

그러니까 불각이 없어짐과 동시에 본각이 나타나고 그 작용은 각조라는 것이다. 요것이 진짜 우리의 본래마음이다.

그 각조의 능력은 이미 모든 번뇌를 벗어나 있으므로 가능한 것이다. 그렇기 때문에 번뇌가 끊어진 상태라고 말씀하신 것이다. 위 한 자에서 惑혹은 우리의 진짜 마음인 본각을 덮고 있는 무명번뇌를 말한다.

別記 此義云何 若就先眠後覺名爲覺者 始覺有覺 本覺中無 若論 本來不眠名爲覺者 本覺是覺 始覺則非覺

그 뜻이 뭐냐 하면 만약에 잠을 자다가 깨고 난 뒤를 각이라고 한다면 시각에는 각이 있고 본각에는 각이 없는 것이 된다. 만약에 본래 잠들지 않음을 각이라고 한다면 본각은 각이 되고 시각은 각이 아니게 된다.

잠자지 않으면 깬다는 말이 없다. 깨어난다는 말은 자고 있었다는 말이다. 잠을 자면 아무것도 모른다. 모르는 상태를 불각이라고 한다.

중생은 불각 속에 있다. 그래서 중생의 삶을 깊은 잠 속에 처해 있다고 한다. 이 정도는 그래도 괜찮다. 범부는 거기서 더 나아간다. 즉 잠 속에서 또 꿈을 꾸고 있다. 그래서 범부라고 하면 장몽에 취해 있는 어리석은 자라고 하는 것이다.

위 문단은 불각을 전제로 해서 본각과 시각을 말하고 있다. 불각이 있어서 시각이 있다고 한다면 본각에는 각이 없게 된다. 왜냐하면 본각은 불각을 끼고 있기 때문에 각이라고 할 수 없다는 것이다.

또 본각에 불각이 없다면 시각은 각이 되지 못한다. 본각에 불각이 없다면 본각은 완벽하다. 거기에 무슨 범부가 있는가. 범부가 없는데 어떤 수행을 하여 시각이 이루어진단 말인가. 그러므로 해서 시각은 없다는 것이다.

別記 斷義亦爾 先有後無名爲斷者 始覺有斷 本覺無斷 本來離惑 名爲斷者 本覺是斷 始覺非斷

끊음의 뜻 또한 그런 것이다. 먼저 있는 것이 후에 없어진 것을 끊음이라고 한다면 시각은 끊음이 있고 본각에는 끊음이 없다. 본래 미혹으로부터 벗어나 끊은 상태로 있다면 본각은 끊음이 있고 시각에는 끊음이 없다.

끊음의 대상은 무명번뇌다. 이것을 끊으면 깨달음이 이뤄진다. 그 깨달음을 시각이라고 힌다. 시각이라야 완전히 이것으로부터 벗어난다. 그러면 본각은 무엇인가. 본각일 때는 이것들을 안고 있었다는

212

말이 아닌가.

본각은 그냥 그 자체가 본각이다. 본각에는 신해의 성품이 있기 때문에 무명번뇌가 없다. 그러므로 본각은 이것을 끊고 말고가 없다. 그런데 어떻게 그것을 끊으면 깨달음이 된다는 시각이 있을 수 있단 말인가.

이렇게 두 가지 문제에 봉착된다. 어떻게 풀어나가려 하는지 아래 문장을 보자.

別記 若依是義 本來斷故 本來無凡 如下文云一切衆生本來常住 入於涅槃菩提之法

만약 그런 뜻으로 보면 본래 끊어져 있기 때문에 본래 범부는 없다. 그래서 저 밑에 본문에서 이르시기를, 일체중생은 본래부터 상주해서 열반보디의 법에 들어가 있다고 했다.

이제 본각을 본질과 현상으로 나누어 설명하려고 하신다. 본각으로 보면 본래 무명번뇌가 없다. 그것이 없는데 어떻게 범부가 있을 수 있겠는가. 생시에는 잠이 없다. 잠이 없는데 어떻게 꿈이 있을 수 있겠는가. 잠은 불각이고 꿈은 근본불각의 작용이다.

그래서 실상경전에서는 본각을 부처로 본다. 이미 모든 것이 구족되어 완성된 자리다. 거기에는 본래 범부가 없다. 그래서 일체중생 모두가 다 상주해서 열반보디의 법에 들어가 있다고 하신 것이다.

상주나 열반이나 보디는 다 같은 말이다. 상주는 본각의 상태를 말하고 열반은 본각의 결과를 말하며 보디는 본각의 작용을 말한다.

雖曰有本覺故本來無凡 而未有始覺故本來有凡 是故無過

그렇게 곧 말하기를, 본각이 있기 때문에 본래 범부가 없다고 하고, 시각이 있기 때문에 본래 범부가 있다고 해도 잘못은 없다.

쉬운 예를 들겠다. 깨끗한 손은 본각이다. 더러워진 손은 불각이다. 그것을 씻으면 시각이 된다. 그러면 처음 손과 같이 깨끗해진다. 그래서 시각과 본각은 같다.

깨끗한 손으로 살아가야 한다. 그런데 지금의 손은 더러운 불각이 되어 있다. 오랫동안 그렇게 살아오다 보니 원래 손이 그런가 보다 하면서 살아가는 것이 범부다. 하지만 조금 더 문화인이 되면 그 손을 씻어야 되겠다는 생각이 일어난다. 그 문화라는 말은 복을 말한다. 그때 불교가 나타난다. 불교는 바로 그 손을 깨끗하게 씻는 방법을 가르쳐 주기 때문이다.

원래는 깨끗한 손이기 때문에 더러움이 없었다. 그런데 지금은 더럽다. 하지만 깨끗이 씻으면 더러움이 없어져 버린다. 앞에는 범부가 없다는 말이고 뒤에는 범부가 있다는 말이다. 이 말은 모순이다. 하지만 잘못이 없다. 왜 잘못이 없는지는 뒤에 바로 설명해 줄 것이다.

別記 若汝言由有本覺本來無凡 則終無始覺望何有凡者 他亦終無始覺則無本覺 依何本覺以說無凡

만약 당신이 본각이 있어서 본래 범부가 없다고 말한다면 마침내 시각도 없어야 하는데 어떻게 범부가 있겠는가. 그렇게 마침내 시각이 없다면 본각도 없어야 하는데 어떻게 본각에 의거해 범부가 없다고 말할 수 있는 것인가.

두 가지 문제가 드러났다. 하나는 범부의 있음이고 둘은 범부의 없음이다. 첫 번째 문단은 본각이 있다면 불각이 없어야 한다. 그런데 어떻게 시각이 있는가. 시각은 범부가 있다는 전제 하에서의 각이다. 그런데 어찌 범부가 있느냐 하는 의문이다.

두 번째 문단은 시각이 없다면 본각도 없다. 시각과 본각은 제자리다. 그런데 이렇게 불각의 중생이 그 사이에 있다. 그것도 본각을 잃지 않는 상태의 범부로써 불각이 엄연히 있다. 그런데 어찌 범부가 없다고 하느냐 하는 의문이다.

別記 當知由有本覺故本無不覺 無不覺故終無始覺 無始覺故本無本覺

마땅히 알라. 본각이 있기에 본래 불각이 없다. 불각이 없기에 종내 시각이 없다. 시각이 없기에 본래 본각이 없다.

정리하자면 본질적으로 각에는 본각밖에 없다. 불각은 원래 없었다. 그런데 어찌 시각이 있을 수 있겠는가. 예를 들자면 잠은 원래 없었다. 생시로 살아가다가 육신이 피로해서 잠을 잔다. 그 잠 속에서 육신이 필요한 새로운 에너지를 만든다. 즉 배터리 충전을 한다. 깨고 나면 원래의 상태로 돌아간다.

배터리 충전은 육신을 위해 있는 것이지 마음을 위한 것은 아니다. 마음은 비물질이기 때문에 피로함을 느끼지 않는다. 그러므로 잠이라는 것은 원래 없다. 그러므로 불각이 없다. 불각이 없기 때문에 시각조차 없다. 시각이 없는데 어찌 본각이 있겠는가. 그래서 본각조차 없다고 하셨다.

別記 至於無本覺者源由有本覺 有本覺者由有始覺 有始覺者由有不覺 有不覺者 由依本覺

본각이 없다고 하더라도 근원적으로 보면 본각이 있다. 본각이 있기 때문에 시각이 있다. 시각이 있기 때문에 불각이 있다. 불각이 있다는 것은 본각에 의거한 것이다.

본각이 없다. 그런데 현실적으로 중생이 있다. 그러므로 시각이 있다. 시각이 있으면 본각이 있다. 이것은 현상 쪽으로 보는 각이다. 잠은 원래 없는데 분명히 잠은 있다. 마음은 원래 피로함이 없는데 육신과 함께 피로를 느낀다. 피곤하지 않으면 마음이 잠 속에서 제멋대로 돌아다닌다. 그것을 꿈이라고 한다. 육신은 자는데 마음이 할 짓이 없으면 자기 혼자 놀려고 천지를 배회한다.

그러다가 육신에 필요한 충전이 끝이 나면 마음은 제자리로 돌아온다. 그리고 다시 육신을 중심으로 움직인다. 이것이 범부의 삶이다. 그런 삶의 원동력은 본각에 의거해 있다. 그러므로 본각에 의해 불각이 있다. 즉 부처가 중생이 되어 있다는 것이다.

別記 如下文云 本覺義者對始覺義說 以始覺者卽同本覺 始覺義者 依本覺故而有不覺 依不覺故說有始覺

저 하문에 이르기를, 본각의 뜻은 시각의 뜻을 상대하여 있다. 시각은 곧 본각과 같다. 시각의 뜻은 본각에 의거하여 불각이 있고 불각에 의거하여 시각이 있는 것이다고 하였다.

여기서의 하문은 지금부터의 뒤가 아니라 각을 설명한 부분에서 보는 하문이다. 즉 앞에 있는 원문을 말하고 있다. 거기에 보면 위의 문장이 나온다.

본각과 불각, 시각은 모두 다 자체적인 성품이 없다. 전부 다 상대적인 이름들이다.

엄마라는 이름은 엄마가 갖고 있는 자체적인 이름이 아니라 자식을 상대한 이름이다. 이처럼 본각이라는 말도 시각을 상대한 이름이고 시각이라는 말도 불각이 있기 때문에 생긴 각의 이름일 뿐 그 각의 자체적 이름은 없다.

단지 고통 받는 중생이 있기 때문에 그 고통을 없애주는 방법을 설명하다 보니 본각과 시각이 나왔을 뿐이다. 위에서도 언급했지만 이것은 허공에는 방향이 없지만 방향을 잃어버릴 수 있는 자를 위해 임의로 동서남북을 설정해 그들에게 방향을 가르쳐 주려고 하는 것과 같다.

別記 當知如是展轉相依 卽顯諸法非無而非有 非有而非無也

마땅히 알라. 이와 같이 나아가면서 서로 의거하다보면 제법은 없지 아니하나 그렇다고 있지도 않다. 있지도 않지만 없지도 않다는 것을 나타내고 있다.

이제 드디어 각에 대한 결론이 나오고 있다. 먼저는 중생세계의 현상을 들고 있다. 즉 중생세계는 없지 않다. 그렇다고 해서 있지도 않다고 했다. 이 말은 중생세계는 있지마는 그렇다고 해서 있는 것도 아니다 라고 하신 것이다.

뒤에는 실상을 드셨다. 중생의 세계는 없지만 그렇다고 해서 없는 것도 아니다 라고 하셨다. 즉 본질적으로 보면 없지마는 인과와 죄업으로 빚어진 중생세계는 엄연히 현실로 있다는 것이다.

그래서 그 중생을 상대로 본각과 불각, 그리고 시각이 나오게 된 것임을 알아야 한다는 뜻으로 마땅히 알아라고 하셨다.

別記 問 此本覺性 爲當通爲染淨因性 爲當但是諸淨法性 若言但是淨法因者 何故經云如來之藏是善不善因 乃至廣說

묻겠다. 이 본각성은 당연히 염정에 통하는 원인이 되는 성질인가? 당연히 다만 청정한 법의 성질만 되는가? 만약에 단지 청정한 법의 원인만 되는 것이라면 왜 경전에서 여래장은 바로 선과 불선의 원인이 되는 것이다고 하시면서 널리 설하셨는가?

이 본각성은 중생과 부처의 세계에 같이 통하는 성질인가, 아니면 부처의 세계에만 통하는 것인가 라고 물었다. 통한다는 말은 작용을 말하고 성질은 성품의 본질을 말한다.

즉 본각이 갖고 있는 성질은 부처에게만 작동하는 것인가, 중생에게도 작동하는 것인가이다. 우리가 알기로는 이 본각성은 불성이라서 부처에게만 작동하는 것이지 중생에게는 작동하지 않는 것으로 안다. 그런데 **능가경**에서는 이것이 선과 불선의 원인이 된다고 하셨다. 이게 무슨 말씀이냐는 것이다.

범부의 마음 안에는 무슨 성질이 들어 있을까. 천사가 될 수 있는 속성과 악마가 될 수 있는 성질이 같이 들어 있다. 그런데 왜 자꾸 사람들은 착한 천사만 언급하고 있을까. 악마 역시 마음의 소산물이라서 그 속에 같이 들어 있다.

그러므로 잘못하다가는 악마가 될 수도 있다. 그래서 선과 불선의 원인이 된다고 하신 것이다. 악마라는 말이 나왔으니 **혈맥기** 2권에서 그친 앙굴리마라의 전생담을 다시 연재한다.

세상에! 이 왕의 끔찍한 식성은 정말 가공하기만 하다. 하지만 나는 포기하지 않을 것이다. 기어이 그 식성을 버리게 할 것이다 라고 칼라하띠는 다짐했다.

"폐하. 설령 폐하께서 인육을 먹지 않으면 살맛이 나지 않는다 하더라도 당신을 사랑하고 또 당신이 없어지면 슬퍼할 가족을 생각하십시오. 그리고 왕자 때부터 당신을 존경해 온 사람들과 지금 왕위를 생각해서라도 그 혐오스러운 짓거리를 당장 그만두셔야 합니다."

"칼라하띠. 그것은 불가능하다. 나는 가족과 왕위를 사랑한다. 그러나 나는 그 사랑만큼 인간의 고기 맛을 사랑한다."

"폐하. 여기 또 다른 이야기 하나가 있습니다."

사령관은 그를 위해 또 다른 예시의 이야기를 시작했다.

옛날 이 바라나시 시내에 다섯 가지 기본적인 계율을 아주 잘 지키며 사랑하는 아들 하나를 둔 모범적인 브라만 가족이 살고 있었다.

그에게는 착하고 영특한 아들이 하나 있었다. 그는 어느 것 하나 나무랄 데 없이 똑똑하고 온순한 데다 브라만의 기본 교육을 잘 이수한 그런 자랑스런 아들이었다. 그러기에 부모로서는 큰 기대를 갖고 그를 끔찍이 아꼈다.

그 소년은 가끔씩 그의 동년배 친구들과 즐거운 시간을 보내곤 하였다. 다른 친구들은 모두 생선과 고기를 먹으며 술을 마셨지만 그 소년은 언제나 채식만 먹고 술과 고기는 입에 대는 것조차 하지 않았다.

자기 혼자만 잘난 것처럼 특별하게 굴자 자연적으로 그의 친구들이 투덜대기 시작했다. 이 친구는 술도 안마시고 고기도 안 먹는다. 그런데 어떻게 우리가 우정 깊은 친구라고 말할 수 있겠는가. 어쨌거나 우리는 그를 따돌려 버리기 전에 어떻게든 절친한 친구가 되도록 술을 마시게 하자 라고 하며 재미있는 음모를 꾸몄다.

그러던 어느 날 그들은 다시 또 어울리게 되었다. 그중 한 사람이 말했다. 친구들! 오늘 저녁 우리 파티를 하자 어때? 라고 하니 다 같이 신이 나서 좋다고 맞장구를 쳤다.

"너희들끼리 잘 놀아. 다들 술 마시는데 나는 못 마시니까."

소년은 아쉬워서 시무룩하게 대답했다. 그때 친구들이 한꺼번에 "걱정 마. 네가 마실 것은 우유로 준비해 놓을 테니까."

파티가 시작되기 전 짓궂은 친구 몇 명이 연잎이 무성한 정원에다 술을 숨겨 놓았다. 술을 담은 병은 작고 깜찍한 모양이었다. 그 속에다 위스키를 가득 채우고 뚜껑을 야무지게 닫아 놓았다.

그날 저녁 그들은 멋지게 파티를 즐기고 있었다. 친구들은 점점 취하기 시작했지만 그는 변함없이 멀쩡하기만 하였다. 그 혼자만이 술이 아닌 우유를 마시고 있었기 때문이었다.

분위기가 무르익어 가자 친구들 중 한 명이 마시던 술잔을 들고 소리쳤다.

"이런 술은 싫다. 이제 진짜 맛있는 연꽃 넥타를 마시자."

그러자 기다렸다는 듯 몇몇이 연밭으로 뛰어가 아침에 숨겨두었던 그 술병들을 가져왔다. 그리고는 모든 친구들에게 하나씩 나누어 주며 우리 모임을 축복하는 의미에서 다함께 위하여를 외치자고 소리쳐 제안했다.

"뭐지? 이게."

"연꽃넥타야. 술이 아니야."

"술이 아니라고?!"

"물론이지. 이것은 정말 맛있는 음료야. 술처럼 전혀 건강을 해치지 않는다고."

이 능청에 다른 친구들은 와 하고 웃으면서 박수를 쳤다. 그러면서 다 같이 원샷을 하자고 종용하였다. 친구들의 부추김과 흥겨운 분위기에 못 이겨 젊은이는 자기도 모르게 병뚜껑을 따고 위하여를 소리쳐 외치며 단숨에 한 잔을 들이마셔 버렸다.

"오잉! 이게 무슨 맛이지?!"

넥타라는 음료가 목구멍을 넘어갈 때 세상에 태어나 한 번도 경험하지 못한 아주 진하고 묘한 향내가 목구멍을 자극했다. 왠지 모르게 짜릿하고 흥분되는 전율이 순간적으로 온몸의 모든 말초신경을 강하게 흥분시켰다. 그의 몸은 그 술 딱 한 잔에 깊이 중독되어 버린 것이다.

그가 술을 마시고 지극히 황홀해 하는 모습을 본 친구들은 어이상실이 되었다. 그래서 그들은 사실 그것은 넥타가 아니라 술이라고 고백했다. 그런데 이 젊은이의 반응이 완전 엽기적이었다.

"넥타면 어떻고 술이면 어떠냐. 난 이 맛에 미쳐버렸다. 더 달라."

뜻밖인 그의 요구에 술 취한 친구들이 어리둥절하였다. 그래서 그들은 장난삼아 고기도 맛있는데 술과 같이 한번 먹어보라고 또 부추겼다. 그는 주저 없이 삶은 돼지고기를 거침없이 먹어치웠다.

친구들은 그의 돌발적인 행동을 보고 정신이 번쩍 든 반면 대신 그는 점점 취해 갔다. 그는 자신도 모르는 말을 횡설수설하다가 웃기도 하고 울기도 하면서 차츰차츰 이성을 잃어갔다. 그러는 그를 보고 친구들은 더 재미있어 하면서 계속해서 술을 권했다. 결국 준비된 술이 바닥이 나자 친구들은 그만 일어나자고 했다.

그는 주저 없이 지갑을 꺼내 큰돈을 주면서 술을 더 사오라고 했다. 그 술도 다 떨어지자 그는 자기 가문의 표식이 있는 보석반지를 빼주면서 오늘은 흥청망청 마음껏 마시자고 했다.

그렇게 절도 없이 밤새도록 술을 마신 그의 눈은 벌겋게 충혈되었다. 그리고 그의 몸은 주체할 수 없을 정도로 떨렸다. 한 걸음씩 힘겹게 옮길 때마다 중심을 잃고 비틀거렸다. 더 이상 안 되겠다 싶어 친구들이 부축하여 그의 집으로 가 침대에 눕혔다. 거기서 그는 몇 날 동안 죽은 듯이 잠만 잤다.

그가 가문의 금기로 된 술을 마시고 그렇게 되었다는 것을 안 부친은 격노했다. 아들이 잠에서 깨어나 멍청히 앉아 있는 모습을 본 부친은 피가 거꾸로 솟는 느낌이었다.

"아들아. 어떻게 그런 어리석은 짓을 했단 말인가. 우리 가문에 너처럼 그렇게 술을 마시고 돌아온 자는 아무도 없었다. 이제부터는 두 번 다시 그렇게 하지 말아라."

부친은 분출하는 화를 누르고 부드럽게 충고했다. 그런데 돌아온 아들의 대답이 더 기막히게 만들었다.

"아버지. 제가 뭘 잘못했습니까?"

"너는 술을 마셨다."

"저는 그렇게 맛있는 것을 먹어본 적이 없습니다. 정말 맛있었습니다. 저는 모든 것을 다 버리더라도 그것만큼은 포기할 수 없습니다."

이 소리를 듣는 순간 아버지는 누가 망치를 들고 자기의 뒤통수를 세게 갈겨버리는 충격을 받았다. 만약 이 아이가 알코올중독자가 된다면 우리 집안은 완전 박살이 날 것이다. 그리고 우리의 모든 재산은 다 사라져버릴 것이다 라고 생각한 그는 큰 소리로

"아들아. 안 된다. 그러지 마라. 만약 술을 계속해 마신다면 너를 이 집에서 나가도록 할 것이다. 그뿐만 아니라 우리 영지에서 멀리 쫓아내 버릴 것이다."

"아버지가 원하는 대로 하십시오. 저는 결코 포기하지 않겠습니다. 어디를 가든 저는 제가 마시고자 하는 술을 원 없이 마실 것입니다."

"좋다 아들아. 만약 네가 우리를 포기한다면 우리도 너를 포기하마. 우리는 너 대신 양자를 들여 우리의 명예와 재산을 물려주겠다."

아버지는 비장하게 말했다.

"네가 만약 우리 가족과 우리 가문보다 술이 더 좋다면 그래 가거라. 너는 이제 두 번 다시 우리 아들이 아니다. 우리의 인연은 끝난 것이다."

아버지는 울면서 법원을 찾아갔다. 그리고는 그가 상속자라는 권리를 박탈하고 집 밖으로 단호하게 쫓아내 버렸다. 그 순간 젊은이는 당연히 거지가 되었다. 시간이 감에 따라 점차적으로 넝마를 걸치고 먹을 것을 구하면서 길거리에 쓰러져 짐승처럼 잠을 잤다.

그러면서 힘들게 동냥을 한 돈으로 술을 사서 마셨다. 그의 몸은 나날이 여위어 갔고 끝내는 알아볼 수 없을 정도의 몰골로 전락했다. 그런 생활이 계속되어 가던 어느 날 그는 불쌍하게도 도랑에 빠져 죽은 채 그의 인생은 끝이 났다.

"폐하. 만약 당신이 저의 경고에 귀 기울이지 않는다면 그 젊은이처럼 될 것입니다. 당신은 이 왕국에서 모든 것을 다 잃게 될 것입니다."

"칼라하띠. 그래도 난 포기할 수 없다. 인육을 먹고자 갈망하는 나의 욕망을 제어할 수 없다. 내 이야기를 들어보게나."

얼마 전에 얘기한 그 수자타라는 이름과 동일한 이름의 이야기다. 히말라야 산자락에 5백여 명의 고행수행승들이 있었다. 그들의 수행이 얼마나 어렵고 힘들었는지 그것을 본 하늘의 제석천왕이 감동하여 직접 천인들을 데리고 지상에 내려온 적이 있었다.

그때 거기 결혼 적령기에 든 한 젊은이가 있었는데 그의 이름이 수자타였다. 그 수자타가 제석천왕이 데리고 온 여자천인들을 보고 그만 정신을 잃어버렸다. 그 여인들은 정말 지상의 여인들과 비교했을 때 말할 수 없을 정도로 더없이 아름다웠고 빼어나게 수려했기 때문이다.

그는 그 천녀들의 모습에 완전 환장해 버린 거지. 정말 미쳐도 단단히 미쳐버렸어. 그래서 보통의 정도를 넘어버렸어. 언제나 사람들에게 그 천인인 요정들을 데려오라고 소리쳤지. 그는 그런 여인이 필요하다고 하면서 먹지도 않고 마시지도 않고 버티다가 결국 굶어서 죽어버린 거야.

"이제 알겠나? 칼라하띠. 요정에 대한 그의 집착과 같이 나는 인육에 중독이 되어 버린 거야. 나는 모든 것을 다 잃더라도 인육은 포기할 수가 없어."

그래도 칼라하띠는 현 왕의 신하로서 그를 포기할 수 없었다. 어쨌든 그의 왕국을 오랫동안 지속시켜야 되겠다는 것이 그의 간절한 염원이었다. 그래서 다시 다음과 같은 예를 들어 그의 포악스런 식성을 바꾸고자 하였다.

옛날에 수천 마리나 되는 황금거위들이 시따쿠타 황금굴에 살았다. 비가 오는 우기에는 그들이 그 굴에서 나갈 수가 없었다. 그것은 날개가 젖으면 날 수가 없었기 때문이다. 만약에 날게 될 때는 몸이 무거워져 바다나 땅에 떨어져 죽게 되는 것이다.

우기가 다가오자 그들은 호수 근처 들판에 모여 3개월 동안의 우기를 대비하여 마지막 살을 찌우고 있었다.

동굴에는 수레바퀴만 한 언나나비라는 거대한 독거미가 살고 있었는데 매년 수천 마리의 거위가 그 동굴로 들어가면 그 동굴 입구에다 튼튼한 거미줄을 치는 것이었다. 한 가닥 한 가닥의 줄은 얼마나 질긴지 꼭 소를 붙들어 매는 줄과도 같이 두껍고 강하기만 한 그런 줄이었다.

해마다 그렇듯이 그 거미도 우기가 다가오자 슬슬 거미줄을 칠 준비를 하고 있었다. 한쪽은 가두려고 하고 한쪽은 다시 나가고자 하는 싸움이 시작된 것이다.

황금거위들은 그런 환경 속에서 살아가면서 터득한 것이 있었다. 비록 그 줄이 질기고 강하더라도 힘센 거위가 작정을 하고 큰 힘을 쓰면 그 줄이 끊어진다는 것을 알고 있었다. 그러니까 아주 강한 거위의 힘이 있으면 그런 줄이 몇 개라도 어떻게든 잘라버릴 수 있다는 것을 터득한 것이다.

거위들은 젊고 힘센 수컷 한 마리를 뽑았다. 그리고 다른 거위들보다 영양가가 많은 먹이를 두 배나 먹이면서 힘과 근력을 키우도록 하였다. 그것은 우기가 끝나고 밖으로 나갈 때 그 거위가 선두에 서서 동굴 입구에 쳐진 거미줄을 끊도록 하기 위해서였다.

그런데 그 해는 특이하게 우기가 네 달이나 더 길어지는 것이었다. 그러자 거위들이 비상식량으로 쌓아 놓은 먹이창고가 완전히 바닥이 나버렸다. 그래서 거위들은 앞으로 어떻게 해야 할지 심각하게 논의하기에 이르렀다.

그들은 어떻게든 살아남아야 한다는 데 의견을 모으고 먼저 힘없는 새끼를 골라 젊은 수컷의 먹이로 내어 주었다. 그래도 하늘이 맑아지지 않자 이제는 늙고 병든 거위들을 잡아 먹었다.

그것은 큰 잘못이었다. 젊은 거위는 어쩔 수 없이 그 고기를 받아 먹었지만 동족을 잡아먹은 생체근육은 반대로 더 약해져가는 결과만 낳았던 것이다.

네 달이 지나 우기가 끝날 즈음 거미는 평균 네 줄에다 한 줄을 더 추가로 치는 시간을 벌었다. 비록 남들보다 더 많은 먹이를 공급받은 젊은 수컷이라 해도 한창 혈기를 발산할 시간을 놓치고 거기다 종족의 고기를 먹다보니 유전자 변이 때문에 겉으로는 탄탄한 근육이 드러났지만 힘은 그 전보다 더 약하고 부실하였다.

드디어 하늘이 맑게 갠 날 수컷은 제일 먼저 그 줄들을 끊어버리려 선두에 섰다. 힘찬 날갯짓으로 죽을힘을 다해 돌진하였지마는 겨우 한두 가닥의 줄만 끊고 말았다. 나머지 줄은 끄떡없다 보니 그 자신이 거기에 도로 걸려들고 말았다.

거대한 거미는 즉시 그의 머리를 자르고 피를 빨아 마셨다. 다른 거위들은 더없이 약해져 있었기에 나머지 줄들을 뚫고 밖으로 탈출할 기력이 없었다. 거대한 거미는 이제 힘 안 들이고 하나하나 그들을 잡아먹었다. 결국 그 거위들은 한 마리도 남김없이 모두 다 끔찍하게 잡아먹히는 비극을 맞이하고 말았다.

"폐하! 문제는 거위만 멸종된 것이 아니라 그 거미도 그 다음해에 굶어죽었다는 것입니다. 해마다 몰려오는 거위가 그 다음해에는 단한 마리도 오지 않았기 때문입니다. 결국 거위도 동족을 잡아먹은 결과로 멸종되고 일정한 개체수를 놓아줬어야 하는 거미도 탐욕스런 욕심 때문에 결국 굶어죽고 말았던 것입니다.

폐하! 당신도 지금 그 입장에 놓여 있습니다. 국민 한 사람씩 다 잡아먹으면 결국 국민도 없어지고 당신도 굶어죽게 될 것이기 때문입니다. 그러므로 그 종족을 잡아먹는 야만적 식성은 반드시 그쳐야 합니다."

"칼라하띠!"

브라마다따 왕은 또 다른 예를 들어 자기의 처지를 변호하려고 하였다. 그때 이 대화를 듣고 있던 의회의 원로들이

"칼라하띠 장군! 당신 지금 뭘 하고 있는 거요? 저 사람이 우리들 왕이오? 아니면 사람을 잡아먹는 사악한 야차요? 더 이상 다른 변명은 필요 없소. 그냥 살인을 계속하겠다면 우리는 그를 죽일 수밖에 없소."

어쩔 수 없이 칼라하띠 장군은 마지막으로 왕의 가솔들과 법원판사들을 한자리에 불러 모았다. 고아한 왕비와 잘생긴 왕자들, 그리고 아름다운 공주와 여러 왕족들 앞에서 칼라하띠 장군은 최후의 읍소를 하였다.

"폐하! 여기 당신이 진정으로 사랑하는 가족들이 있습니다. 그리고 여기 당신의 고문들과 충신들이 있습니다. 이 사람들은 당신이 다 아끼는 식솔들입니다. 당신은 카시의 위대한 왕이십니다. 이런 탄탄한 나라가 오래도록 유지하려면 당신은 사람을 잡아먹는 식성을 지금 당장 그만두어야 합니다. 그렇지 않으면 우리는 당신을 축출할 것입니다. 이게 마지막 선처의 기회입니다."

이 마지막 경고를 들은 왕은 심각한 표정으로 회중을 조용히 둘러보고는 잠시 눈을 감고 고뇌의 시간을 가지는 듯하더니 결국 힘없이 고개를 저었다.

"여기 있는 자들이 더없이 고귀하다 해도 사람고기를 먹는 것보다 나에게는 더 중요한 것은 없소."

"그렇다면 당신은 나가야 합니다. 이 왕국을 떠나시오. 당신은 더 이상 우리의 왕이 아닙니다. 당신은 이제 카시의 시민으로 인정할 수 없소. 당장 떠나시오."

칼라하띠는 그에게 엄중하게 선언했다.

"알겠다. 나는 왕궁을 떠나겠다. 그런데 한 개의 청이 있다. 나의 칼과 요리사를 데리고 가도록 해 달라."

"좋소. 당신은 우리의 왕이었기에 마지막 배려를 해 주겠소. 당신이 쓰던 칼과 요리사, 그리고 솥과 바구니는 가져가도 좋소. 병사들이 당신을 카시의 국경까지 안내할 거요. 그래야 당신이 확실하게 우리 왕국을 떠나는 것이 되지 않겠소."

그렇게 해서 그는 그의 왕국으로부터 축출 당하였다. 그는 카시의 국경 너머에 있는 정글 속으로 들어가 거대한 반얀나무 아래에 자리를 잡고 기거하였다.

그리고는 길옆에 숨어서 오고가는 여행자나 장사꾼을 노렸다. 그들은 그에게 속절없이 당해 사지가 절단된 상태로 요리사에게 던져졌다. 요리사는 그것을 삶고 요리하여 왕에게 올렸다. 왕은 요리사에게만큼은 여전히 왕으로 군림하고 있는 것이었다.

그로부터 얼마 지나지 않아 그는 악명 높은 살인자로 도처에 알려졌다. 그래서 그가 칼을 들고 누구에게든 나는 포리사다라고 외치면 제 아무리 심장이 강한 자라 하더라도 그 자리에서 졸도해 버리거나 꽁지가 빠지도록 도망을 가야 겨우 목숨을 건지는 것이었다. 포리사다라는 말은 살인자라는 뜻이다.

그러던 어느 날 피할 수 없는 사건이 일어났다. 포리사다가 지나가는 행인 하나도 발견하지 못하고 빈손으로 터덜터덜 돌아오는 것이었다. 이런 일은 처음 있는 일이었다. 언제나 사람을 잡아 바스켓에 담아서 요리사에게 던져 주었는데 이번에는 특이하게 완전 빈손으로 돌아온 것이었다.

"무슨 일이십니까? 폐하."

의아하게 생각한 요리사가 물었다.

"아무것도 아니다."

왕은 덤덤하게 대답하면서 평상시처럼

"물을 끓여라."

라고 명령을 했다.

"고기는 어디에 있습니까?"

"걱정마라. 고기는 이미 준비되어 있다."

순간 요리사의 얼굴이 흙빛으로 변하면서 식은땀이 등골을 타고 흘러내렸다. 이 앙굴리말라의 전생 이야기는 다음 4권으로 계속해서 이어진다.

別記 若通作染淨者 何故唯說具足性功德 不說具足性染患耶

만약에 염정에 다 통한다면 어찌해서 오직 성공덕만 구족했다고 하고 성염환은 구족했다고 설하지 않으셨는가?

만약에 이 본각성이 중생과 부처의 세계에서 함께 작용한다면 왜 본각에 성공덕만 구족했다고 하느냐고 물었다. 성공덕은 본각의 본성이 갖고 있는 무량한 성품의 공덕을 말한다. 이것은 **능가경**에서 본각에는 모든 성품의 공덕이 다 갖추어져 있다고 하신 것을 언급한 것이다.

그런데 어찌 중생이 갖고 있는 성염환은 언급하시지 않았느냐는 것이다. 성염환은 본성이 갖고 있는 불각과 중생을 만들어 내는 무명을 말한다.

이 본각성이 양면으로 다 작용한다면 성공덕과 성염환을 함께 갖고 있다고 해야 할 터인데 왜 한쪽인 성공덕만을 언급하셨느냐는 것이다.

別記 答 此理通與染淨作性 是故唯說具性功德 是義云何 以理離淨性 故能隨緣作諸染法 又離染性 故能隨緣作諸淨法

답해 주겠다. 그 근본 속성은 염정을 만드는 성질이 된다. 그렇기 때문에 오직 성공덕만 설하였다. 그 뜻이 뭐냐 하면 이치적으로 淨을 떠난 성품이다 보니 인연 따라 모든 염법을 만들어 내고, 또 染을 떠난 성품이다 보니 인연 따라 능히 모든 정법을 만들어 내는 것이다.

본각이 갖고 있는 속성의 성질은 사실 두 세계를 다 만든다고 하셨다. 즉 본각은 중생세계도 만들고 부처의 세계도 만든다고 한 것이다. 그 이유는 이 본각성이 한쪽에만 치우쳐 있지 않고 양쪽에 다 있다는 것이다.

이것은 똑같은 물인데도 약수처럼 수액이 되어 사람을 살릴 수도 있고 술처럼 사람을 타락시켜 버릴 수도 있는 것과 같다.

물을 다루는 사람에 따라 물이 각양각색의 모습으로 나타날 수 있는 것처럼 이 본각성을 쓰는 사람에 따라 천차만별의 모습으로 나타나게 된다. 그것을 둘로 나누었을 때 결국 중생과 부처로 나타나는 것이다.

別記 以能作染淨法 故通爲染淨性 由離染淨性 故唯是性功德 何以得離染淨性乃成諸功德 取著染淨性皆是妄想故

능히 염정의 법을 만들기 때문에 염정의 성품에 통하는 것이다. 염정을 떠난 성품은 오직 성공덕인 것이다. 어째서 염정을 떠난 성품이 모든 공덕을 성취할 수 있나. 염정의 성품에 취착하면 모두 망상이 되기 때문이다.

물은 집착을 벗어나 있다. 맑고 탁한 그 어느 것에나 다 들어가 희석된다. 그것은 한 쪽만을 집착하는 경직성을 떠난 유연성이다. 그런 유연성이 범부의 마음속에 들어 있는데 왜 범부는 살아보지도 않은 부처의 삶은 아예 포기하고 꼭 범부의 삶에만 집착하나.

물이 청탁의 세계를 벗어나 있듯이 우리 마음의 본각은 염정의 세계를 초월해 있다. 어느 한 곳만을 집착하면 그것은 본각의 절대성과 무변성이 아니다. 그러므로 본각은 세상 전체다. 그래서 공덕이라는 공덕은 다 가지고 있다 라는 의미에서 성공덕을 구족해 있다 라고 하는 것이다.

사실 염정을 떠난 성품은 일체의 공덕을 다 포용해 있다. 아무리 부처의 세상이 대단하다 하더라도 중생을 떠난 부처의 세계는 중생 쪽에서 보면 완전 무의미하다. 그것은 중생세계를 떠나 있기에 전체 가 아니다.

누누이 말하지만 본각은 전체다. 이것을 위에서는 허공계와 같다 라고 표현하고 있다. 허공을 떠난 것이 없듯이 본각을 떠난 공덕은 없다. 그래서 모든 공덕을 성취해 있다 라고 한 것이다.

이런 본각이 어느 한 쪽만을 취착한다면 그것은 허공을 갈라 한 쪽만을 수용하는 것과 같다. 그러므로 성사는 염정 어느 것에라도 취착하면, 즉 집착하면 본각이 갖고 있는 성공덕은 하나의 망녕된 생각에 그치고 만다 라고 하신 것이다.

海東疏 △此下第二廣釋二覺 於中先釋始覺 後廣本覺

이 밑으로는 두 번째로 두 각을 널리 풀이한다. 그중에서 먼저는 시각을 풀이하고 뒤에는 본각을 광범위하게 설명한다.

첫 번째는 간략하게나마 깨달음이란 각에 대하여 개괄적으로 풀이 하였다. 이제부터는 본격적으로 두 각을 다각도로 풀이할 것이다. 두 각은 시각과 본각이다.

海東疏 初中有三 一者總標滿不滿義 二者別解始覺差別 三者總明 不異本覺

처음 가운데 셋이 있다. 첫 번째는 만과 불만에 대한 것을 묶어서 풀이하고 두 번째는 따로 시각에 대한 차별을 해석한다. 세 번째는 그것들이 본각과 다르지 않다는 것을 묶어서 밝힌다.

　시각은 깨달음이다. 滿만과 不滿불만이라는 뜻은 깨달음의 정도를 말한다. 만은 완벽한 깨달음이고 불만은 덜 완벽한 깨달음이다. 그 다음에 시각에는 어떤 종류의 깨달음이 있는지를 밝혀 준다. 그리고 마지막에 가서는 그 깨달음은 결국 본각과 같다는 것으로 각에 대한 풀이를 매듭짓고 있다.

㉠ 시각

A. 구경각

起信論 又以覺心源故 名究竟覺 不覺心源故 非究竟覺

심원을 깨닫게 되면 구경각이고 심원을 깨닫지 못하면 구경각이 아니다.

　사람들은 깨달음에 대하여 대단히 관심이 많다. 오늘도 수많은 사람들이 다 자기들 나름대로의 깨달음을 원하고 있다. 그만큼 깨달음의 사상이 알게 모르게 군중 속에 깊이 스며들어가 있는 것이다. 그 역할을 톡톡히 해 준 것이 바로 불교의 조사선 영향이다.

　불교는 입만 열면 깨달음에 대한 이야기다. 그중에서도 조사선의 깨달음은 아주 특별하고 이색진 데가 많다. 그런 깨달음은 입으로 글로 수없이 많은 사람들 속에서 회자되어 왔다.

　그렇다면 도대체 무엇을 깨닫는다는 말인가. 깨닫는 대상은 마음이라고 잘도 대답한다. 마음을 깨달으면 부처가 된다?! 마음이 어떠하기에 그것을 깨달으면 부처가 된단 말인가.

기신론에서의 마음은 제8 아려야식이다. 그것이 마음의 기원이다. 마음은 여기서부터 시작한다. 그러므로 마음의 근원은 이것이다. 이 마음이 왜 생겼는지를 깨달아버리면 더 이상 마음의 요동에 미혹되지 않는다. 그러면 모든 것으로부터 자유로워진다. 그래서 이것을 깨달으면 구경각이라고 한다고 하였다. 구경각은 부처의 깨달음을 말한다.

마음의 근원, 제8 아려야식 속에 불생불멸하는 성질과 생멸하는 성질이 뒤섞이어 있다. 왜 그것이 처음부터 그렇게 뒤섞여 있었는지를 깨달아버리면 부처가 된다고 했다. 그 부처의 각을 구경각이라고 한다는 것이다.

구경은 최고의 끝 지점을 말한다. 즉 깨달음 중에서 가장 극지점의 깨달음을 말하는데 그 극지점이 바로 마음의 근원이다. 그래서 본문에서 마음의 근원을 깨달으면 부처가 된다고 한 것이다.

海東疏 總標中言覺心源故名究竟覺者 在於佛地 不覺心源故非究竟覺者 金剛已還也

묶어서 표시한 것 가운데서 말한 심원을 깨달으면 구경각이라고 한 것은 불지에 있으니 그런 것이고, 심원을 깨닫지 못하면 구경각이 아니라고 한 것은 금강의 상태로 일정한 시간이 지난 후에야 환원하니 그런 것이다.

심원을 알게 되면 깨달음을 이루고 그 자리는 부처의 자리가 된다. 그 깨달음을 구경각이라고 한다. 더 이상의 계위는 없다. 그 깨달음이 정점이다.

그런데 재미있는 사실은 근래에 어느 신흥종교 교주는 석가는 70퍼센트만 깨달았다고 한다. 물론 자기는 나머지 단계인 30퍼센트를 다 깨달아 석가 이상의 완전한 선생이 되었다고 했다. 그러니까 석가는 미완의 성자라는 것이다.

부처님은 이렇게 말하는 이상한 사람이 말세에 나올 줄 미리 알고서 내가 깨달은 이 깨달음 외는 더 이상의 깨달음은 없다고 그렇게 강조하셨던 것이다.

그리고 계율에서도 가장 큰 거짓말은 깨닫지도 못한 자가 깨달았다고 사람들을 속이고 기만하는 것이라고 하셨다.

그런데 이 이상한 사람의 호칭은 선생이다. 강증산은 세상 위의 황제라는 뜻으로 상제라고 부르는데 이 사람은 고작 호칭이 선생에 머물러 있다.

대단히 겸손하고 겸양스런 호칭일 수 있겠지마는 이 속에 다른 뜻이 들어가 있다면 사정은 달라진다. 즉 유교의 교주 공자도 선생이고 도교의 교주 노자도 세칭 선생으로 통하기 때문이다.

이 분이 창제한 교리를 배운 사람은 지금 이 세대에 아마 수만 내지 수십만은 될 것이다. 그것도 모두 고등교육을 받은 자들이다. 하나의 신흥종교 교리를 이렇게 지성인들이 짧은 시간에 그것도 자기 돈을 들여가면서까지 체계적으로 배운 사례는 건국 이후에 그 어디에도 없다.

아무리 특정 기관에서 어떤 가산점의 혜택을 준다고 해도 그렇게 많은 사람들이 단절 없이 그것을 계속 배운다는 것은 그만큼 그 교리가 나름대로 특별나고 신선했기 때문이다.

그분의 개인적 인격을 폄하하고자 하는 것이 아니다. 자기가 얻은 깨달음의 수준이 부처보다도 더 높다고 하니까 거기에 대한 반박의 논리를 지금 펴고자 하는 것이다.

부처가 살아 계실 때의 인도에 파탄잘리라는 거대한 외도의 성자가 있었다. 그리고 그에 맞먹는 제바달다가 있었다. 그 외에도 유명한 종교지도자가 만든 6개의 종파가 있었고 그 밑으로 96종의 또 다른 세력을 가진 종교지도자가 있었다.

그들의 공통점은 모두 부처를 한없이 질시하고 경시하다가 끝내는 모두 다 하나같이 당신은 대각을 이루신 분이 틀림없다고 일제히 굴복했다는 사실이다.

부처는 그들을 하나하나 깨달음의 위력으로 굴복시켜 나갔다. 해가 뜨면 도깨비불과 반딧불은 사라지기 마련이다. 큰 불덩이가 솟아오르면 천지를 누르던 어둠이 사라지는 것처럼 그들의 무지와 그들의 궤변은 실체 없이 허물어져 갔다.

그래서 부처님을 종교적으로나 사상적으로나 설법적으로나 가장 큰 성자로 떠받들어 왔는데 2500년이 지난 지금 어떤 사람이 나타나 자기가 그 부처보다도 더 크게 깨달았다고 하니 도대체 이걸 어떻게 받아들여야 하나.

부처의 깨달음은 일시적 용출이 아니다. 그것은 상상할 수 없는 오랫동안의 수행을 거쳐야만 가능하다. 그 수행의 진전도를 진리의 세계에서 여실히 관찰하는 분들이 있다. 바로 먼저 깨달음을 이뤄 부처가 된 분들이다. 그분들이 부처가 될 수행자를 언제나 세심히 주시하고 있다.

그러다 수행이 익고 깨달음의 그릇이 될 것 같으면 그에게 나타나 따뜻이 격려하고 호념한다. 그리고 중단 없이 가행정진을 하도록 위호하며 수기를 준다. 그 수기를 받아야만 부처가 된다.

그렇게 해서 중생세계에 한 분의 부처가 탄생한다. 물론 석가모니 부처님도 그런 과정을 거쳐서 부처가 되어 네 가지 희유를 갖게 되셨다. 그 네 가지 희유를 말한 **금강경간정기**를 한번 살펴보자.

첫 번째는 시간적으로 정말 희유하다는 것이다. 사람의 수명이 2만 세 때 가섭부처가 이 세상에 출현하셨다. 그리고 100년마다 1년씩 감세가 되어 사람의 수명이 백 세가 되었을 때 석가모니부처가 태어나셨다.

중생은 그 부처님의 은덕을 입어 더 이상 수명이 아래로 내려가지 않고 100년에 1년씩 증세가 되어 사람의 수명이 8만4천 세가 된다. 그때 미륵부처가 탄생한다. 결과적으로 가섭부처와 미륵부처 사이에 석가모니부처님이 탄생하시어 가장 박복하고 가장 무지한 중생을 기적적으로 회생시켜 주시었다는 것이 첫 번째의 희유가 되는 것이다.

두 번째는 장소가 정말 희유하다는 것이다. 삼천대천세계 가운데서 유독 이 땅을 택해 태어나셨다.

그분은 백억이나 되는 사천하의 세계와 백억이나 되는 수미산세계와 백억이나 되는 일월세계와 백억이나 되는 육욕천과 백억이나 되는 범천세계를 다 제쳐두고 특이하게도 가장 척박한 이 지구상에 출현하셨다는 것이다.

세 번째는 공덕이 정말 희유하다는 것이다. 그분은 복덕과 지혜가 완벽하게 원만하시어 그 누구도 그분께 대적할 자가 없다. 밖으로는 수많은 세월 동안 바라밀을 닦으셨고 안으로는 불가사의한 정법의 훈습을 하셨기에 그 수승하기가 가히 절대적으로 無上한 존재가 되었다.

그래서 **법화경**에 내가 얻은 바 지혜는 미묘하기 이를 데 없다. 그것은 최승이며 제일이다. 그 얻게 된 바의 법은 정혜력이며 장엄이다. 이것으로 중생을 제도하며 스스로 무상도를 증득했다고 하셨다. 그런 부처님의 공덕은 말과 글로 다 표현할 수 없을 정도로 끝남이 없다. **화엄경** 게송이다.

刹塵心念可數知찰진심념가수지
大海中水可飲盡대해중수가음진
虛空可量風可繫허공가량풍가계
無能盡說佛功德무능진설불공덕

우주 속에 먼지같이 많은 세상을 다 세고
중생 마음의 번뇌 망상 수를 다 헤아리고
큰 바닷물을 다 들이마시고
허공의 크기를 다 알고
바람을 낚아채는 그런 자가 있다 하더라도

부처님이 갖고 계시는 공덕은
다 말할 수 없다.

네 번째 희유는 자비를 써서 중생을 제도하시는 것이다. 교묘한 방편과 수많은 종류의 육신을 나투면서 수기설법을 하신다. 수기설법은 상대방의 근기와 눈높이에 맞추어서 그들을 제도하는 것이다.

그분은 전혀 중생들을 겁박하지 않으신다. 누구처럼 언젠가 심판하겠다는 엄포도 놓지 않으신다. 두고 보겠다는 공포심도 조장하지 않으신다. 그분은 처음부터 끝까지 자비로 중생들을 이끄신다. 그래서 **열반경**에 대자대비가 그분의 성품이라고 하셨던 것이다.

그런 마음으로 45년 동안 무량한 설법을 무수한 기회에 무량한 중생에게 아무런 대가 없이 끝없이 베푸셨다. 그 시은으로 중생들은 오늘날까지 모두 다 자기 그릇만큼 분수에 맞는 이익을 챙겨 가고 있는 것이다.

이렇게 굉장하고 대단하신 부처님을 어느 간 큰 범부가 자기 기준으로 그분의 공덕과 지혜를 폄훼하고 대적하려고 하니 이것은 정말 땅속의 지렁이가 하늘을 나는 청룡을 무시하는 것과 같은 어이없는 도전이 아니고 무엇이겠는가.

잡아함경에 여래께서 설하시는 것을 믿고 따르지 않는 자는 어리석은 사람이다. 길이 괴로움을 받을 수밖에 없다고 하신 말씀을 되새겨봐야 할 것이다.

해동소에서 성사가 非究竟覺은 金剛已還금강이환이라고 하셨다.

이 금강이환을 두고 말들이 참 많다. 그냥 간단하게 금강의 상태로 있지만 이미 환원하기로 예약되어 있는 자들이라고 하면 될 텐데 여기에 복잡한 법수를 갖다 붙이는 바람에 이해하기가 상당히 어렵게 되어 버렸다.

이 문제에 불씨를 당긴 분이 바로 송나라 장수대사인 자선이다. 그분이 법장대사와 규봉대사의 **기신론의기**와 **기신론소주**를 풀이하면서 주석을 붙였는데 그것이 유명한 **筆削記**필삭기다. 거기에서 **非究竟覺**을 **金剛喩定**금강유정으로 풀이했던 것이다.

원효성사가 구경각을 설명하실 때 단순히 금강이환이라고만 하시고 더 이상 부연설명을 하지 않음으로 해서 그분의 심중이 정확하게 어떻다는 것을 알 수는 없다. 그런 상태로 **기신론**의 대가인 현수대사나 혜원대사마저 그냥 두었는데 별다르게도 자선대사가 그 금강을 금강유정으로 풀어버리니 그 후부터 그쪽 방향으로 해석이 쏠릴 수밖에 없게 된 것이다.

금강유정이라는 말은 금강삼매라고도 한다. 금강은 그 바탕이 견고하고 그 쓰임이 예리하다. 그러므로 금강은 일체의 번뇌를 자르고 능히 무명을 가를 수 있다. 이 파쇄의 능력 때문에 대승보살이 수행의 완성단계에서 최후까지 남아 번뇌를 일으키는 무명을 없애는 데 이 금강삼매의 선정을 쓴다.

부처가 되기 전 극미세한 번뇌를 없애고 극과인 불과를 증득하는 데 이것만큼 좋은 선정은 없다고 **대비사론**과 **성유식론**은 말하고 있는 것만 보아도 이 선정은 정말 최고의 극점 선정이 되는 것이다.

금강은 범어로 Vajra라고 하고 영어로 Diamond라고 한다. **대일경**

에서 이 금강은 지구상에 있는 그 어떤 물질보다도 강하다고 하셨다. 그뿐만 아니라 투명하고 무색하며 각종의 색채인 광휘가 나온다고 하셨다.

하지만 이것이 제석천 하늘에 가면 막강한 무기를 만드는 데 쓰이는 최적의 소재가 된다. 즉 밀적역사가 소지하는 금강저가 바로 이 다이아몬드 덩어리로 만든 무기다. 지상에서 최고의 무기를 쇠로 만든다면 제석천에서는 최고의 무기를 다이아몬드로 만든다는 말씀이다. **대승의장**에서는 이 금강에 14덕이 있다고 했다.

1. 能破다. 파괴하지 못하는 물상이 없다.
2. 能照다. 무슨 색상이든지 이 보석에 다 나타난다.
3. 中主다. 무생물 중에서 가장 **훌륭한** 중심물체가 된다.
4. 淸淨이다. 이것만큼 맑고 깨끗한 광물이 없다.
5. 體堅이다. 그 바탕이 강하고 야무지며 부패하지 않는다.
6. 最勝이다. 인간세상에서 최고로 비싸며 희귀하다.
7. 難測이다. 얼마나 값지고 고귀한지 가늠이 되지 않는다.
8. 難得이다. 쉽게 얻어지고 구해지는 것이 아니다.
9. 勢力이다. 갖고 있으면 힘이 솟아난다.
10. 不定이다. 일정한 장소에 머물지 않는다.
11. 能集이다. 수많은 공덕을 모은다.
12. 能益이다. 모든 사람을 이익되게 한다.
13. 莊嚴이다. 가진 자의 등급을 올려준다.
14. 無分別이다. 누구나 다 가질 수 있지만 그렇지 않기도 하다.

이러한 내용은 **열반경**에도 동일하게 말씀하시고 있다. 이런 뜻이 있기 때문에 우리 마음의 본성을 금강으로 표현하기도 한다. **금강경**도 마찬가지다. 우리 마음속에 금강과도 같은 불성이 원천적으로 들어 있다고 해서 **금강경**이라고 이름 붙인 것이다.

금강은 소화되지도 않고 없어지지도 않는다. 영원히 우리 마음속에 들어 있다. 그래서 실상경전에서 이 금강을 불성으로 비유했던 것이다.

그러니까 금강이환을 금강유정의 선정으로만 볼 게 아니라 이 금강불성은 자체적인 환원작용을 하고 있으므로 중생들 모두 다 언젠가는 제자리인 시각의 지위로 돌아오게끔 예약이 되어 있는 존재라고 보면 된다는 것이다.

그러므로 금강유정은 오로지 보살 중에서도 대보살인 보살마하살의 선정이지만 위에 말한 것처럼 금강을 불성으로 보면 보살뿐만이 아니라 일체중생 모두에게 해당되는 것이다.

그러면 이 비구경각의 범위가 보살을 넘어 중생 전체를 아우를 수 있다. 이것은 뒷부분에서 시각을 좀 더 세분화하는 것을 보면 그때 바로 이해가 될 것이다.

起信論 此義云何 如凡夫人覺知前念起惡故 能止後念令其不起 雖復名覺 卽是不覺故

그 뜻이 뭐냐 하면, 범부들이 과거 망념으로 인해 악한 행동을 일으켰다는 것을 깨달아 알고서 앞으로는 망념을 그치고 악한 행동을 하지 않는다면 그것이 비록 깨달음이라고 하지만 불각인 것이다.

시각을 크게 나누면 究竟覺과 非究竟覺이라고 했다. 그 非구경각 중에 하나가 나왔다. 그것은 불각이다. 불각은 깨달음 가운데서 가장 수준이 낮은 단계다. 그래서 이것은 범부들의 각이라고 한다.

이 깨달음은 범부들의 인과를 정확하게 보여주고 있다. 즉 범부가 고통 받고 있는 이유를 분명하게 짚어주고 있는 것이다.

범부들이 생로병사하면서 고통 받는 이유가 무엇일까. 이유 없이 생로병사를 할 수 있단 말인가. 아니다. 분명 그 이유가 있을 것이다. 먼저 생사의 고통으로부터 벗어나려면 그 이유부터 찾아내야 한다. 그 이유를 모른다면 연속해서 윤회의 세계를 고통으로 맴돌 수밖에 없다.

그 이유를 찾았다면 두 가지 삶의 길이 나온다. 하나는 알고도 그렇게 해야 하는 삶이고, 또 하나는 이제 두 번 다시 그렇게 하지 않겠는다는 삶이다. 이 두 삶 속에서 후자를 택하면 이제 깨달음을 얻는다. 하지만 깨달음이라고 하더라도 그것은 겨우 불각에 그친다고 원문은 말씀하시고 있다.

왜 그것이 불각이고 또 생사를 하는 원인이 무엇인지는 뒤따라 나오는 **해동소**에서 원효성사가 멋지게 풀이해 주실 것이다.

B. 비구경각

起信論 如二乘觀智 初發意菩薩等 覺於念異 念無異相 以捨麤分別 執著相故 名相似覺

관지를 가지고 있는 이승이나 초발의보살들은 망념의 異相을 깨달은 자들이다. 망념의 異相이 없게 된 것은 거친 분별과 집착하는 모습을 버렸기 때문이다. 그 깨달음의 이름을 상사각이라고 한다.

성문과 연각을 이승이라고 한다. 이 이승들은 직관력을 갖고 있다. 직관은 선정에서 나온다. 그래서 이승들은 늘 선정에 들어 있다고 **증일아함경**은 말씀하시고 있다.

기억이 나시는지 모르겠다. 범부와 성인이 힘을 쓰는 데는 여섯 가지가 있다면서 성사가 1권에서 이 경전을 인용하셨다. 거기에 보면 아라한은 언제나 선정에 들어 있다고 하신 말씀이 나온다.

소승에서의 이승과 대승에서의 초발의보살은 거의 같은 급이다. 그들은 거칠게 분별하는 분별심과 세상에 집착하는 마음이 없다. 초발의보살은 초발심보살을 말한다. 이분들은 10주에 올라간 현자들이다. 그들에게는 거친 분별과 집착이 없다.

분별도 거친 분별이 있고 섬세한 분별이 있는 것인가. 그렇다. 거친 분별은 세상의 모든 물상을 분별하는 것이고 섬세한 분별은 마음속에서 일어나는 번뇌의 분별을 말한다. 그러니까 10주에 올라가면 거친 분별이 없어진다는 말씀이다.

그렇다면 범부는 죽어도 분별을 갖고 있다는 말씀인가. 그렇다. 범부는 분별로부터 벗어나지 못한다. 제 아무리 대단한 집안의 어른도 제 아무리 똑똑한 선생이라고 해도 사람과 사물을 분별하는 분별심으로부터 벗어나지 못한다. 자기 딴에는 안 그런 척해도 범부는 이 분별심으로부터 절대로 벗어날 수가 없다.

집착도 마찬가지다. **혈맥기** 2권에서도 분명 언급하였지마는 범부는 집착으로부터 벗어날 수가 없다. 범부가 집착으로부터 벗어날 때는 두 가지 경우이다. 하나는 죽은 상태이고 또 하나는 현자가 되는 경우이다. 현자는 초발의보살로서 10주에 올라간 자를 말한다. 그 전에는 범부는 절대로 집착으로부터 벗어날 수가 없다.

異相이라는 말이 나왔다. 물질적인 세상은 성주괴공을 한다. 즉 인연에 의해 만들어졌다가 일정한 시간 동안 머문다. 그러면서 서서히 허물어지다가 마지막에는 없어진다는 이론이다.

그렇다면 정신적인 망념은 어떤가. 망념은 생주이멸을 한다. 먼저 일어나고 일정하게 머물다가 다른 생각과 섞인다. 그러다가 없어진다. 이 성주괴공과 똑 같이 망념은 네 단계를 거치지만 진행되는 이름이 다르다.

그러니까 범부의 생각은 망념이다. 망념의 일기는 생주이멸을 하면서 일어나고 사라진다.

범부의 망념은 滅相멸상까지 내려간다. 한 단계 위인 이승과 초발의보살은 異相이상에서 소멸되어 버린다. 왜 그런지는 **해동소**의 설명을 들으면 이것도 대번에 이해가 갈 것이다.

거친 분별을 버리고 세상에 집착이 없어지게 되면 정말 대단한 경지에 오른다. 그렇다 하더라도 깨달음의 계위에 들어가면 고작 상사각밖에 되지 못한다.

相似상사는 모습이 비슷하다는 뜻이다. 그러니까 그 깨달음은 진짜와 비슷한 깨달음이지 진짜의 깨달음은 아니다라는 것이다.

起信論 如法身菩薩等 覺於念住 念無住相 以離分別麤念相故 名隨

分覺

법신보살들은 망념이 주상에 있음을 깨달은 자들이다. 그래서 망념에 住相이 없다. 그것은 거친 분별과 거친 망념의 모습으로부터 벗어났기 때문이다. 그래서 그 깨달음을 수분각이라고 한다.

법신보살들은 1지보살부터 10지보살까지 전체를 말한다. 즉 1지인 환희지부터 10지인 법운지보살들이다. 이분들을 줄여서 보통 십지보살이라고 한다.

이 십지보살들은 망념이 住相주상 에 머무는 분들이다. 그러니까 망념이 생주이멸하는 일기에서 異相까지 내려가지 않고 주상에 머문다는 것이다. 그것을 깨닫다 보니 주상은 없어지게 된다. 그래서 원문에 주상이 없다고 하신 것이다.

이분들은 거친 분별과 집착은 말할 것도 없고 거친 망념까지도 완전히 벗어나 있다. 그런데도 깨달음은 아직 수분각에 머물고 있다.

수분이라는 말은 분수에 따른 각이라는 말이다. 다른 말로 하자면 수분각은 조금씩 깨달아 올라가는 과정의 깨달음이라는 뜻이다.

그러니까 수분각은 마치 초승달이 보름달이 되듯이 점점 나아갈수록 원만해져 간다는 의미이다. 마치 빈 그릇에 물이 차오르듯이 점차적으로 그 깨달음의 수준이 높아져 간다는 것이다.

起信論 如菩薩地盡 滿足方便 一念相應覺心初起 心無初相 以遠離微細念故 得見心性 心卽常住 名究竟覺

보살지가 다하면 방편이 만족되어져 일념과 상응한다. 그러면 처음 일어나는 마음을 깨닫는다. 그래서 마음에 초상이 없다. 그들은 미세한 망념을 멀리 벗어나므로 심성을 보게 된다. 그러면 심성이 상주에 즉합한다. 그것을 구경각이라고 한다.

방편은 복덕과 지혜다. 우리의 본성은 원초적으로 이 두 가지를 구족하고 있다. 하지만 이것이 무명과 죄업에 가려져 있다. 이제 이 때가 되면 먼지를 닦아낸 거울처럼 훤하게 드러나는 것이다.

그러면 일념과 상응한다. 일념은 마음의 한결같음을 말한다. 상응은 본각에 완벽히 계합된다는 뜻이다.

그러니까 본각에 아귀가 완전히 맞는 것을 말한다. 여기에는 망념이 없다. 망념은 구멍뚫인 뼈처럼 본체를 부순다. 범부는 망념을 쓰고 부처는 일념을 쓴다. 그래서 범부는 본각을 가리는 삶을 살고 부처는 본각이 드러난 삶을 사는 것이다.

본각의 근본지가 작동하면 마음이 왜 생겼는지를 바로 알 수가 있다. 그러면 두 번 다시 마음의 요동에 흔들리지 않는다. 마음의 속성은 요동이다. 그런데 그것을 속속들이 알아버리기 때문에 마음에 망념이 더 이상 작동하지 않는다. 그래서 마음이 만들어지는 첫 번째의 모습인 生相이 없다.

보살의 지위가 다해 버리면 그 다음 단계가 부처가 된다. 그들에게는 이제 번뇌를 일으키는 망념이 없다. 망념이 없으면 일념이 나타난다. 이것은 꼭 먹구름이 걷히면 태양이 나타나는 것과 같다. 그러면 본래의 성품을 볼 수 있다. 이것을 견성이라고 한다. 견성을 하면 자신이 상주와 하나가 된다. 그 상태를 구경각이라고 한다.

견성이라는 말이 나왔다. 見性은 그냥 그대로 자신의 본성을 본다는 말이다.

자신의 본성이 어떻다는 것을 봐 버리면 다시는 가짜의 자신에게 속지 않는다. 그것을 깨달음이라고 하고 해탈이라고 한다.

그런데 이 견성이 조사불교에 가면 그 뜻이 확연히 달라진다. 거기서는 화두수행을 해서 맨 처음 깨닫는 지위가 견성이라고 한다. 그러니까 대승불교의 논리와 완전 정반대가 된다.

대승불교에서는 수행의 마지막 정점이 견성이고 그것이 구경각인데 비해 조사불교에서는 초입단계에서 비교적 쉽게 견성을 하고 그 다음부터 피나는 정진을 계속해서 大悟를 한다고 한다. 물론 그 대오는 대각을 말하고 그 대각은 구경각을 의미한다.

기신론은 위의 원문처럼 견성을 하면 상주에 즉합한다고 하였다. 즉합이라는 말은 하나가 된다는 뜻이다. 그러므로 상주는 열반이기 때문에 견성을 하면 열반이 된다는 말씀이다.

사람들은 열반이라고 하니 죽음을 연상하는데 그렇지 않다. 열반은 모든 번뇌를 일으키는 무명이 사라져서 생사의 세계를 해탈해 자유자재한 상태를 말한다. 그러니까 **기신론**에서는 견성은 즉 열반이고 대각이며 구경각이 되는 셈이다.

원문에서 得見心性이라는 말이 있다. 여기서 得은 어조사다. 이 得은 뒤에 見의 뜻을 돋우어주고 있다. 그만큼 見이라는 뜻이 중요하다는 의미이다. 그러니까 心性을 본다고 했을 때 본다는 뜻에 방점을 두고 있다는 말씀이다.

견성은 得見心性의 준말이다. 견성을 하게 되면 상주한다고 한다.

중생세계에는 상주가 없다. 상주는 부처의 세계고 그 상태다. 그러므로 견성하면 열반이고 열반이 구경각이라고 하신 것이다.

起信論 是故修多羅說 若有衆生能觀無念者 則爲向佛智故

그렇기 때문에 수다라에서 말씀하시기를, 만약에 어떤 중생이든지 간에 자발적으로 무념을 본받아 나가면 불지를 향해 나아가는 것이 된다고 하셨다.

수다라는 산문체로 엮어진 일체 불경의 통칭이다. 보통 이렇게 수다라라고 하면 원효성사가 그 출처를 정확히 밝혀 주시는데 특이하게도 이 부분에는 특정한 언급이 없으시다.

내 생각에는 실상을 가르치는 모든 경전이 모두 이런 취지로 설해졌기 때문에 특별히 어느 경전만을 지목할 필요가 없으셔서 그냥 두신 게 아닌가 여겨진다.

실상경전뿐만 아니라 일체 경전이 중생들에게 말씀하시고자 한 핵심은 오로지 무념을 말한다. 즉 유념은 범부가 가지고 무념은 부처가 가진다. 유념은 망념이고 무념은 열반이다. 그러므로 유념이면 苦가 있고 무념이면 樂이 있다고 하는 것이다.

그래서 염생사고하는 중생이 구열반락하기 위해 무념을 원한다면 그는 부처의 지혜 쪽으로 나아가는 것이 된다. 부처의 지혜는 바로 열반을 의미하는 것이기 때문이다.

원문에 觀관이라는 말이 나온다. 사람들은 이 관을 글자 그대로 觀으로 해석하여 ― 무념을 관하는 자는 ― 이라고 해석하는데 그러면 틀린다. 여기에서의 관은 본받을 관으로 풀이해야 옳다.

海東疏 次別釋中 約四相說 此中先明四相 然後消文

지금부터는 따로따로 해석한다. 이 중에서 사상을 잡아 논하겠다. 먼저 사상을 밝힌 연후에 원문을 풀이하기로 한다.

시각을 풀이하는 대목에서 세 나눔이 있었다. 첫 번째는 설명이 되었다. 이제는 두 번째인데 시각을 나눠서 풀이하는 부분이다.

즉 앞에서 구경각과 비구경각을 묶어서 설명했고 지금부터는 그 두 가지를 좀 더 세분화해서 설명한다는 말씀이다.

성사는 이 대목에서 시각을 설명하기에 앞서 먼저 四相에 대하여 한번 짚고 넘어가자고 하셨다. 사상은 물론 생주이멸이다. 즉 生相 住相 異相 滅相 이것이 네 가지 모습이라고 해서 四相이라고 한다.

사물은 成住壞空성주괴공 을 하고 마음은 生住異滅생주이멸 한다고 했다. 이제 그 四相을 한번 심도 있게 살펴보자고 하는 것이다. 四相은 망념의 일기라고 앞에서 말했었다. 일기라는 말은 일어났다 사라지는 기간을 말한다.

海東疏 問 此中四相 爲當同時 爲是前後 此何所疑 若同時那 論說四相覺時差別 若前後那 下言四相俱時而有

묻겠다. 여기서 말하는 사상은 동시에 있는 것인가? 전후에 있는 것인가? 이것이 의문이다. 만약에 동시라면 이 논에서 四相을 깨달을 때 차별이 있다고 했다. 전후라면 아래 문장에서 四相은 동시에 있다고 했다.

　망념에 의해서 중생이 생겼다. 그리고 그 중생은 신극의 고통을 받고 있다. 그렇다면 그 망념은 어떤 과정을 거쳐서 중생을 고통 속에 있도록 하는가. 그 망념이 중생 쪽으로 내려오는 것을 순류하고 한다.

　이제 그 망념이 어떻게 작용해서 나를 고통의 구렁텅이로 빠뜨리는가를 확인하였다. 그렇다면 그 망념의 흐름을 거슬러 올라가 그 근원을 없애버려야 되겠다는 생각을 하기에 이른다. 그래서 역으로 마음의 근원자리로 올라가는 것을 역류라고 한다.

　역류를 하기 위해서 우선 순류 쪽으로 망념이 어떻게 내려오는지 한번 살펴보고자 하는 것이다.

　[海東疏] 或有說者 此依薩婆多宗四相 四體同時 四用前後 用前後故 覺時差別 體同時故 名俱是而有

어떤 사람은 살바다종의 사상을 말한다. 사상의 본체는 동시고 사상의 작용은 전후다. 전후기 때문에 깨달을 때 차별이 있고 동시이기 때문에 함께 있는 것이다고 한다.

　성사는 세 부류의 사람들을 언급하시고 있다. 첫 번째는 소승 부류 중에서도 가장 두각을 드러낸 살바다부를 들었다. 그리고 소승과 대승을 연결하는, 즉 소승에서 대승으로 넘어가는 과정 속의 대표적 논서인 **성실론**을 들었다. 마지막에는 대승의 교리를 들어 사상의 전후와 본체를 설명하셨다.

먼저 살바다부의 종지를 거론하셨다. 살바다는 소승 종파인 설일체유부를 말한다. 설일체유부는 부처님이 열반하시고 난 뒤 100년에서 400년 초까지 인도에 20여 개의 종파가 있었는데 그중에서 가장 괄목할 만한 교세를 가진 종파 중에 하나다.

중흥자는 불멸 300년 후 서북인도 왕족 출신 가다연니자이며 교리는 **발지론** 20권이다. 이 **발지론**을 해석한 책이 200권으로 된 **아비달마대비바사론**이며 설일체유부의 근본 성전이다.

살바다에서의 사상은 그 본체가 있고 전후가 있다는 전제 하에서 살펴본다. 망념은 본체가 있다.

그러나 분석하면 없다. 하지만 망념 때문에 세계가 생겼다. 망념은 없지만 세계는 있는 것이 아닌가. 이것이 바로 我空法有의 이론이다. 그들은 삼세는 진실로 있다. 그 법의 본체는 영원하다는 뜻을 세운다. 이 이론을 제대로 설명한 것이 **육족론**과 **구사론**이다.

결론적으로 四相은 있다. 시작과 끝의 작용이 있다. 그러므로 그 사상을 깨달아 올라갈 때마다 눈에 보이는 세계가 다르다. 그것은 마치 봉사가 개안수술을 받아 서서히 현상에 적응해 나가는 것처럼 처음에는 전혀 보지 못하지만 점차 사물이 또렷이 보이게 되는 것과 같다. 하지만 원천적으로 봉사는 없다는 논리다.

海東疏 或有說者 是依成實前後四相 而言俱時而有者 以本覺望四相 則無四相前後差別 故言俱時而有 皆無自立

어떤 사람은 성실종에서의 四相을 말한다. 전후에 사상이 있다. 함께 있다고는 하지만 본각 쪽에서 사상을 보게 되면 사상은 없다. 전후에 차별이 있기 때문에 함께 있어도 모두 스스로는 존립하지 못하는 것이다고 한다.

성실종은 하리발마가 제창하였다. 그는 4세기경에 중인도 바라문 가에서 출생하였다. 처음 그는 수론외도에 들어가 그들의 四相을 익혔다. 그 후 살바다부에서 수학하고 **발지론**을 연구하였다. 다시 마하승기부에 들어가 대승을 배우고 성실종을 세웠다. 그는 대소승의 교리를 모두 섭렵하고 새로운 교리를 집대성하였다. 그것이 바로 **성실론**이다.

성실론은 16권이다. 우주의 모든 현상은 거짓으로 존재하는 것이므로 결국 空으로 돌아간다고 정의한다. 이 정관으로 4체의 **實意**를 깨닫는다. 즉 8성도에 의하여 온갖 번뇌를 멸하고 무여열반의 경지에 오른다는 이론을 가지고 있다.

성실론은 마음도 세계도 모두 인연에 의해 나타난 것이라고 한다. 인연은 그 인연을 떠받치는 조연이 사라질 때 함께 없어져 버린다. 그래서 나와 세상이 거짓이라고 정의한다. 그러므로 현상적으로는 사상이 있다. 하지만 그 사상은 인연에 의한 것이다고 한다.

이 교리는 소승으로부터 다시 더 나아가 我空 너머 法空을 말했으므로 소승을 벗어나 대승으로 진입하는 단계라고 할 수 있다.

대승에서는 이 四相은 거짓으로 명명한 것이다. 곧 마음과 세상 같은 온갖 법은 스스로 생주이멸하는 인연에 의한 것이며 그것에 이름 붙인 것은 모두 거짓된 법이라고 정의한다.

참고로 원효성사도 이 **성실론**을 풀이하셨다. 본문만큼 장장 16권이나 쓰셨다. 사실 원효성사는 어느 특정한 교리나 이론에 국한되신 분이 아니기에 그분이 이 논서에 주석을 붙였다는 것이 그리 괴이할 일만은 아니다. 그분의 저술은 대소승을 뛰어넘어 있기 때문이다.

海東疏 或有說者 此是大乘秘密四相 覺四相時 前後淺深 所覺四相俱時而有

어떤 사람은 대승비밀에서의 四相을 말한다. 四相을 깨닫는 때에는 전후로 深淺심천 이 있지마는 깨달으면 四相은 동시에 있는 것이다고 한다.

대승비밀은 대승비밀부를 말한다. 비밀이라는 말이 붙은 것은 소승에서 보면 비밀스런 교리가 있는 것같이 보이기 때문이다. 하지만 대승에 올라와 보면 비밀은 없다. 모든 것이 그대로 완전히 드러나 있다. 이것은 꼭 어른들의 말이 아이들 쪽에서 보면 비밀스런 언어인 것처럼 보이지만 그들도 크면 똑같이 어른들의 언어를 쓰는 것과 같다.

대승비밀부의 대표적 논서는 **유가사지론 성유식론 십이문론 석마하연론** 같은 것들이다. 여기서의 四相은 있는 것 같지마는 없다. 四相은 망념에 의해 나타난 현상이기 때문에 근본적 실체가 없다. 그것은 꼭 안개와 같다. 안개에 가려 있으면 아무것도 볼 수 없지만 그것이 걷히면 실제의 사물이 드러난다. 그러므로 안개는 원래 없는 것이라고 한다.

是義云何 夫心性本來離生滅相 而有無明迷自心性 由違心性離於寂靜 故能生起動念四相

이런 뜻들은 무엇이냐. 심성은 본래 생멸상을 벗어나 있지만 무명이 자신의 심성을 미혹시켜 버렸다. 심성이 어긋나다 보니 적정에서 벗어나게 되었다. 그래서 動念이 일어나 四相이 생기게 된 것이다.

이제 대승기신론의 논지를 밝힌다. 위에 세 부류가 四相에 대한 그런 시각을 가지고 있다면 대승기신론은 어떠하냐는 취지다.

기신론의 논지도 마찬가지다. 우리 마음의 본성은 생멸하지 않지만 무명 때문에 생멸한다는 것이다. 이 무명이 작동하면 전혀 없던 四相이 생겨나고 그 사상의 흐름에 비례하여 그에 맞는 중생세계가 나타나게 된다. 이것은 꼭 전혀 없던 은벌레가 눈을 비빔으로 해서 허공에 난무하는 것과 같다.

四相無明和合力故 能令心體生住異滅 如似小乘論議之中 心在未來未逕生滅 而由業力引於四相 能令心法生住異滅 大乘四相當知亦爾

사상이 무명과 화합한 힘으로 심체로 하여금 생주이멸하도록 만든다. 이것은 마치 소승논장에서 마음은 미래에 있으므로 생멸하지 않지마는 업력의 힘이 四相을 끌어오다 보니 심법으로 하여금 생주이멸하게 한다는 것과 같다. 대승의 四相도 마땅히 또한 그렇다는 것을 알아야 한다.

붉은색 간판이 있다고 하자. 햇빛에 오래 노출되어 있으면 점차적으로 그 본연의 색이 탈색되어 간다. 그러다 더 오랜 시간이 지나면 옅은 분홍색으로 변색되어 가다가 마지막에는 간판인지도 모를 정도로 글씨 자체가 없어져 버린다.

간판과 햇빛이 만들어 낸 결과가 그렇게 된 것이다. 그 간판에는 원래 햇빛이라는 것이 없었다. 그런데 그것을 양지에 걸어 놓게 되면 햇빛이 즉시 작동하게 된다. 마음이라는 것은 원래 없었는데 무명이 본각을 건드리면 마음이 일어나 사상을 만들어 낸다는 말과 같은 것이다.

중생의 마음은 처음부터 불완전한 상태로 있었다. 기억하고 계시는지 모르겠다. 심생멸을 설명할 때 마음의 근원을 아려야식으로부터 시작한다는 것을 기억하고 있을 것이다. 그 아려야식에 생멸하는 불각이 들어가 있었다. 그 불각이 무명에 의해 사상을 끌어당기는 것이 바로 간판 글씨가 양지쪽에서 햇빛을 끌어당겨 자신을 파멸시켜 버리는 것과 같다고 하는 것이다.

海東疏 如經言 卽此法身 爲諸煩惱之漂所動 往來生死 名爲衆生 此論下文云自性淸淨心因無明風動 正謂此也

저 경에서 말씀하시기를, 법신이 모든 번뇌에 요동되어 생사에 왕래하는 것을 중생이라고 한다고 하셨는데, 이 논문 하단에 자성청정심이 무명풍에 의해 움직이게 된다고 한 말씀이 정확하게 그 말씀인 것이다.

저 경은 **부증불감경**을 말한다. 이 경은 반야부의 요체로써 우리의 마음은 원래 생사가 없다는 것을 설파하신 경전이다.

법신은 부처를 말한다. 법신이 번뇌에 의해 생사에 휘둘리고 있다. 다른 말로 하자면 부처가 번뇌에 의해 중생이 되고 그 중생이 생사의 바다에 자맥질하고 있다는 것이다.

참 괴이하고 이상하지 않는가. 법신은 부처의 순수모습인데 어떻게 그것이 객진번뇌에 휘둘려서 중생이 될 수 있다는 것인지 정말 이해할 수 없는 일이다. 그렇다면 지금 부처가 되어 있는 석가모니부처님도 언젠가는 번뇌에 휘둘리어 다시 중생이 될 수 있다는 말이 아닌가.

이 의문을 가세해 주듯이 저 밑에 **기신론** 원문에서도 자성청정심이 무명풍에 의해 움직인다고 하였다. 거기에서의 자성청정심은 바로 부처를 말한다. 그것이 무명의 바람에 의해 요동을 쳐서 중생이 되었다고 했으니 충분히 이렇게 의문을 품을 수밖에 없다. 그렇지만 좀 더 나아가면 이 문제가 시원하게 풀리게 될 것이니 여기서 그런 염려는 일단 거두시는 게 좋을 것이다.

海東疏 總說雖然 於中分別者 四相之內各有差別 謂生三 住四 異六 滅七

四相의 총론은 비록 그러하나 그것을 나누어 보면 四相 거기에도 각각 차별이 있다. 이를테면 生에 세 개, 住에 네 개, 異에 여섯 개, 滅에 일곱 개가 있다.

앞 총론에서 사상은 무명에 의해 거짓으로 만들어진 것이다고 하였다. 그 정의를 총론이라고 한다. 이제는 四相을 하나하나 떼어서 설명하기로 한다.

四相은 생주이멸로 망념이 첫 단계에서 중생 쪽으로 내려오는 과정이다. 망념에 의해 중생이 나타나 있다. 그런 망념을 단계적으로 설명한 것이 생주이멸의 순서다.

四相을 한 개씩 떼어서 설명하면 生에는 세 개의 번뇌가 있고 住에는 네 개의 번뇌가 있으며, 異에는 여섯 개의 번뇌가 있고 滅에는 일곱 개의 행위가 있다고 한다.

海東疏 生相三者 一名業相 謂由無明不覺念動 雖有起滅 見相未分 猶如未來生相將至正用之時

생상에 셋이 있다. 첫째는 업상이다. 이를테면 무명이 불각의 망념을 일으키는 단계다. 비록 기멸이 있지마는 견상이 나누어지기 전이다. 이것은 없던 생상이 현재에 나타나 정확하게 작용하는 시점이다.

임신을 했다. 응혈이 생기기 전까지는 알 수가 없다. 확인할 수 있는 단계까지 나아가기 전에 이런 알 수 없는 과정을 거쳐 간다. 그러다 징후가 보이고 결과가 나오면 그때서야 임신이라는 것을 알게 된다. 하지만 그 전까지는 그 어떤 전조현상도 밖으로 나타나지 않는다. 적어도 몇 주는 지나야 배아의 착상이 응혈로 나타나는 것이 확인되기 때문이다.

그러므로 응혈로 확인되기 전까지는 임신의 여부를 알 수가 없다.

그러나 뱃속에서는 계속적으로 배아가 성장하고 있다. 이 단계를 업상의 단계라고 한다. 즉 겉으로는 드러나지 않지마는 속으로는 열심히 작업하는 단계라는 것이다.

무명이 불각을 건드리면 망념이 일어난다. 업상의 단계는 건드리고 있는 단계다. 그러므로 아직 망념이 일어나기 전이다. 이것을 원문에서 비록 起滅기멸이 있지마는 견상이 나누어지지 않는다고 했다. 즉 비록 작업은 걸려 있지만 그것이 밖으로는 드러나지 않는 정도라는 것이다.

[海東疏] 二者轉相 謂依動念轉成能見 如未來生至正用時

둘째는 전상이다. 동념이 한 단계 더 나아가면 능견을 이룬다. 그것은 없던 생상이 현재에 나타나 정확히 작용하는 시점이 된다.

망념이 맨 처음 작용하는 단계를 업상이라고 했다. 이 업상은 표시가 나지 않는다고 앞에서 말했다. 그 다음 단계가 전상이다. 전상은 한 단계 중생 쪽으로 더 내려간 모습이다.

동념은 요동하는 망념이다. 망념이 드디어 능견을 이룬다. 능견은 주체를 말한다. 주체는 객체를 유발시킨다. 주체가 없다면 객체가 없다. 주체가 나오기 시작하면 동시에 객체가 나타나 버린다. 그 선후가 다를 뿐 이 둘은 같이 작용한다.

이제 평소에는 지각하지 못하던 망념이라는 것이 나름대로 작동하기 위해 아주 가까이에 나가와 있다. 업상의 단계에서는 망념이 있는지 없는지 모른다. 그러다 전상이 되면 주체가 생긴다. 그 주체인 망념이 견상을 일으킨다. 견상은 외부에서 일어난 그 무엇을 보고자 하는 욕망이다.

海東疏 三者現相 謂依能見現於境相 如未來生至現在時
셋째는 현상이다. 능견에 의해 경계의 모습이 나타난다. 그것은 없던 망념이 현재에 다다라 있게 되는 시점이다.

망념에 의해 중생이 나타난다. 그런 망념이 어떠한 과정을 거쳐 중생이 되었는지 망념의 단계를 차례대로 설명하고 있다. 첫 번째가 업상이고 두 번째가 전상이었다. 지금은 세 번째로 현상이다.

이 현상은 외부의 객관대상이다. 내부에서 전상이 작동하면 외부에 이런 객관대상이 나타난다. 그것을 현상이라고 한다. 현상은 글자 그대로 무엇이 나타난 모습이라는 뜻이다. 즉 전상인 주체가 나타나면 현상인 객체가 바로 나타나게 되는 것이다.

데카르트가 말했다. 나는 생각한다. 고로 나는 존재한다. 불교는 말한다. 나는 망념에 의해 존재한다. 그러므로 망념에 젖은 생각을 한다. 이 말은 주객이 완전히 다름을 의미한다. 즉 주체인 나의 요동만큼 객체인 세상이 나에게 나타난다는 뜻이다.

업상의 단계에서는 세상과 내가 구분되기 전이다. 이제 내가 나타나면 세상이 나타난다. 내가 전상이고 세상이 현상이다. 내가 없으면 현상은 없다. 내가 있으니까 세상이 나에게 나타나 있다. 이것이 전상에 의해 현상이 나타난다고 한 것이다.

임신을 예로 들면 어미와 태아가 분별되기 시작하는 단계다. 업상은 전혀 감을 잡지 못하고 전상은 혹시나 느낌이 이상하다 하면서 자신의 몸을 관찰하는 수준이다. 그러다 이제 태아가 있다는 것을 알게 된다. 이 단계가 현상이다. 즉 주체와 객체가 갈라지기 시작한 단계다. 이 말이 능견에 의해 경계의 모습이 나타난다고 한 것이다.

망념은 없었다. 그러나 본각과 불각이 함께 하면 불각이 움직이려고 한다. 하지만 자체 작동은 되지 않는다.

자동차가 만들어졌다고 해서 자동적으로 굴러가는 것은 아니다. 기름을 넣어야 가듯이 불각이 움직이려고 해도 작동이 되는 것은 아니다. 무명이 휘저어야 불각이 작동된다. 그 불각이 망념을 만드는데, 그 망념이 이 단계에서 또렷이 나타나는 것이다.

海東疏 無明與此三相和合 動一心體隨轉至現 猶如小乘未來藏心 隨其生相轉至現在

무명이 이 셋과 화합하여 일심의 본체를 요동시킨다. 이제 그 망념이 전상을 따라 현상까지 내려와 있다. 이것은 마치 소승의 미래장심이 생상을 따라 현재에 와 있는 것과 같은 것이다.

습기는 언제 어디서나 있다. 열기가 없으면 습기는 즉시 발동한다. 그러면 바로 곰팡이가 생긴다. 곰팡이를 덮어쓴 물체는 부패하고 부식한다.

무명은 일심이 자기 기운을 잃어버렸을 때 그 본체를 요동시켜 업식을 만든다. 여기서 자기 기운은 면역력과 같나. 즉 부처의 밝은 기운이 중생의 어둠으로 기울어 버릴 때다.

우리 마음은 밝음인 본각과 어둠인 불각을 동시에 갖고 있다고 했다. 그 가운데서 밝음이 그 기운을 잃게 되면 어둠은 잽싸게 밝음을 점령한다. 그 점령하는 상태를 업상이라고 한다고 하였다.

밝음이 완전히 점령되면 어둠만 남는다. 이 어둠을 전상이라고 한다. 전상으로 세상을 보면 세상은 온통 어두움으로 가득 차 있다. 이것이 바로 범부와 세상과의 상호관계다.

무명은 무지의 불교용어다. 범부는 무명에 덮여 있다. 그런 무지로 세상을 보면 세상이 하나도 밝게 보이지 않는다. 밝게 보이지 않으면 나아가야 하는 길이 나타나지 않는다. 그러면 밝은 유리를 보고 달려드는 벌과 같이 세상을 벗어나는 길을 찾지 못한다. 그것이 현재 범부가 사는 삶이다.

海東疏 今大乘中如來藏心隨生至現 義亦如是 此三皆是阿黎耶識位所有差別 於中委悉 下文當說 是名甚深三種生相

지금 대승 가운데서 여래장심도 생상을 따라 현상까지 내려오는데, 그 뜻 또한 이와 같은 것이다. 이 셋은 모두 아려야식의 계위에서 차별되게 있다. 자세한 것은 모두 하문에서 마땅히 설해 줄 것이다. 이것을 깊고 깊은 세 가지 종류의 생상이라고 한다.

소승의 마음은 미래장심이라고 하고 대승의 마음은 여래장심이라고 한다. 똑같은 장심이지만 미래장심은 현재 없던 것이 무엇에 의해 나타난다고 하는 말이고 여래장심은 근본적으로 중생이 갖고 있는 그 본성을 말한다.

미래장심은 마치 얼음이 형성되는 것과 같다. 얼음은 원래 없다. 하지만 물이 0도 이하로 내려가면 없던 얼음이 생긴다. 마찬가지로 마음이라는 것은 원래 없었다. 그러나 마음이 만들어지도록 인연을 만들면 없던 마음이 나에게서 생겨난다는 것이 미래장심이다.

그러나 여래장심은 물이 그냥 물로 있던 변화되어 얼음으로 있던 그 물의 본성은 축축함을 유지하고 있다. 그 축축함의 본성이 바로 물이듯이 범부로 있건 부처로 있건 여래장심은 한결같이 여래의 본성을 유지하고 있다는 뜻으로 여래장심이라고 부른다.

업상과 전상, 그리고 현상은 아려야식인 제8식의 계위에 있다. 이 셋의 성질은 범부로써는 알 수가 없다. 범부는 고작 눈앞에 나타난 현재의 상태에 반응하고 있는 수준이므로 이것은 범부의 세계가 아니다.

그것은 범부의 눈앞에 나타나기 전에 망념의 움직임을 말하고 있기에 그렇다. 그래서 범부에게는 그 뜻이 깊고 깊다고 한 것이다.

海東疏 住相四者 由此無明與生和合 迷所生心無我我所 故能生起 四種住相

주상에 넷이라 함은 이 무명이 생상과 화합함으로 주상의 마음을 일으킨다. 이로 인해 我와 我所가 없음을 모르게 한다. 그래서 능히 네 종류의 주상을 일으킨다.

불각은 무명을 끌어들이는 강력한 페르몬을 방출한다. 그러면 무명이 불각에 달려든다. 이 둘이 조합하면 망념이 생겨난다. 그 망념이 생상을 일으켰다. 거기에 다시 무명이 가세하면 이제 주상이 나타난다.

주상이 되면 주체와 객체가 나눠진다. 업상은 이 둘이 나누어지기 전이다. 그런데 무명이 더 작용하면 주체와 객체가 나타난다. 이것은 태풍이 일어나는 맨 처음에는 아주 자그마한 바람이지만 그것이 온도와 수증기를 빨아들이면서 점점 더 세력을 키워가는 것과 같다.

임신으로 말하자면 이제 태아가 생겼다는 것을 아는 단계다. 그 전까지는 임신인 줄 몰랐는데 이제는 나와 태아가 나눠지기 시작한다. 그러면 나는 주체가 되고 태아는 객체가 된다.

그때부터 나 홀로의 자유는 사라진다. 언제나 태아를 먼저 걱정한다. 하나가 아니라 둘로 나눠지면 그 순간부터 골치가 아프고 불안이 뒤따른다. 이제 원래는 나 홀로였다는 것을 잊어버리고 현실의 임신부 삶에 급급하게 된다.

我와 我所는 주체와 객체다. 아는 주체고 아소는 나에 의해서 나타나는 객관세계다. 원래 이 둘은 없다. 내가 없을 때는 분명 나와 나의 객관세계는 없다. 그런데 지금은 나와 나의 것과 나와 밖의 세계가 분리되어 있다. 범부는 이 범주 속에서 살고 있다. 이런 我와 我所의 삶은 언제나 고통과 번뇌를 유발한다.

海東疏 所謂我癡我見我愛我慢 如是四種依生相起能相心體 令至住位內緣而住 故名住相 此四皆在第七識位

이른 바 아치와 아견, 아애와 아만이다. 이와 같은 네 종류는 생상에 의해 능상인 심체가 움직여 주상의 지위로 내려간 것이다. 이 지위는 내면의 마음을 반연해 머무는 자리이기 때문에 주상이라고 한다. 이 넷은 모두 다 제7식의 지위에 있다.

아치는 나를 어리석게 하는 요소다. 아견은 내가 있다는 소견이고 아애는 나를 사랑하는 애착이다. 아만은 나를 드높이는 교만심이다. 이 네 가지가 住相의 단계에서 일어난다. 원래 구름은 없다. 수증기에 의해 구름이 만들어진다. 보이지 않은 수증기가 모여 구름을 형성한다. 그 수증기의 단계가 업상이다. 이제 형태가 만들어진다. 그것이 住相이다.

구름이 만들어지면 원래 없던 형용사가 따라 붙는다. 양털처럼 생겼다느니 새털 같다느니 먹구름이라느니 흰 구름이라느니 하는 온갖 이름들이 등장한다. 구름이 없으면 원래 그런 이름들은 없다.

마찬가지로 주체인 내가 생기면 나에 대한 구성성분이 만들어진다. 그것이 바로 네 가지가 되는 요소들이다. 즉 아치 아견 아애 아만이다. 이 넷은 원래 나에게 없던 것들이다. 내가 주체적으로 나타나면 이것들이 객체적으로 따라붙는다.

문둥이는 원래 없다. 그런데 문둥병에 걸리면 눈썹이 빠지고 피부가 짓무르고 고통이 따른다. 그러다 문둥병을 치료해 버리면 이런 이름들은 없어진다. 마찬가지로 주상의 넷은 我라는 것이 나타남으로 해서 일어난 독버섯과도 같은 것들이다.

사람들은 이 넷을 아주 자랑처럼 쓰고 있지마는 실상은 이 넷이 자기들을 죽여 버리는 끔찍한 역할을 한다. 아치만큼 무서운 것이 없는데 그들은 거기에 정말 관대하다. 왜냐하면 그것은 자기이기 때문이다. 자기의 무지인 아치는 바로 용서가 되지만 타인의 무지는 결코 용서하지 않으려 하는 것이 지금의 인간들이다.

아견은 내가 있다는 것이다. 하지만 나는 없다. 연극배우는 희곡에 의해 그 모습이 바뀐다. 맡은 역할에 의해 왕자가 되기도 하고 거지가 되기도 한다. 거기에 일정한 그 배우의 모습은 없다. 마찬가지로 육도를 윤회하는 중생치고 어느 특별한 자기 정체성을 갖고 있지는 않다.

인간으로 오면 인간으로 살고 축생으로 가면 축생의 껍데기를 덮어쓰고 사는 것이다. 그런데 어떻게 특정한 자기가 있을 수 있단 말인가.

그런데도 범부들은 현재의 자기가 자기인 줄 알고 있다. 아무리 업력으로 만들어진 대본에 의한 가짜 모습이라고 해도 한사코 현재의 자기가 자기 자신이라고 한다. 그래서 그들을 어리석은 범부라고 한다.

아애는 자기 사랑이다. 사실 자기 사랑이랄 것이 뭐가 있는가. 죄업으로 만들어진 현재의 모습이 뭐 그리 사랑할 만한 구석이 있단 말인가. 머리끝에서 발끝까지 어느 한 곳도 사실 맘에 드는 곳이 없다. 내 스스로를 봐도 모두 불합격품이고 불량품들이다. 그런데 어떻게 이것들을 사랑할 수 있단 말인가.

도자기 굽는 사람들은 자기가 원하는 작품이 나오지 않으면 사정없이 그것들을 박살내어 버린다. 그것은 잘못 만들어졌기 때문이다. 사랑하고 싶어도 사랑할 수 없는 작품들이어서 그렇다.

그런데 생명 있는 자기는 어떻게 할 수가 없다. 죽일 수도 없고 던져 버릴 수도 없다. 어디를 봐도 불량품인데 어떻게 하지를 못하고 평생을 같이 살아야 한다. 자동차 같으면 바로 바꿔 버릴 수 있는데 이 몸은 그렇지 못하니 그게 가장 큰 문제 중에 상문제가 되어 있다. 그렇다면 자신을 미워해야 한단 말인가. 그렇지 않다. 자신을 미워하라는 말이 아니라 자신을 알고 있으라는 뜻이다.

온몸에 부스럼이 있는 피부병 환자가 자신을 사랑할 수가 있는 것인가. 그 상태를 사랑하면 피부병을 고치고자 하지 않는다. 그 상태가 자신의 건강과 사회적 위상을 심각하게 손상시킨다는 사실을 안다면 어떻게든 그것을 고치려고 한다.

이와 마찬가지다. 현재의 자기 자신을 사랑하는 자는 자신의 원래 모습이 어떠했는지 전혀 감조차 잡지 못하고 있다. 그런 사람들을 위해 **대승기신론**은 쓰여졌다. 자신의 영혼과 육체는 문제투성이고 고통덩어리라는 사실을 빨리 알게 해서 그 원래의 완전상태로 돌아가도록 도와주는 것이 바로 **대승기신론**의 가르침이다.

중생은 망념이 만든 불량 작품이다. 그러므로 중생이 갖고 있는 모든 것은 전부 불량품인 셈이다. 마음도 생각도 몸도 감각도 전부 다 비정상적으로 움직인다는 사실을 빨리 알아차려야 한다. 그러면 현재의 자신을 사랑하는 것보다 현재의 자신을 도구로 삼아 진짜의 완벽한 나를 찾는 데 매진하게 된다. 지각이 있는 사람이라면 당연히 그렇게 해야만 하는 것이다.

마지막에 아만은 하등 보잘 것 없는 자신을 밖으로 내세워 사람들의 이목을 끌고자 하는 욕망을 말한다. 나에게도 그런 면이 있다면 그것은 바로 이 住相의 단계에서 망념이 만들어 낸 소산물이라는 것을 알아야 한다. 거기에 일곱 가지가 있다.

첫 번째가 교만이다. 자기보다 못한 자를 상대로 하여 우월감을 갖고 얕보는 심리를 말한다.

두 번째는 과만이다. 비슷한 자를 상대로 하여 은근히 자신의 가치를 내세우며 상대방을 깔보는 심산이다.

세 번째는 만과만이다. 자기보다 나은 자를 향하여 시기와 질투심을 품고 자신을 내세우는 심산이다.

네 번째는 아만이다. 이것이 바로 우리가 흔히 쓰는 거만이다. 다른 사람이 할 수 없는 일을 자신만이 할 수 있다는 우쭐거림이다. **아함경** 말씀이다.

Eradication of I conceit is indeed the highest happiness.
나의 교만을 없애버리는 것, 이것은 진정 최고의 행복이다.

다섯 번째는 증상만이다. 자신을 가치 이상으로 보는 것이다. 객관적인 시각으로 보면 전혀 아닌데 자기도취에 빠져 자신을 돋보이게 하는 우월심을 말한다.

여섯 번째는 비열만이다. 상대방 앞에서는 겸손을 떨면서 속으로는 비겁한 자만심을 품는 것이다. 특이한 것은 말은 언제나 자신이 보잘 것 없다고 하면서도 마음은 대단한 자기교만에 가득 차 있다는 것이다.

일곱 번째는 사만이다. 복덕과 지혜가 전혀 없는데도 세월만 오래

도록 보내었다고 관록과 이력을 내세워 아래 사람들을 깔보거나 얕
보는 심사를 말한다.

異相六者 無明與彼住相和合 不覺所計我我所空 由是能起
六種異相 所謂貪瞋癡慢疑見

異相에 여섯은 무명이 住相과 화합해서 계산하기 시작한다. 거기다
我와 我所가 空이라는 것을 알지 못하게 만들어 버린다. 이로 말미암아
능히 여섯 종류의 異相을 일으킨다. 소위 탐진치만의견이다.

계산하기 시작한다는 말은 머리를 굴린다는 뜻이다. 무명이 개입
되면 아무것도 아는 것이 없다. 무명은 어둠이다. 어둠이 들어가면
어디든 밝음이 없다. 그러므로 어둠인 어리석음이 계산하면 어리석
은 답이 나오게 되어 있다.

멀쩡한 눈에 눈가리개를 해 버리면 앞이 보이지 않는다. 어둡기
때문이다. 그러면 그때부터 사물을 더듬으며 감촉으로 알아맞히려
고 한다. 멀쩡하던 자신의 마음에 무명이 들어가면 세상이 온통 희뿌
옇게 변해 하나도 명확하게 보이지 않는다. 그러면 촉에 의지하고
머리로 계산할 수밖에 없다.

정상적인 시각을 가지면 걸어가는 길에 대해서 머리를 쓸 것이 없
다. 그냥 편안한 마음으로 발걸음을 옮기면 된다. 그런데 앞이 훤하
게 보이지 않으면 앞에 무엇이 있는지 정확하게 알지 못하므로 골이
깨지도록 머리를 써야 한다.

안개가 끼면 전방이 보이지 않듯이 무명이 마음에 끼면 도통 뭐가

뭔지 분간이 가지 않는다. 내가 어디에 있으며 어디로 가는지조차도 모른다. 그러다 보니 자기 집에서 뱅뱅 돌고 있다가 싱크대 밑에서 숟가락을 줍고 횡재를 했다고 하는 바보가 된다.

정상적인 두뇌라면 그 숟가락은 이미 내 것이라서 더 이상 나와 내 것이라는 생각의 분별이 없다. 그러나 비정상적인 두뇌라면 그것은 새롭게 주운 다른 숟가락으로 보인다.

망념이 異相의 지위까지 내려오면 이제 머리를 써야 세상을 살아갈 수 있다. 異相이 만들어 낸 것이 바로 貪嗔痴慢疑見탐진치만의견이라는 번뇌들이다. 소승의 아라한과 대승의 초발의보살은 이것들을 내면에 억눌러 놓고 있다. 그러다 범부까지 내려가면 드디어 행동으로 표출된다.

탐욕은 탐애다. 탐애는 물건에의 탐착과 이성에 대한 애욕이다. 이 둘은 결코 가질 수 없다. 물건은 허상이고 이성은 요동하고 있다. 이것은 제로섬게임이다. 결코 논제로섬게임이 될 수 없다. 범부의 세계에서는 승자라 해도 결코 독식할 수 없는 구조다. 그런데도 범부는 이 탐욕을 바탕으로 세상을 가지려고 한다.

모래따먹기라는 놀이가 있다. 모래를 한가득 쌓아 놓고 중간에 막대를 꽂는다. 그리고 두 명이나 세 명이 둘러앉아 그 막대가 넘어질 때까지 자기 쪽으로 조심조심 모래를 끌어오는 게임을 말한다. 중간에 꽂아 놓은 막대가 넘어질까 봐 마음을 졸이면서 한 움큼 끌어오고 또 끌어온다.

그러나 그게 다다. 놀이가 끝나고 일어설 때면 누구도 그 모래를 가져가지 못한다. 모래는 남고 아이들은 흩어진다.

범부들의 삶도 이와 마찬가지다. 그들은 흡사 모래따먹기 하는 삶을 살아가고 있다. 결과는 아무것도 없는데 심혈을 기울여서 그 모래들을 자기 쪽으로 어떻게든 끌어오려고 한다. 그것이 탐욕이고 탐애이다. **법구경** 말씀이다.

Greed is the cause of selfishness and avarice.
Selfishness is the cause of envy and jealousy.
Avarice is the cause of covetousness + the competitive spirit.

탐욕은 이기적인 마음과 허욕을 끌어들인다.
이기적인 마음은 시샘과 질투를 유발한다.
허욕은 탐애와 의미 없는 경쟁심을 일으킨다.

진심은 성질냄을 말한다. 세상에 뭐 하나 내 맘대로 되는 것이 있던가. 하나도 내 맘대로 움직이지 않는다. 자기 입안에 혀도 깨물리는데 어떻게 세상이 내 맘대로 돌아가질 수 있단 말인가. 그런데도 범부는 하루하루를 성질 속에서 살아가고 있다.

성질은 두 가지 형태로 나타난다. 하나는 밖으로의 표출이고 둘은 내면으로의 응어리다. 밖으로의 표출은 내가 갑일 때 가능한 일이고 안으로의 응어리는 내가 을일 때 속에 담아두는 일이다. **법구경** 말씀이다.

Ill-will is the cause of resent and anger.

Resentment is the cause of pride and revenge.
Anger is the cause of malice and strife.

나쁜 저의는 원망과 성냄을 끌어들인다.
원망은 교만과 복수심을 유발한다.
성냄은 적의와 불화를 일으키게 만든다.

어리석음은 만 악의 근원이다. 만 악은 천만 가지를 뛰어넘는 수를 말한다. 아니 이것보다도 더 수억만의 제곱 악을 만들어낼 수 있다. 사람들은 이 어리석음을 면하기 위하여 고작 학교를 간다. 분명히 말하자면 학교는 이 어리석음에 덧칠을 해 준다. 그러므로 학교에서는 절대로 어리석음을 없앨 수 없다.

바탕이 검은 물체에다 아무리 흰 물감으로 덧칠을 해 본들 그 바탕은 검은색에 그친다. 어리석음이라는 원천을 범부가 갖고 있는데 자꾸 지식으로 그것을 없애려 한다면 검은 도화지에 흰색의 크레용을 칠해 흰 도화지를 만들고자 하는 것과 같은 것이다.

어리석음의 바탕을 없애지 않고는 이 어리석음은 없어지지 않는다. 아무리 많이 배우고 아무리 많이 알아도 결국 그 지식은 어리석음에서 나온 것이기 때문에 아무짝에도 쓸모가 없다. 자칭 똑똑하다는 수많은 사람들이 마지막에 다 맥없이 죽어가는 이유가 바로 여기에 있다. **법구경** 말씀이다.

Delusion is the cause of attachment and fear.

Attachment is the cause of craving and lust.
Fear is the cause of superstition and intolerance.

어리석음은 집착과 두려움의 요인이 된다.
집착은 갈망과 욕망을 유발한다.
두려움은 미신과 편협된 사고를 일으킨다.

무지한 사람들은 기생충을 몸 안에 담고 함께 산다. 문화적인 사람들은 정기적으로 구충제를 먹는다. 몸속의 벌레는 자기가 아니므로 그것을 밖으로 버리기 위해서이다. 사람들의 수준은 딱 여기까지다. 그들은 몸만 챙긴다. 몸을 움직이는 것은 마음인데 그들은 몸만 자기 것이라고 여긴다.

이보다 한 수 더 높은 사람들은 마음속에 들어 있는 독소를 빼려고 한다. 그 독소는 탐진치라는 삼독이다. 이것은 보통의 의술로써는 뽑아낼 수가 없다. 오로지 불법이라는 특별한 비법으로 그 독소를 빼낼 수가 있다. 그러므로 그들은 절에 온다. 그 삼독의 독소를 빼내는 방법을 배우려고 하는 것이다.

회충 편충 요충 같은 기생충들은 사람의 피와 영양분을 빨아 먹는다. 탐진치는 중생의 마음을 파먹는다. 몸은 자동차처럼 갈아타면 되는 것이지마는 마음이 파괴되면 어쩔 수 없이 세세생생 고통과 신음을 안고 살아가야 한다.

구충제라는 것이 엄연히 있는데도 개화가 덜 된 사람들은 이상한 토속방법으로 몸속의 벌레들을 없애려고 한다. 석유를 마시거나 양

잿물을 먹어서 그 기생충들을 제거하려고 한다. 그로 인해 엄청난 신체적인 고통을 겪어야 한다.

불교가 이렇게 엄연히 있는데도 어리석은 사람들은 탐욕과 성냄, 그리고 어리석음을 제거하는 방법을 다른 데서 찾으려고 하고 있다. 그 삼독을 제거해 주기 위하여 불교가 나타나 있지마는 그들은 자기들의 철학과 학문을 가지고서 그 삼독을 관리하려고 한다. 그렇지마는 마지막에는 엄청난 정신적인 부작용의 고통을 겪어야 하는 단계로 진입한다.

결과적으로 삼독은 중생세계를 파괴한다. 탐욕은 원자로이고 성냄은 플루토늄이며 어리석음은 원자탄이 되어 중생세계의 내면을 파멸시키고 있는 것이다.

이제 탐진치와 교만의 설명은 끝났다. 다음은 의심이다. 범부는 의심 속에서 살아간다. 상대가 누구든 간에 혹시 나에게 손해를 입히지나 않을까 하는 의구심을 품고 있다.

범부는 이 의심을 버릴 수 없다. 의심하지 말라고 하거나 의심하지 않는다는 말은 다 공허한 말이다. 이 의심은 7식에 들어 있기 때문에 6식의 범부로서는 어떻게 할 수가 없다. 설령 부모 자식 간이라 할지라도 상호 간에 불신의 의심은 깨끗이 버리지 못한다. 서로가 항상 경계하며 의심의 끈을 잡고 사는 것이다.

다음은 소견이다. 소견은 범부가 세상을 보고 배운 자기 기준이다. 범부는 이것을 버릴 수 없다. 어떻게 만든 자기 기준인데 이것을 쉽게 버리거나 포기할 수 있겠는가. 억만 겁을 살아오면서 다듬고 다져온 자기 기준의 소견들인데 그렇게 쉽게 꺾이겠는가. 죽어도 좋다면서 끝까지 버티고 저항한다.

그래서 범부는 개개인이 아주 날선 소견들을 마음에 품고 있다. 그것들이 서로 부딪치면 겁날 정도로 무서워진다. 이 소견에 의해 상호 간에 반목과 갈등이 끊임없이 일어난다. 그 결과로 중생세계는 한시라도 편한 날이 없다.

하지만 원천적으로 이 소견들은 모두 다 틀린 고집이다. 왜냐하면 이 소견을 만든 세속의 모든 정보는 전부 다 절대적 기준이 될 수가 없는 것들이기에 그런 것이다. 세속의 기준은 시간과 환경에 따라 얼마든지 바뀌고 틀리어질 수 있는데 신념에 찬 무지한 범부는 그것을 모르고 자기가 만든 소견을 자기의 큰 똥고집 무기로 삼고 있다. 그래서 범부는 자기의 소견을 깔끔하게 버릴 수 없다.

범부의 소견은 6식에서 만들어져 7식에 축적된다. 이것은 10지인 초지가 되어야 일어나지 않는다. 그러다가 제7지인 원행지에 가서 완전히 떨어진다. 그러므로 범부에게 자기의 소견을 버리라고 말할 수 없다. 그것은 참새보고 곡식을 먹지 말라는 말과 같이 전혀 불가능한 꾸짖음이 되기 때문이다.

海東疏 如新論云 煩惱自性唯有六種 此之謂也
저 신론에 이르기를 번뇌의 자성은 오직 여섯 가지다 하였는데, 그것은 이것을 말하는 것이다.

신론은 **유가사지론**이다. 줄여서 **유가론**이라고 부른다. 미륵보살이 저술하고 무착보살이 엮은 100권 분량의 대승 논서다. 거기에 범

276

부의 마음은 여섯에 의해 움직여진다고 하였다.

번뇌가 무량하고 무변해도 그 뼈대는 이 여섯 가지에 기준을 둔다. 이 여섯 가지만 없애면 팔만사천 번뇌가 사라진다. 물론 이 여섯 가지도 일심에 뿌리를 박고 있다. 그러므로 일심만 없애 버리면 이 여섯 가지가 생겨나는 원천을 파괴해 버리는 것이 된다. 그것을 지금 설명하고 있는 것이다.

[海東疏] 無明與此六種和合 能相住心令至異位外向攀緣 故名異相 此六在於生起識位

무명이 이 여섯 가지와 화합해서 상주하는 마음으로 하여금 異相의 지위에 다다르게 한다. 그리고 밖으로의 반연을 끌어들인다. 그것을 異相이라고 한다. 이 여섯은 생기식의 자리에 있다.

술 취한 사람이 지나가면 모든 것이 엉망이 되어 버리듯이 무명이 작동하는 인생은 전 생애가 뒤죽박죽이 되어 버린다. 방향에 앞뒤도 없고 좌표에 좌우도 없으며 생활에 질서도 없고 생각에 규칙도 없다. 폭포 속에 떨어진 나뭇잎처럼 중심을 잃고 후회와 회한에 이어 절망과 탄식을 쏟아내며 일생을 소비한다. 이것이 무명을 안고 살아가는 범부의 보편적인 삶이다.

원문에서 常住하는 마음이라고 하였는데, 그것은 영원한 것을 뜻한다. 즉 상주는 열반이고 부처다. 이것을 무명이 이상에까지 끌어다 놓은 것이다. 그 힘은 강력한 태풍인 토네이도보다도 더 세고 더 무섭고 더 강하다.

무명이 탐진치만의견이라는 번뇌를 만들어 망념을 가속시킨다. 그렇게 하여 이제 異相의 단계까지 내려왔다. 숫자로 보면 1단계에서 3단계까지 내려온 셈이다. 하지만 아직도 이 망념은 머릿속에서 뱅뱅 돌고 있지 행동으로는 나타나지 않는다. 그래서 생기식의 자리에 있다고 한 것이다.

생기식은 제7식을 말한다. 이것은 끊임없이 외부의 세계를 반연한다. 즉 거울 속에 들어 있는 자신을 분석하고 탐색한다. 그리고 그에 대한 애착과 탐애를 일으킨다. 기억해 두어야 할 것은 거울 속에 비친 영상은 실체가 없다는 사실이다. 그것은 자신이 그렇게 만들어 놓았을 뿐이라는 거다.

海東疏 滅相七者 無明與此異相和合 不覺外塵違順性離 由此發起 七種滅相 所謂身口七支惡業

멸상에 일곱은 무명이 이 異相과 화합한 결과로 외부세계가 위순의 성품을 떠나 있다는 것을 알지 못하게 만들어 버린다. 이로 말미암아 일곱 종류의 멸상을 일으킨다. 말하자면 몸과 입으로 짓는 일곱 가지의 악업이다.

이제 무명이 마음을 끌고 4단계인 滅相에까지 내려왔다. 기억하고 계시는지 모르겠다. 중생의 마음은 구성적으로 원래 부처에게 중생이 붙어 있다고 했다. 즉 불생불멸인 부처의 성품과 생멸인 중생의 성품이 합해져 있는 것이라고 했다.

그 중생의 성품에 무명이 힘을 실어 버리면 중생이 부처를 안고 중생 쪽으로 내려간다고 했다. 그런데 왜 하필 부처 쪽을 도와주지 않고 무명이 공격하도록 만드느냐고 의아해 할 것이다.

불이 들어오는 전구가 있다. 계속해서 불을 비추려면 중단 없는 에너지가 전구에 공급되어야 한다. 중단해 버리면 바로 어둠이 엄습한다. 이와 마찬가지다. 부처 쪽으로 힘을 실어 주려고 하면 공덕과 지혜의 에너지를 그쪽으로 계속해서 공급해야 한다. 이것이 중단되어 버리면 즉시 어둠이 삼켜버리듯이 무명이 부처의 전구를 잠식해 버리는 것이다.

그런 중생의 어두운 삶 속에서 이제는 더 이상 도저히 살 수가 없다는 것을 느낀 자들이 다시 그 전구에 불의 에너지를 공급하려고 할 것이다. 거기서부터 불교는 시작된다고 하였다. 즉 염생사고로 구열반락 하고자 하는 것이다.

어둠이 싫어 열반의 밝은 불을 구하고자 하는 마음을 가진 자들이 드디어 수행에 나선다. 그래서 복덕과 지혜를 쌓아 마음속에 들어 있는 부처의 전구에게 전류를 공급한다. 그러면 꺼져 있던 전구에 불이 들어오는 것이다.

違順위순이라는 이 대목은 두 가지로 해석할 수 있다. 위순은 자기 마음에 맞고 거슬리는 세상을 말한다. 하나는 본각 쪽에서 보는 외부세계이고 또 하나는 불각이 만들어 낸 외부세계다. 앞에 것은 분별을 떠난 것이고 뒤에 것은 그냥 물상일 뿐 자체적인 분별을 하지 않는다.

앞에 것을 말하자면 중생에게는 원래 분별이 없다. 모두 다 인연 따라 나타난 현상의 모습들이다. 그런데 자신이 주체가 되어 또 다른 범부를 잘생겼다 못생겼다고 평가한다. 그리고 거기다가 자기와의 상관관계를 만들어서 새로운 인과를 만든다.

뒤에 것은 객체인 사물이다. 사물은 인간이 만들어 놓았다. 그 사물에는 미추와 호불호의 판단능력이 없다. 독재자가 나무를 심었건 현판을 썼건 그냥 그것은 그대로 있을 뿐이다. 오로지 그것을 보는 인간의 감정에 의해 그것들이 파괴되고 존치되는 것이다.

"일제시대 때 만든 탑입니다. 부숴야 합니까?"
"그걸 만든 사람들은 이미 다 죽고 없습니다."

어떤 독지가가 거금을 내어 아름다운 불상을 조성하였다. 모든 사람들이 다 그 불상을 공경하고 예배를 하였다. 그런데 어느 날 그 독지가가 사기꾼이라는 사실이 드러났다. 모두가 다 똥 씹은 얼굴로 그 불상을 바라보았다. 그들은 보다 못해 그 불상을 부숴 버리고자 하였다.

그 불상은 아무 죄가 없다. 그대로 있을 뿐이다. 인간들이 어느 때는 좋아하고 어느 때는 미워할 뿐 불상은 그냥 그들이 만들어 놓은 그대로 가만히 앉아 있을 뿐이다. 부수고 존치하고는 그것을 바라보는 인간들 몫이다.

사람들은 참 우매하기만 하다. 자기가 몰랐을 때는 그 불상이 그렇게 아름답게 보이다가도 일단 알고 나니 갑자기 혐오의 감정이 일어나는 것이다. 그렇다면 차라리 몰랐더라면 더 좋았단 말이 아닌가. 그래서 범부는 아무것도 모르고 있을 때가 가장 속편할 때라고 하는가 보다.

독지가가 사기꾼이라서 불상을 부수어야 한다면 역사적으로 유명한 불상들도 다시 살펴봐야 한다. 혹시 시주자 중에 불순한 사람이 섞이어 있는지 다 찾아봐야 한다. 분명히 다 착한 사람들만이 시주하지는 않았을 것이다. 그 시주자 중에 죄를 지은 자가 있다면 이제 그 불상은 어떻게 해야 하나.

경주 남산에 가면 많은 마애석불들이 있다. 신라시대 때 조각된 그 불상들의 조각가가 누군지 아는 사람은 아무도 없다. 그중에서 정말 못된 죄인이 참회의 몸짓으로 그중 하나를 조각했다면 이제 그 불상은 어떻게 해야 하나. 부숴 버려야 하나. 또 어느 중죄인이 조각하는 석공을 사서 불상을 새겨 두었다면 이제 그 불상은 어떻게 해야 하나. 부수어 버려야 하나.

에밀레종이 있다. 신라 혜공왕 시대 때 만들어진 국보급 범종이다. 봉덕사 화주승이 종 불사를 완성하기 위하여 동네마다 시주를 받으러 다니던 중 어느 가난한 어미에게서 아이 하나를 얻었다. 그리고 종이 만들어지는 주물에 그 아이를 던져 넣었다. 그래서 그 종이 타종될 때마다 에미가 미워라는 소리로 에밀레라고 소리를 낸다고 하였다.

그것이 사실이고 아니고를 떠나서 참 무서운 이야기이다. 그런 이야기를 천 년이 넘도록 사람들은 애잔한 마음으로 들어 왔다. 자 이제 어떻게 할 것인가. 그 잔인하기가 이를 데 없고 섬뜩하기가 끝 간 데가 없는 에밀레종을 그냥 놔둬야 하는 것인가. 부숴 버려야 하는 것인가.

사람들은 오랜 세월이 지나서 부술 필요가 없다고 한다. 그렇다면 지금의 불상이나 석탑도 오래 두게 되면 천연기념물이 되고 보물이 되다가 국보가 되는 것이 아닌가. 어차피 모든 물상은 감정이 없다. 살리고 죽이는 것은 인간이 느끼는 감정의 판단 여하에 달려 있을 뿐인데, 그렇다면 가급적이면 살리는 쪽으로 판단한다면 뭐가 크게 잘못된단 말인가.

우리의 원래 마음인 부처는 분별과 차별로부터 벗어나 있다. 부처는 전체고 중생은 부분이기 때문에 부처의 본성에는 이런 분별과 차별 같은 것들이 없다.

그러나 중생은 언제나 세상을 분별과 차별로 나눈다. 거기에 갈등과 반목이 일어나 자신과 타인을 괴롭히는 것이다.

그래서 세상을 볼 때 위순으로 대한다. 위는 거슬리는 것이고 순은 맞는 것이다. 이 둘은 전체로 보면 전혀 문제될 것이 없지마는 부분으로 보면 하나는 극복해야 하는 대상이고 하나는 따라야 하는 대상이다.

산 전체로 보면 거기에 가시나무도 있고 옻나무도 있다. 산에는 아무 문제가 없다. 그러나 사람이 보면 가시나무는 제거해야 하는 것이고 옻나무는 더 심어야 하는 대상으로 나뉘게 된다. 그렇게 의도한 대로 되지 않으면 이제 머리가 아프고 번민이 생겨서 나를 괴롭히게 되는 것이다.

집안에 제일 큰 어른은 전 가문의 자제들을 하나로 본다. 모두 다 자기의 핏줄이고 후손이기 때문에 사람에 따라 등차와 우열 없이 전부 문중의 일원으로 본다. 그러다가 나이가 많아져 총기를 잃으면 이제 빈부와 친소의 차별을 나타낸다. 그때부터 그 집안은 분규에 휘말린다.

減相은 일곱 가지 악업으로 종결을 짓는다. 없던 마음이 무명의 힘에 의해 아래로 내려오다가 마지막에 행동으로 마무리를 짓는다. 異相까지는 그래도 밖으로 그 행동이 드러나지 않지마는 계속해서 무명에 맞으면 이제 행동으로 나타나게 된다. 그렇게 시킨 망념의 마음은 멀리 도망을 가 버린다. 대신 그 책임은 행동한 내가 세세생생 뼈저리게 받아야 한다.

일곱 가지 악업은 몸으로 짓는 세 개와 입으로 짓는 네 개를 말한다. 세 개는 살생과 도둑질, 그리고 음행이다. 살생의 과보는 엄청나다. 내가 한 번 죽이면 나는 그 이자까지 붙여서 몇 번이나 죽임을 당한다.

도둑질도 마찬가지다. 도리에 맞지 않게 남의 것을 갖고 오면 그에 상응하는 방법으로 그 몇 배나 빼앗기게 되어 있다.

음행의 과보도 같다. 내가 남의 부인을 건드리면 남은 내 처와 내 딸자식까지 건드리려고 한다. 범부는 이 인과에 대해 겁을 내지 않는다. 그러므로 권력이나 재력을 가지면 몸으로 이 세 가지를 저지르려고 한다.

그 다음은 거짓말이다. 이것은 사실이 아닌 것을 사실처럼 말하는 것이다. 이것을 믿는 결과는 허깨비와 대화한 것과 같다. 이런 사람들하고는 단 한마디도 대화를 섞을 필요가 없다. 기껏 말해 봐야 결과는 다 거짓말이 될 것이기 때문이다. 하지만 범부는 먹고 살기 위해 어쨌거나 선의건 악의건 거짓말을 입에 달고 살아야 한다.

다음은 두 말이다. 여기서는 이렇게 말하고 저기서는 저렇게 말하는 치졸한 처세다. 자기에게 돌아오는 손익계산을 따지면서 두 사람 사이에서 이윤을 챙기고자 하는 치사한 방법을 말한다. 하지만 이런 짓 역시 범부는 서슴없이 행해야 한다. 단지 먹고 살기 위해서 어쩔 수가 없다는 것이다.

다음은 발림 말이다. 권력가나 재력가에게 붙어먹는 아부성 발언이다. 더럽고 아니꼽지만 자기의 입신영달을 위해 곡학아세로 붙어 있어야 한다.

출세가 눈앞에 보이고 영화의 자리가 보장되어 있는데 어느 누군들 그 유혹을 피할 수 있단 말인가. 그래서 범부는 오늘도 그렇게 하기 위해 파리 손처럼 권력자에게 두 손을 비비고 있다.

그 다음이 악한 소리다. 증오와 저주의 악담을 말한다. 누구나 다 이런 악한 소리는 가슴에 담고 있다. 누르고 누르다 더 이상 누르지 못하면 이런 악구 소리가 밖으로 터져 나온다.

그렇게 발산하지 않으면 이 악구는 속에서 화병을 유발하지만 범부는 어쩔 수 없이 참고 산다. 어쨌거나 범부는 나름대로 생존하기 위해 이 네 가지의 언어를 누구나 쓰고 있다.

그 결과는 내가 하면 그들도 한다는 것이다. 그러다 보니 나도 누군가에게 희생을 당할 수도 있고 재산을 탈취당할 수도 있으며 내 가족이 능욕당할 수도 있다.

그리고 언제나 거짓말에 속고 발림 말에 혼을 빼앗기고 두 말에 이성을 잃게 된다. 마지막으로 그들이 원하는 것을 제대로 해 주지 못하거나 손해를 끼치게 되면 악구의 욕설을 바가지채로 얻어먹게 되는 것이다.

如是惡業 能滅異心令墮惡趣 故名滅相 猶如小乘滅相 滅現在心 令入過去 大乘滅相當知亦爾

이와 같은 악업이 異心을 없애어 악취에 떨어지게 하는데 그것을 멸상이라고 한다. 마치 소승에서 멸상이 현재의 마음을 없애어 과거가 되어 버리는 것처럼 대승의 멸상도 마땅히 그렇다는 것을 알아야 한다.

異相은 번뇌로 마음속에만 있었다. 그러나 무명이 한 단계 더 끌어내리면 이제 직접 행동으로 옮겨 버린다. 그것이 멸상의 단계라고 했다.

눈을 감고 나아가면 낭떠러지에 떨어지는 것은 자명한 이치다. 무명이 마음을 끌고 와 멸상에까지 이르게 한다. 이것은 마치 멀쩡하던 사람이 술에 취해서 휘청대는 것과 같다.

그 결과는 뻔히 다가온다. 즉 지옥 아귀 고통의 세계에 떨어지게 된다. 전혀 작동되지 않았던 제8식인 아려야식이 무명에 휘둘려 생주이멸하는 망념의 차제를 만들어 내었다.

그리고 인식작용으로는 8식에서 7식, 그리고 6식에까지 내려와 결국 자신을 악도의 세계에 빠뜨리고 만다. 이것이 범부의 어리석은 삶이고 피곤한 일생이다.

범부의 마음은 원래 없었다. 그런 없던 마음을 스스로 있도록 만들어서 삼악도에 처박힌다. 그리고 그 마음은 과거가 되어 버린다. 그것 참. 아무리 생각해도 자신의 망념에 속아서 자신이 무수한 고통을 당하고 있는 자체가 통탄할 일이다. 그렇게 만든 망념은 이미 저 멀리 도망가 버리고 없는데 나 자신만은 그 망념이 만든 무수한 죄업을 떠안아 그것을 세세생생 갚아 나가는 것이다.

海東疏 由是義故 四相生起 一心流轉 一切皆因根本無明 如經言無明住地其力最大

이러한 뜻이기 때문에 四相이 일어나는 것은 일심이 유전한 것이다. 그런 것들은 모두가 다 근본무명에 원인을 두고 있다. 그래서 저 경에 말씀하시기를, 무명이 머무는 땅은 그 세력이 최고로 크다고 하신 것이다.

四相은 생주이멸이라고 했다. 그것은 일심이 무명에 의해 단계적으로 내려감으로 해서 만들어지는 망념이라고 했다. 그러므로 보살과 연각, 그리고 성문과 범부는 원래 없던 것이다. 단지 일심이 병이 들어서 가장 밑바닥인 범부에까지 내려갔다가 다시 회복되어 가는 단계에서 그런 세계가 나타나 있는 것이다.

그러므로 마음이 무명에 병들지 않으면 6도인 중생세계는 물론 10계 자체가 원천적으로 없다. 이것은 정신이 온전하면 정신과 병동은 원천적으로 없는 것과 마찬가지다. 그러면 그 병동에서 일어나는 온갖 이상한 일들은 아예 없는 것이다.

중생이 되어 온갖 고초와 고통을 짊어지고 살아가야 하는 이유는 바로 근본무명을 갖고 있기 때문이다. 이 근본무명은 색안경과 같아서 범부로서는 결코 어떻게 그것을 벗어버릴 수가 없다.

그러므로 천만 악의 근원은 결국 근본무명에서부터 시작된다는 말씀이다.

저 경은 **승만경**이다. 성사는 **승만경**을 끌어와 무명이 아주 무섭고 세력이 강하다는 것을 주지시킨다. **승만경**에 보면 주지에는 다섯 가지가 있다.

첫째는 견일처주지다. 세상을 볼 때 언제나 자기 견해를 기준으로 본다. 그러므로 세상과 하나가 되지 않는다. 힘센 자에게는 살기 위해 일부러 굽히고 힘이 약한 자에게는 자기를 드날린다. 이런 소견을 가진 자는 원천적으로 제도가 불가능하다. 자기의 기준을 내세우는 고집이 황소고집이기 때문이다. 하지만 이런 자들이 세상의 범부 거의 다다.

주지라는 말은 온갖 번뇌를 일으켜 가진다는 말이다. 즉 소견의 번뇌를 일으켜 자신을 삼는다는 뜻으로 견일처주지라고 한다.

여담으로 住持라는 말이 참 재미가 있다. 보통 사찰의 공인된 재산 관리자를 住持라고 부른다. 이런 소임자를 한국에서는 住持라고 하고 일본에서는 住職이라고 하며 중국은 主持라고 한다.

어쨌거나 주지 소임은 잘만하면 만복을 짓지마는 잘못하면 온갖 번뇌를 일으켜 죄업을 가진다는 뜻으로 주지라는 이름을 쓰지 않았나 생각해 본다.

둘째는 애욕주지다. 욕계에서의 탐애다. 탐애 없는 사람은 없다. 없다면 그 자는 멍청한 자거나 아니면 이미 범부가 아니다.

범부는 모두 다 본성적으로 탐애를 갖고 있다. 범부 개개인의 성정에 따라 탐착하고 애착하는 농도가 조금씩 다를 뿐 이 탐애를 벗어난 범부는 없다. 왜냐하면 범부의 마음속에 탐애를 끌어들이고자 하는 번뇌가 작동하고 있기 때문이다.

셋째는 색애주지다. 이것은 색계의 사혹이다. 사혹은 그 생각에 미혹한다는 것이다. 색계는 모든 것이 넉넉하기 때문에 특별히 애착할 것들이 없다. 없는 사람들이 자질구레한 물건에 애착을 가지는 것이지 있는 사람들은 그런 것에 이미 초연하다. 그처럼 색계의 사람들은 물질에 대한 탐애가 없는 대신 색깔과 모양에 대한 진한 생각을 가지고 있다.

헐벗은 사람들은 그 어떤 옷이든 육신을 가려주고 추위를 막아주면 그것으로 만족한다. 그들에게는 그런 것이라도 구하고자 하는 욕망이 탐애가 된다. 하지만 그런 옷들이 천지에 가득하다면 그중에서도 색깔과 모양이 좋은 것들을 구하고자 할 것이다. 여기서 말하는 색애주지는 바로 이 수준을 말하는 것이다.

넷째는 유애주지다. 이것은 무색계의 사혹이다. 앞에 세 개는 밖에 보이는 대상에 대한 일반적인 탐욕과 생각이다. 그 단계를 뛰어넘으면 내면의 세계로 들어간다. 세상의 물상이나 컬러나 모양 같은 것들에는 관심이 없다. 마음의 평화와 안락만을 추구한다. 이런 생각들도 그렇게 하고자 하는 섬세하고 미미한 번뇌에서 비롯되기 때문에 여기에 포함된다.

다섯째는 무명주지다. 일체 성인들이 가장 무섭게 여기고 가장 경계하라고 하는 것이 바로 이 무명이다. 이것은 중생들을 우치하게 만들고 암둔하게 만들어 눈이 있어도 사실을 보지 못하게 하고 귀가 있어도 진실을 듣지 못하게 만들어 버린다.

앞에서도 몇 번 언급하였지마는 이 무명으로 자존심을 지키는 자들은 어쨌든 세상에서 가장 무서운 자들이다. 이들에게는 기본상식과 판단력이 없다. 그냥 무대뽀로 밀어붙이는 것이다. 그래서 경전에서 무명이 자리를 잡고 있는 세력이 이 세상에서 제일 크다고 하신 것이다.

지도론에서는 대지가 세상 모두를 떠받치고 있는 것을 주지라고 한다고 하였다. 거기에 아주 흥미로운 해설이 있다. 즉 이 세상에서 가장 힘이 센 것이 무엇인가라고 묻는 대목이다.

대해는 어떤가. 대해는 큰 바다를 말한다. 세상에 큰 바다만큼 넓고 광대한 것이 있는가. 그러므로 대해가 가장 힘이 세다고 하였다.

태산은 어떤가. 대해가 아무리 대단해도 태산이 들어가 앉으면 자리를 내줘야지 뭐 별 수가 있느냐 한다. 그러므로 태산이 제일 웅대하고 힘이 세다고 한다.

초목은 어떤가. 태산이 제 아무리 힘이 세다고 하더라도 그 태산을 덮고 있는 것은 초목이다. 이 초목은 태산에 뿌리를 내리고 있다. 그래서 주역에서 목극토라고 하여 나무가 땅을 가른다고 한다.

그렇다면 범부는 어떤가. 그렇게 대단한 나무를 잘라 불을 때고 초원을 사막으로 만들어 버릴 수 있는 능력을 가진 자가 범부들이다. 그러므로 단연 중생이 이 세상에서 가장 힘이 센 자가 아닌가. 수소폭탄도 거뜬히 만들고 더 나아가 차르폭탄도 만들어 내는 자가 중생 중에 범부가 아니던가. 그러니까 뭐니 뭐니 해도 범부가 최고 힘센 자가 아니냐 라고 한다.

그렇지 않다. 상식이 있고 판단력이 있는 범부는 무서운 자가 아니다. 그들은 인과를 알고 처세를 알기 때문이다. 하지만 범부 중에서도 무지한 자는 정말 가공할 무서움을 가지고 있다. 범부가 아무리 수소폭탄도 만들고 수소폭탄보다 500배나 더 무서운 차르폭탄을 만들면 뭐 하나. 어디 써 먹을 데가 없다.

하지만 무지한, 즉 무명에 깊이 덮인 범부에게 이것이 주어지면 그때서야 정말 큰일이 난다. 세상이 깨어지고 우주가 뒤엎어지는 일이 벌어지는 것이다.

팡세에서 파스칼은 인간은 자연 가운데서 가장 약한 갈대에 불과하지만 그러나 생각하는 갈대라고 했다. 대단한 명언 같지만 제대로 알면 완전 깡통 소리다.

인간이 얼마나 강하고 무서운 존재인지 파스칼은 제대로 파악하지 못한 듯하다. 인간이 뭐 약한 갈대에 불과하다고?! 그의 평생에 이웃집 부부가 악을 쓰며 서로 싸우는 꼴을 단 한 번도 보지 못했던 모양이다. 그렇지 않고서야 어떻게 이런 유아틱한 말을 할 수 있단 말인가.

그는 인간은 약하지만 생각하는 갈대라고 인간의 의식수준에 대해 높은 평가를 하고 있다. 그렇지 않다. 인간이 생각해 놓은 것들은 처음부터 생각하지 말아야 되는 것들뿐이다.

인간이 생각해 놓은 것들치고 완벽한 것은 하나도 없다. 도리어 그 생각 때문에 일어난 문제들만 지금 산더미처럼 쌓여 있다. 그것은 그 생각이 무지에서 나왔기 때문이다.

그러므로 이 세상에서 가장 무섭고 제일 힘이 센 것은 바로 무지인 셈이다. 그것을 불교에서 무명이라고 표현하고 있다. 따라서 이 세상에서 제일 겁나고 무섭고 힘이 센 것은 바로 무명에 깊이 덮여 있는 범부의 행동이라고 말할 수 있다.

海東疏 此論云當知無明力能生一切染法也

이 논서에도, 마땅히 알라. 무명의 힘은 능히 일체의 염법을 만들어 낸다고 하였다.

무명의 힘은 정말 무섭다는 것을 잘 아셨을 것이다. 이것에 이어 중생의 육도와 성문 연각 보살이 나타나는 것이다. 쉽게 말하자면 이것에 의해 지옥도 만들어지고 아귀도 나타나고 축생도 만들어지며 수라 인간 천상이 나타나는 것이다. 정말 대단하지 않은가. 범위가 너무 커서 이해하기가 곤란하다면 그 범위를 좀 줄이면 금방 이해가 갈 것이다.

무명이 순간 발동해 버리면 핵탄두미사일 단추를 눌러 버릴 수 있다. 그러면 멀쩡하던 도시가 순식간에 잿더미로 변해 버린다. 바로 세상을 바꾸어 버리는 것이다.

아니면 무심코 길을 가다가도 무명이 발동해 버리면 앞에 가는 사람이 절친으로 보일 수 있다. 그래서 반가운 마음에 뒤통수를 후려갈기면 즉시 경찰서 유치장에 갇히게 된다. 무명의 행동이 자기가 사는 장소를 순식간에 바꾸어 놓는 것이다.

그래서 **기신론** 저 아래 문장에서 이 무명은 능히 일체 염법의 세계를 다 만들어 낸다고 하였다. 염법의 세계는 바로 중생세계 전체를 말한다. 다른 말로 하자면 이 세상은 살짝 돈 범부들이 만들어 놓은 가상의 혼돈세계라는 뜻이기도 하다.

海東疏 又所相之心 一心而來 能相之相 無明所起 所起之相 隨其所至 其用有差別 取塵別相 名爲數法 良由其根本無明違平等性故也

四相의 근원은 일심으로부터 왔으며 사상을 만들어 내는 것은 무명이 일으킨 것이다. 일으킨 사상은 닿는 곳마다 차별의 작용을 한다. 그렇게 육진을 분별하는 것을 수법이라고 한다. 그것은 진실로 근본무명이 평등성품을 어긴 결과기 때문이다.

첫 줄이 좀 애매하고 까다롭지만 사상의 근본은 일심이고 四相을 만들어 내는 것은 무명이다는 뜻이다. 그렇게 무명이 일으킨 四相은 세상 무엇이든지 다 차별된 모습으로 보인다.

그러니까 우리가 四相으로 세상을 볼 때 모두 다 차별된 모습으로 보인다면 거기에 무명이 깊이 작용하고 있음을 알아야 한다. 무명은 어리석음이다. 어리석음의 안경으로 세상을 보면 세상은 전부 아리송하기만 하다.

그러므로 범부는 세상 속에 있으면서 세상이 갖고 있는 그 자체의 색상과 모습을 단 한 번도 보지 못하고 산다. 살아 있는 의식에다 두 눈을 멀쩡히 뜨고서도 세상의 진면목을 단 한 번도 제대로 보지 못하고 죽어야 한다. 그래서 범부의 인생은 헛것이고 헛사는 것이다고 하는 것이다.

육진은 우리에게 와 닿은 외부 세계 전부다. 즉 색성향미촉법이다.

형상과 빛깔, 소리와 냄새에 이어 물상 개체가 갖고 있는 고유한 맛과 접촉성, 그리고 거기에 대한 상상력 모두가 6진이 된다.

이 육진을 四相의 마음이 분별하고 정의한다. 그것을 數法이라고 한다. 수법은 셈으로 계산해서 정답을 구하고자 하는 생각이다. 모든 범부들은 이 방법을 쓴다.

그런데 거기서 어떻게 순수한 답이 나올 수 있겠는가. 물론 틀린 답만 나오게 되어 있다. 그것은 그렇게 틀린 답이 나오도록 이미 정해져 있기 때문에 그렇다. 그래서 세상은 아무리 머리를 싸매고 연구해도 엉망진창이 계속되고 있는 것이다.

그 이유는 바로 근본무명 때문에 그렇다. 부엌 아궁이에서 계속해서 검은 연기가 나오는데 부뚜막을 아무리 깨끗하게 닦아봐야 말짱 도루묵이 된다. 문제는 아궁이의 검은 연기를 우선 없애야 하는데 그렇지 않고 자꾸 지엽적인 것을 해결하려고 하니 그렇다. 그 검은 연기가 바로 근본무명이다. 그것이 있는 한 세상은 절대로 맑고 깨끗해지지 않는다.

海東疏 其所相心 隨所至處 每作總主 了塵通相 說名心王 由其本一心是諸法之總源故也

四相으로 된 마음은 다다르는 곳마다 언제나 총주노릇을 하면서 육진의 통상을 알아낸다. 그것을 심왕이라고 한다. 근본 일심은 모든 법의 전체적인 근원이기 때문이다.

우리 마음은 조금도 가만히 있지를 않는다. 그것은 그렇게 요동하도록 만들어진 것이기 때문에 그렇다. 그 마음이 언제나 밖의 물상을 훑고 있다. 혼자서는 절대로 있지를 못한다. 늘 주변을 훑고 주위를 탐색한다.

그러다가 아무것도 훑고 탐색할 것이 없으면 이제 마음속에다가 어떤 가상의 물상을 만들어 놓고 그것을 훑고 탐색한다. 그것이 육진의 마지막인 法이라는 것이다. 그렇게 마음은 조금도 가만히 있지를 못한다. 그래서 총주라고 한다. 총주라는 말은 주변의 대상을 끌어모으는 주인이라는 뜻이다.

그리고 이것은 뭐다 저것은 뭐다 라고 하면서 호불호로 판결한다. 그런 의식작용이 심왕이다. 심왕은 의식작용의 본체다. 즉 객관 대상에 대하여 그 일반상을 인식하는 정신작용 전체를 말한다. 그것은 일심의 근원으로부터 나타난 四相의 마음이다. 그러므로 그런 심왕의 판결은 하나도 맞는 것이 없다.

海東疏 如中邊論云 唯塵智名心 差別名心法 長行釋云 若了塵通相名心 取塵別相名爲心法

저 **중변론**에 이르기를, 오직 육진을 상대하는 지혜를 마음이라 하고 그것에 대한 차별을 일으키는 것을 심법이라고 한다고 하였다. 장행에서 풀이하기를, 육진의 통상을 아는 것을 마음이라고 하고 육진의 별상을 취하는 것을 심법이라고 한다고 하였다.

원문에서 말한 **중변론**에서의 지혜는 乾慧건혜를 지칭한 것이다. 그것은 진짜의 지혜가 아니고 일순간 사라져 버리는 가짜의 지혜다.

이것이 한 번씩 작동하면 간헐적 천재가 되어 사람들을 감동시킨다.

심왕이라는 말이 앞에서 나왔다. 그렇다면 심소는 무엇인가. 심소는 심왕의 종속으로 일어나는 정신작용을 말한다. 즉 심왕은 대장이고 심소는 졸개와도 같은 것이다.

그렇다면 마음은 무엇이고 심법은 무엇인가. 마음은 제8 아려야식을 마음이라고 한다. 즉 처음부터 완벽하지 않은 마음, 불순물이 꽉 차 있는 마음, 그것을 일반적으로 마음이라고 하고 그것을 심왕이라고 한다. 그것이 세분적으로 분별하고 차별하는 작용을 심법이라고 한다.

그러니까 밖의 세상인 육진을 상대하는 것은 마음이고 그에 수반되어 나타나는 물상에 대한 분석과 판단은 심법이라고 한다는 말씀이다.

海東疏 瑜伽論中亦同是說 以是義故 諸外道等多於心王計爲宰主 作者受者 由不能知其無自性隨緣流轉故也

유가론에서도 이같이 설하고 있다. 이러한 뜻이기 때문에 모든 외도들이 다분히 심왕을 주재자라고 하거나 작업자라고 하거나 수법자라고 한다면 그것은 능히 자성은 없는 것이며 인연 따라 유전한다는 것을 알지 못하고 하는 소리다.

성사는 사람들이 여기에 대해 의문을 가질까 싶어서 **중변론**에 그치지 않고 **유가론**까지 인용하시면서 四相의 근원은 마음이고 그에 종속되어 일어난 모든 물상을 분별하는 것은 심법이라고 정리해 주셨다.

외도들은 그렇게 생각하지 않는다. 외도들은 모두 다 마음이라는 것이 있다고 한다. 하지만 마음은 인연에 의해 생긴 것이고 그 인연이 다하면 없어지는 것이다. 마음은 완성치가 아니기 때문에 어떤 인연의 힘이 가하면 그쪽으로 실리어 가서 또 다른 심법을 만들어 내고 또 사라지곤 하는 것이다.

그러므로 그들이 마음은 만물의 주재자라든지 모든 죄업을 짓는 주체라든지 모든 죄업을 받아들이는 저장고라든지 하는 정의는 수정되어야 한다고 성사는 말씀하시고 있다.

마음은 어느 특정한 틀도 없고 모양도 없다. 그것은 반연을 따라 작용하는 것이기 때문에 범부가 내 마음은 어떻고 너 마음은 어떻다 하는 것만큼 바보스런 짓거리가 없다는 것이다.

海東疏 總此四相名爲一念 約此一念四相 以明四位階降 欲明本依 無明不覺之力 起生相等種種夢念 動其心源 轉至滅相 長眠三界 流轉六趣

이 四相을 모으면 일념이 된다. 이 일념의 사상이 네 단계로 내려가는 것을 밝혀 왔다. 본각이 무명 불각력에 의해 生相 같은 온갖 가지 몽념을 일으키다 보니 심원이 요동되어 멸상까지 내려갔다. 그래서 오랫동안 삼계에 잠들어 육취에 유전하게 된 것이다.

四相은 생주이멸이다. 이것은 망념이 일으킨 일념의 주기다. 바로 생주이멸이라는 네 단계가 그것이다. 일념은 무명이 불각과 합세해 본각을 때리다 보니 본각이 착란을 일으킨 것이다. 그래서 머리가 띵하고 마음이 평정을 잃는다. 그러면 제정신을 차릴 수가 없다. 이것을 원문에서 본각이 몽념을 일으켜 심원이 요동되었다고 하신 것이다.

이것은 마치 어느 귀공자가 잠을 자다가 무엇에 큰 정신적 충격을 받아버린 것과 같다. 그러면 헛것이 보이기 시작하고 그것을 쫓으면서 이상한 소리를 주절거리다가 결국 집을 나간다.

거지처럼 밥을 얻어먹고 거리를 방황하다가 마지막엔 허가 없는 정신병원에 갇힌다. 그곳에서 독한 수면제를 맞고 일어나고 또 자고 하는 생활을 반복하면서 자신의 본래 존재를 까맣게 잊어버리고 산다.

그 안에서 못된 자들에게 두들겨 맞기도 하고 능욕을 받기도 한다. 대들고 반항하면 이상한 독방이나 창고 같은 곳에 가두어 지옥 같은 고통과 아귀 같은 배고픔에 이어 짐승 같은 생활을 하게 한다.

가끔가다 수라 같은 싸움을 벌이기도 하고 어떤 때는 인간의 대접을 받기도 한다. 생일날이나 기념일에는 천상같이 달콤한 케이크와 고깃국도 나오는 날도 보낸다. 이것이 중생이 삼계에 잠들어 육취를 유전하면서 겪게 되는 삶의 단면적인 나날들이다.

海東疏 今因本覺不思議熏 起厭樂心 漸向本源 始息滅相乃至生相 朗然大悟 覺了自心本無所動

이제 본각의 불가사의한 훈습에 의해 싫어하고 기뻐하는 마음을 일으킨다. 그래서 점차 본원을 향해 나아가면 비로소 멸상과 내지 생상이 없어져 자연히 환하게 대오하는 것이다. 그것은 자심이 본래부터 동요함이 없었음을 깨닫는 것이다.

그러던 중 멀쩡한 사람 하나가 좀 모자란 듯한 모습으로 그 안으로 들어온다. 그리고 그가 원래 귀공자였다는 것을 인식시키고 그 속에 더 있으면 큰일이 나니 어떻게든 빠져나가야 한다고 가르친다.

둘은 그때부터 그곳으로부터 도망가는 방법을 모색한다. 그것이 바로 원래로 돌아가고자 하는 불가사의한 훈습이 시작되는 것이다. 가만히 생각해 보니 정말 그곳은 살 곳이 못 되었다. 온전치 못한 정신 같으면 몰라도 서서히 정신이 돌아오면서 이 생활은 정말 고통스러운 나날이라는 것을 알아차린다.

그런 마음이 들수록 더욱더 그곳으로부터 탈출하고자 하는 마음이 강력하게 일어난다. 그것이 바로 염생사고 구열반락 하려는 마음이다. 이것을 여기서 성사께서는 起厭樂心기염락심 이라고 줄여서 표현하시고 있는 것이다.

그곳으로부터 벗어나고자 하는 마음이 강하면 강할수록 이상하게 자신의 본래 모습이 또렷이 생각이 난다. 그래서 죽을힘을 다해 자기를 구해주러 온 그 사람을 따라 도망을 치기 시작한다. 하지만 그렇게 도망가도록 가만히 놔두지를 않는다. 그들은 몽둥이와 사냥개를 대동해 도망친 그들을 뛰쫓는다. 이게 바로 魔마가 더 이상 본래자리로 돌아가지 못하도록 막는 경우다.

무사히 철조망을 넘고 하수구 같은 개구멍으로 들어가 숨이 막히는 시궁창을 통과하는 고역을 겪지만 시간이 지날수록 그 냄새는 점점 더 옅어져 간다. 이것은 번뇌의 쓰레기장인 異相을 통과하는 과정이라고 말할 수 있다.

그렇게 異相을 넘어 住相 쪽으로 죽어라 하고 뛰어가면 마지막으로 발목을 잡는 네 가지 넝쿨이 나온다. 거기가 주상이다. 그 넝쿨들이 최종적으로 귀공자의 다리를 휘감는다. 그는 안간힘을 다해 그 넝쿨줄기를 벗겨가며 앞으로 앞으로만 뛰어나간다.

이제 저 멀리 자기가 살던 아름다운 저택이 보이기 시작한다. 그것을 보고 귀공자는 이제 안도의 한숨을 쉰다. 그렇게도 자기를 괴롭히고 힘들게 하던 모든 생상의 장애물을 뛰어넘고 자기 집의 대문을 들어서는 순간 해탈의 진맛을 감격스럽게 맛보는 것이다.

몸에는 식은땀이 흐르고 팔다리는 지칠 대로 지쳤지만 이제 무사히 귀가했다는 안도감에 큰 하품을 하고 악몽에서 깨어난다. 이것이 바로 대오하는 경지고 구경각의 자리이다. 깨고 나니 원래 그 자리에 그대로 있는 것이 아닌가.

일시적으로 본래의 자리를 벗어나 무진 고생을 했지마는 결국은 부처님의 도움으로 무사히 자신의 본래 모습으로 돌아오게 된 것이다. **원각경** 말씀이다.

始知衆生本來成佛시지중생본래성불
生死涅槃猶如昨夢생사열반유여작몽

중생은 본래부터 부처가 되어 있다는 사실을 알라.
생사와 열반은 마치 어젯밤 꿈과 같은 것이다.

海東疏 今無所靜 本來平等 住一如牀 如經所說夢度河喩 此中應廣說大意如是

그러면 이제 고요할 것도 없어진다. 이 말은 본래와 같이 평등해져 원래 자리에 그대로 안주하고 있다는 것을 밝히고자 한 것이다. 이것은 경전에서 꿈에 하수를 건너간다는 비유와 같다. 지금까지 널리 설명한 큰 뜻도 이와 같은 것이다.

지나간 모든 것이 꿈이다. 아무 실체가 없는 삶을 살면서 극도의 고통을 당하였다. 이제 깨어나고 보니 새상 행복할 것도 없다. 고통이라는 것은 본래 없던 것이었기 때문이다. 본인이 그 자리에서 조금도 움직이지 않는 상태로 있었는데 무슨 고통이고 행복이고가 있겠는가.

여기에서의 경전은 **금광명경**이다. 4권으로 된 담무참의 번역과 7권으로 진제가 번역한 **금광경제왕경** 등이 있다. 부처님이 기사굴산에서 수많은 천왕들과 천신들, 그리고 국왕과 대신들을 상대로 부처님의 공덕과 지혜에 이어 위신력과 감응력을 설파한 경전이다. 그래서 이 경은 주로 **인왕경**처럼 호국을 위한 국가경전의 예우로 존숭되어 왔다.

성사는 이 경전을 언급하셨다. 꿈을 꾸다 제자리로 돌아와 버리면 아무 흔적이 없듯이 四相으로 만들어진 지나간 중생의 삶이란 꿈속에서 강을 건넌 것과 같게 된다는 것이다. 그것을 **금광명경**에서 깨닫고 나면 몸에 물방울 흔적 하나 없이 깨끗하기만 하다고 하신 것이다.

성사는 이것을 중점적으로 말씀하시고자 본문을 설명하시기 전에 먼저 四相을 언급하셨던 것이다. 즉 四相은 원래 없다. 망념에 의한 四相으로 중생이 나타나 온갖 고생을 다하지마는 四相이라는 것은 원래 없는 것이다. 그런데 어떻게 중생이 있겠는가. 하지만 중생은 이렇게 엄연히 있지 않는가. 그것이 정말 큰 문제인 것이다.

海東疏 次消其文 約於四相以別四位 四位之中各有四義 一能覺人 二所覺相 三覺利益 四覺分齊

이제는 본문을 풀이한다. 四相을 이제 四位로 설명한다. 四位 가운데 네 가지 뜻이 들어 있다. 첫째는 능각인이고 둘째는 소각상이며, 셋째는 각이익이고 넷째는 각분제다.

본문에 들어가기 전에 먼저 四相에 대해 설명하셨다. 그것을 여기서 접고 이제 본문을 풀이하자고 성사는 말씀하시고 있다. 본문을 물론 **기신론** 원문이다.

중생이 되어가는 과정을 위에서 아래로 설명한 것이 四相이다. 즉 生에서 滅로 방향을 잡았다. 그러나 여기에서는 반대의 방향이다. 즉 滅에서 生으로 올라가는 것이다. 그 이유는 지금 풀이하는 이 대목이 시각을 설명하고 있기 때문이다.

四相을 거꾸로 세운 것이 **四位**다. 그 사위로 드디어 환원의 과정을 밟아 올라간다. 이제 사상으로 만들어진 중생이 어떤 과정을 밟아 원래의 부처자리로 되돌아가는지를 밝혀주고자 하는 것이다.

그 **四位**는 범부로부터 시작한다. 그 다음이 소승의 아라한과 대승의 초발의보살이고 그 다음이 보살이며 마지막으로 보살이 끝난 지점이다. 즉 깨달아 올라가는 네 가지 등차를 말씀하신 것이다.

그 四位 하나하나에 네 가지 내용이 들어 있다. 능각인과 소각상, 그리고 각이익과 각분제다. 능각인은 누가 깨닫느냐는 것이고, 소각상은 뭘 깨닫는다는 것인가이며, 각이익은 그래서 어떤 이익이 있냐는 것이고, 각분제는 그 깨달음의 이름과 등차를 말하는 것이다.

능각인 = 누가 깨닫는다는 말인가.
소각상 = 뭘 깨닫는다는 것인가.
각이익 = 깨달음의 이익은 무엇인가.
각분제 = 그 깨달음의 이름과 등차는 무엇인가.

海東疏 初位中言如凡夫人者 是能覺人 位在十信也
첫 번째 계위 가운데서 말한 저 범부의 사람들은 이라고 한 것은 능히 깨닫는 사람을 말한다. 그들의 계위는 십신에 있다.

범부는 보통 인간을 말한다. 보통 인간은 현재의 자기가 자기라고 믿는 자들이다고 수없이 말해 왔다. 즉 지금 삶의 무대에 올라와 연극하는 역할이 진짜 자기라고 여기는 자들이라는 것이다.

연극배우는 연극이 끝나면 옷을 벗고 진짜 자신으로 돌아간다. 그러나 범부는 지금 현재 덮어쓰고 있는 자기의 모습이 자기라고 그냥 그대로 산다. 불편하고 볼품없어도 그것을 벗지 않는다. 그 속에 진짜의 자기가 있다고 해도 콧방귀를 뀌고 그것을 덮어쓰고 있다. 그런 자들을 범부라고 한다.

범부는 십신의 계위에 있다. 범부가 깨달음인 시각을 얻기 위해 올라가는 계단이 52개가 있다고 여러 번 설명했는데 기억하고 계시는지 모르겠다. 그 첫 단계가 십신이다. 즉 10개의 믿음으로 이루어진 단계이다. 참고로 그것을 설명한다. 이것은 한 계단 한 계단 밟고 올라가는 계단이다. 범부는 이 순서와 단계를 건너뛸 수가 없다.

1. 신심. 부처님 말씀을 믿는 단계다. 그러나 믿어지지가 않는다. 보통 범부들은 전부 이 수준에 머물러 있다.

2. 염심. 항상 부처님을 생각하는 단계다. 그러나 평상시에는 전혀 생각나지 않는다.

3. 정진심. 어떻게든 정진을 해야 되겠다는 생각은 가진다. 하지만 정진하지 않는다.

4. 혜심. 지혜는 반드시 필요하다는 것을 느낀다. 그러나 지혜는 닦지 않는다.

5. 정심. 마음을 안정시켜야 된다는 것을 안다. 그러나 안정의 방법을 찾지 않는다.

6. 불퇴심. 신심이 뒤로 물러나지 않아야 되겠다고 생각한다. 그러나 매양 뒤로 물러나 버린다.

7. 호법심. 불법을 지켜야 되겠다는 생각은 한다. 하지만 힘도 없고 능력도 없다.

8. 회향심. 중생을 보살펴야 되겠다는 생각은 한다. 하지만 자신 하나 먹고 살기도 바쁘다.

9. 계심. 계율은 지켜야 죄과로부터 자유로워진다고 생각한다. 하지만 자신과의 조건이 맞지 않으면 미련없이 파계해 버린다.

10. 원심. 어떻든지 깨달아야 되겠다는 발원을 한다. 하지만 그 발원은 하루가 가지 않는다.

海東疏 覺知前念起惡者 顯所覺相 未入十信之前 具起七支惡業 今入信位 能知七支實爲不善 故言覺知前念起惡 此明覺於滅相義也

전념에 악을 일으킨 것을 각지한 것이 소각상이다. 십신에도 들어가지 못할 때에는 일곱 가지 악행을 모두 일으켰지만 이제는 십신에 들어가 일곱 가지 악행은 진실로 선하지 못하다는 것을 알게 된다. 그래서 전에 악한 생각을 일으켰다고 한 것이다. 이것은 멸상의 뜻을 깨닫게 되었음을 밝힌 것이다.

앞에는 깨닫는 당사자가 범부라고 했다. 이제는 무엇을 깨달았다는 말인가이다. 그것을 소각상이라고 한다. 불교를 알기 전에는 일곱 가지 악행이 그저 사람이 살아가는 과정에 한 부분이라고 여겨 대수롭지 않게 여겼었다.

그러나 지금은 아니다. 내가 지금 일곱 가지 악행을 반대로 받고 있다고 생각하니 소름이 돋는다. 누가 나에게 살해를 가할지 모른다. 하다못해 세상이 나를 죽일지도 모른다. 누가 내 재산을 탈취해갈지 모른다. 누가 내 처자식을 농간할지 모른다. 불안해서 미치겠다는 생각을 한다.

누가 나에게 지금 거짓말을 해서 나의 총기를 흐리게 하고 있지는 않는 것인가. 누가 나에게 어떤 이익을 취하고자 발림 말을 하고 있지는 않는가. 누가 나에게 이간질이나 두 말로 사람을 바보로 만드는 것은 아닌가. 누가 나에게 저주와 악담을 퍼붓고 있는 것은 아닌가 하는 불안에 잠을 이룰 수가 없다.

보통 범부는 이런 것에 신경 쓰지 않는다. 직접 부딪혀 봐야 괴로워하는 그런 수준의 범부들에게는 이런 일곱 가지가 전혀 문제가 되지 않는다. 그러므로 그들은 밥 잘 먹고 잠 잘 자고 있다. 하지만 이 일곱 가지 죄행을 그렇게 소홀히 여기다가는 다음 생애에 검수지옥의 칼날 위에 자기가 서 있다는 것을 똑똑히 목격하게 될 것이다.

海東疏 能止後念令不起者 是覺利益 前由不覺起七支惡念 今旣覺故 能止滅相也

후념을 그치어서 일어나지 않도록 한다는 것이 바로 각이익이다. 전에는 일곱 가지 악념을 일으킨다는 것을 깨닫지 못하였는데, 이제는 깨달았기 때문에 능히 **滅相**이 그쳐지는 것이다.

그렇다면 범부가 그런 고통과 불안으로부터 해방되려면 어떻게 해야 하나. 그것은 바로 일곱 가지 악행을 하지 않으면 된다. 그러면 타 중생들도 나에게 적으로 대응하지 않는다. 쉽게 말하자면 안 당하려면 먼저 가해하지 말아야 한다는 것을 알아차린 것이다.

이런 사실을 누군들 다 알지 그럼 모른단 말인가. 바로 이것이다. 알고는 있으되 목구멍이 포도청이라 또 다시 일곱 가지 악행을 저질러야 한다. 누가 담배가 해롭다는 것을 모르는가.

하지만 성질나면 다시 피우게 된다. 성질 급한 사람이 절대로 담배를 끊지 못하듯이 복 없는 범부는 결코 이 일곱 가지로부터 자유로울 수가 없다.

여기서 말하는 것은 완전히 알아차리는 것이다. 즉 완전히 금연하는 것과 같이 절대로 두 번 다시 일곱 가지를 행하지 않겠다는 것이다. 내가 죽지 않으려면 남을 죽이지 않으면 되고 내가 빼앗기지 않으려면 남의 것을 훔쳐 오지 않으면 된다. 내 처자식이 귀하면 남의 처자식을 귀하게 여기면 되는 것이다는 것을 완벽하게 각지하는 것이다.

그러면 파멸로부터 벗어난다. 파멸은 두 가지다. 하나는 금생에서의 파멸이고 둘은 내생에서의 파멸이다.

사람들은 금생에 파멸한다고 하면 대단히 겁을 먹지마는 내생의 파멸은 그러려니 한다. 사실은 내생의 파멸이 더 무섭다. 이자까지 붙어서 지옥의 불길이 내 몸을 훑고 지나갈 것이기 때문이다. 그래서 이 일곱 가지를 더 이상 하지 않으면 滅相이 없어진다고 한 것이다.

海東疏 言雖復名覺卽是不覺者 名覺分齊 雖知滅相實是不善 而猶未覺滅相是夢也

비록 각이라고는 하나 불각이라고 한 것은 각분제인 것이다. 그것은 설령 멸상은 진실로 선하지 못하다는 것을 알았다고 해도 멸상이 꿈이라는 사실을 깨닫지 못하고 있기 때문이다.

범부가 이제 왜 처절한 생사의 고통을 받아야 하는지를 알았다.

306

결과가 있으면 원인이 반드시 있듯이 이런 생사의 고통을 있게 만드는 원인은 일곱 가지 악행에서 그렇게 된 것이다. 그것을 철저히 깨달았다. 이제부터는 절대로 그런 거친 악행을 짓지 않겠다고 맹세한다. 그것을 범부의 깨달음이라고 한다.

하지만 비록 깨달았다고 하더라도 그것은 진짜 깨달음의 언저리에도 들어가지 못한다. 그러므로 그 이름을 불각이라고 한다. 그 이유는 중생 자체가 꿈이라는 사실을 전혀 각지하지 못하고 있기 때문이다고 성사는 말씀하시고 있다.

사실 범부가 위에서 말한 이 일곱 가지 악행으로부터 완전히 벗어날 수 있을까. 그것이 가능한 일일까. 가능하기는 해도 정말 어렵고 난해한 일이다. 어떻게 범부가 살생을 하지 않고 살아갈 수가 있을까.

농사를 지으면 수많은 벌레를 살생해야 한다. 농약을 치고 삽날에 찍혀서 많고도 많은 생명들이 목숨을 잃는다. 여름밤이 되면 시도 때도 없이 모기가 공격한다. 쫓는다고 잘못 손을 휘저었다가는 모기가 맞아 죽을 수도 있다.

고온세탁을 한다. 보이지 않은 미세세균들이 수없이 죽어나간다. 그들도 다 살려고 내 몸에 붙어 기생하는데 모조리 다 몰살을 시킨다. 독한 락스를 뿌려 하수구를 청소한다. 하수구 속에 있는 생명들은 원자폭탄을 맞는다.

범부의 몸은 문제투성이다. 얼굴만 해도 그냥 두면 더러워서 보지를 못한다. 그래서 아침마다 비누로 씻는다. 그때마다 모공에 집을 짓고 사는 미생물들은 쓰나미를 맞는다. 그것도 그들에게는 최고로 오염된 화학물질을 그대로 덮어쓰고서 기절해 죽는 것이다.

뱀 한 마리가 귀여운 내 아이들에게 다가온다. 그냥 두면 내 아이가 물릴 것 같다. 보이는 막대기로 뱀의 머리를 쳐부숴야 한다. 적들이 쳐들어온다. 그냥 두면 내 조국 내 민족을 다치게 할 수가 있다. 어쩔 수 없이 임진왜란 때의 승병들처럼 총칼을 들고 적진으로 나가야 한다. 범부가 어떻게 살생으로부터 자유로워지겠는가. 그것은 사실 불가능하다.

하지만 전혀 불가능한 것만은 아니다. 수많은 세월 동안 바라밀을 닦아 가며 지혜를 연마하고 복덕을 지으면 이것이 가능해진다. 일단 일곱 가지 악행을 버리려면 반대로 열 가지 선행을 수백만 년 내지 수천만 년을 넘게 계속해서 지어 나가는 것이다. 그러면 악행은 자동적으로 소멸되고 공덕은 계속 증장되어지는데, 그때 그것이 가능해진다.

이런 선행의 과정을 일만 겁 동안 계속해 나아가면 드디어 이 일곱 가지 악행으로부터 완전히 벗어난다. 그때 얻어지는 깨달음의 이름이 불각이라는 것이다. 정말 경이롭고 굉장하지 않은가. 그렇게 오랜 세월 동안 수행하여 얻어진 이름이 고작 불각이라는 사실에 놀라고 나자빠질 일이기에 그렇다는 것이다.

그러므로 일반 보통의 범부는 깨달음 자체를 맛보지 못한다. 그들의 수준에서는 그저 아는 것으로 끝난다. 아는 것은 금방 모르게 되고 모르면 또 다시 악행을 저지를 수밖에 없다. 그것이 범부가 행하는 수준이다.

海東疏 第二位中言如二乘觀智初發意菩薩等者 十解以上三賢菩薩

두 번째 계위 가운데서 말한 관지를 갖고 있는 이승과 초발의보살들이라고 한 것은 십해 이상의 삼현보살들이다.

위에서 말했다시피 천만난관을 다 뚫고 드디어 불각을 이룬다. 그러면 대승에서는 초발의보살이 된다. 이것을 우리는 흔히 초발심보살이라고 부른다. 소승은 한량없는 세월 동안 선정의 정진을 한다. 그 결과로 아라한의 지위에 오른다.

소승에서 아라한과 대승에서 초발의보살은 같은 급이다고 이미 말하였다. 틀리는 것이 있다면 아라한은 수행의 끝이고 초발의보살은 이제 겨우 시작점에 올라섰다는 것이다.

그 결과로 소승에서의 최고점은 관지를 갖고 있는 아라한이 되고 대승에서의 최고 지위는 부처가 되는 것이다.

십신을 넘어가면 삼현이 나온다. 즉 불각을 넘어가면 삼현의 자리에 올라선다. 초등학교를 졸업하면 중학생이 되듯이 십신을 넘으면 삼현이 된다. 삼현은 삼십 위에 있는 현자라는 뜻의 준말이다. 삼십위는 십해와 십행과 십회향을 말한다.

십해는 열 가지 단계의 이해다. 그리고 십행은 열 가지 단계의 바라밀행위고 십회향은 열 단계의 회향을 말한다. 이 세 개를 다 합하면 30계단이 된다. 이 계위에 머물러 있는 현자를 삼현보살이라고 부른다.

52계위 중에 십주를 성사는 십해라고 하셨다. 이분은 십해라는 단어를 참 즐겨 쓰시고 있다. 십해는 열 가지로 잘 이해하는 단계라는 뜻이고 십주는 열 가지로 마음이 안주하는 단계라는 의미이다.

십해 다음이 십행이다. 십행은 열 가지의 수행을 말한다. 그 수행을 제대로 하려면 그 가는 길을 정확히 이해하고 있어야 한다. 그래서 십해라고 한다. 물론 마음이 안정되면 나아갈 길이 보인다.

그렇기 때문에 수행하기 전에 반드시 마음을 안주시키는 계위가 필요하다. 그것이 십주면서도 십해가 되는 것이다.

海東疏 十解初心 名發心住 舉此初人 兼取後位 故言初發意菩薩等 是明能覺人也

십해의 첫 마음이 발심주다. 첫 사람을 들어 뒤에 사람들의 계위를 아울러 취하고 있다. 그래서 초발의보살들이라고 하였다. 이것은 능각인을 밝힌 것이다.

십해는 십주의 다른 이름이라고 했다. 즉 범부가 갖는 열 단계의 계위를 넘어가면 십해가 나온다. 그 첫 번째의 이름이 초발심주다. 이것을 줄여 발심주라고 하셨다.

사실 수행은 여기서부터 시작한다. 범부는 수행 자체를 하지 못한다. 믿음이 없는데 무슨 수행을 한단 말인가. 믿음이 있다 하더라도 보물을 캐러 갈 밑천이 없는데 어떻게 그 장도에 올라설 수가 있겠는가. 그래서 범부는 아예 수행을 하지 못한다고 하는 것이다.

십해에 올라서야 수행을 왜 해야 하는지 그 당위를 느낄 수가 있다. 그래서 그 지위를 발심주라고 한 것이다. 여기서부터 자력으로 3대겁 아승기야 동안 수행을 해야 부처가 될 수 있다고 **혈맥기** 1권에서 이미 말했었다.

능각인은 누가 깨닫는가 라는 뜻이라고 했다. 그러니까 깨닫는 주체는 삼현보살이 깨닫는다는 말씀이다.

海東疏 覺於念異者 明所覺相 如前所說六種異相 分別內外計我我所

그들은 망념의 異相을 깨달은 자들이다는 것은 소각상을 밝힌 것이다. 여섯 가지 異相은 앞에서 말한 것과 같다. 그것이 내외를 분별하고 아와 아소를 헤아린다.

십해에 올라간 삼현보살은 망념으로 된 異相을 깨닫는다. 異相은 앞에서 말했다시피 탐진치만의견이다. 삼현보살은 이 여섯 가지 異相이 왜 생겼는지를 알아버린다. 그러면 더 이상 이것들에 현혹되지 않는다. 마치 어둠 속에서 빗자루귀신에 홀려 정신없이 도망 다니다가 날이 밝으면 그 빗자루에 더 이상 속지 않는 것과 같다.

소각상은 바로 이것들을 깨닫는다는 것이다. 이 여섯 가지는 내외와 고하 장단과 좌우를 분별한다. 그리고 그것을 기준으로 자신의 지식을 삼는다. 내외 고하 장단 좌우는 자신의 현 기준에 의해 정해지는 일시적인 판단이다. 그러므로 이것들을 가지고 자신의 지식을 삼는다는 것은 참 어리석은 짓이다.

我와 我所라는 말은 나와 내 것이라는 뜻이다. 나도 없었는데 내 것이 어디에 있단 말인가. 나도 죄업이 만들어 놓은 결과물인데 거기다가 내 것까지 붙이고 있다. 그것은 마치 꿈속에서 얻은 물건을 내 것이라고 생각하는 것과 같다. 하지만 범부에게는 모두 다 내가 있고 내 것이 있다. 이것은 모두 망념의 異相이 만들어 낸 소산물이다.

그것들은 모두 가짜라는 것을 이 단계에서 확실히 깨닫는다.

海東疏 此三乘人了知無我 以之故言覺於念異 欲明所相心體無明
所眠 夢於異相 起諸煩惱 而今漸與智慧相應 從異相夢而得微覺也
이 삼승인은 무아를 요지한다. 그렇기 때문에 망념의 이상을 깨닫는다
고 한 것이다. 사상의 심체는 무명에 의해 잠자고 있었다. 그 異相의
꿈속에서 모든 번뇌를 일으켰지만 지금은 서서히 지혜가 드러나 異相
의 꿈으로부터 미미하게 깨어나고 있는 것이다.

자기를 중생으로 가둬 놓고 있는 틀은 탐진치만의견이라는 異相
이다. 이 異相에 무명이 한 번 더 때리면 행동으로 옮기게 된다. 그것
이 滅相이라고 했다. 滅相은 범부의 전부다. 범부는 이런 더러운 요
소로 만들어져 있다. 그러므로 범부가 그 마음을 쓸 때마다 오염물질
이 새어나오고 세상이 위태로워진다.

滅相이 없어지면 현자가 된다. 그러므로 삼승인은 無我를 요지한
다고 한 것이다. 요지는 잘 안다는 것이다. 현자가 되면 我라는 것이
어떻게 만들어졌는지 터득하게 된다. 그것은 이제 가짜라는 것을 요
지하는 것이다. 그러므로 그들에게는 특별히 我라는 것이 없다.

70, 80세대들에게 인기가 있었던 다방이 무아다방이었다. 다방에
들어가 클래식음악과 커피를 마시면 모든 세상사가 일시에 잊혀지고
무아의 세계에 들어가는 듯했다. 하지만 분명히 알아야 할 점은 범부
는 절대로 무아의 경지에 들어갈 수가 없다. 물론 그 무아의 경지를
맛볼 수도 없다. 무아의 경지는 삼현에 올라가야 그 진짜 맛을 분명

하게 느낄 수 있다는 것을 확실히 알아야 한다.

四相의 심체는 무명에 잠자고 있다. 사상으로 만들어진 중생은 꿈 속에서 배회하는 몽유병환자와도 같다. 그렇게 6도를 휘돌아다니다 가 훌륭한 의사인 부처님을 만나 서서히 깨어나는 단계로 접어드는 것이다. 그것을 말하자면 지혜와 상응하기 시작한 단계라고 하는 것 이다.

海東疏 念無異相者 是覺利益 旣能覺於異相之夢 故彼六種異相永 滅 以之故言念無異相也 捨麤分別執着相 故名相似覺者 是覺分齊

망념에 異相이 없어지면 이것은 각이익이다. 異相이라는 꿈을 깨고 나면 6종의 異相은 영원히 없어진다. 그렇기 때문에 망념에 異相이 없다고 한 것이다. 거친 분별과 집착을 떠난 상태라서 상사각이 된다는 것은 각분제인 것이다.

삼현보살이 1대겁 동안 꽉 차게 수행하면 異相인 여섯 가지 번뇌 가 없어진다. 그것이 깨달음의 이익이다. 그렇게 되면 거친 분별과 집착이 완전하게 떨어진다.

나에 대한 집착은 십주에서 벗어난다. 그리고 세상에 대한 집착은 바로 삼현이 끝나는 십회향 말에서 끝이 난다. 그러므로 범부에게 아무리 세상이 가짜라고 해도 그 말이 믿겨지지가 않는다.

범부는 인연으로 일정기간 존재하다가 그 인연이 다하면 바로 없 어지게 된다. 그런 사실은 10주에 올라가서야 알게 된다. 그래서 四 相으로 만들어진 내가 영원히 존재한다는 집착으로부터 벗어날 수가 있다.

하지만 내가 비록 없어져도 세상은 결코 없어지지 않는다고 고집하고 있다. 그러므로 창조신에게 三賢 계위의 끝자락까지 속임수를 당할 수밖에 없다. 三賢 말에 가야 그런 법집의 소견이 떨어진다. 그런데 어떻게 십신 범부가 그런 신의 함정으로부터 벗어날 수가 있단 말인가. 어림없는 일이다.

범부의 세계에서도 어떤 사람이 거친 분별과 집착으로부터 벗어나게 보이면 바로 부처라고 한다. 범부는 그렇게 되지 않는다. 그러므로 보이면이라고 했다. 겉으로 그렇게 보인다는 말은 속은 전혀 그렇지 않다는 뜻이다. 그러므로 범부는 절대로 분별과 집착으로부터 벗어날 수가 없다.

거친 분별과 집착을 벗어나면 어떤 깨달음을 얻게 되는가. 바로 상사각이다. 상사각은 覺은 각인데 아직 각이 아니라는 뜻이다. 이 정도가 되어도 아직 覺의 세계에 들어가지 못한다. 그저 覺과 비슷한 覺에 그치고 있다.

그만큼 깨달음이란 지난하고 어려운 것이다. 三賢의 현자도 그렇게 깨달음의 세계에 들어가지 못하는데 하물며 범부가 무슨 깨달음을 이룬다고 천 날 만 날 저리도 용을 쓰고 앉아 있는지 참 안타깝기만 하다.

海東疏 第三位中法身菩薩等者 初地以上十地菩薩 是能覺人也

세 번째로 법신보살들이라고 한 자들은 초지에서 십지까지의 보살들이다. 이런 자들이 능히 깨닫는 사람들이다.

유아원 원장과 국정원 원장은 똑같은 원장이지만 차원이 다르다. 학생도 그렇고 군인도 그렇다. 보살도 마찬가지다. 공양주보살 초심보살 신상보살 삼현보살 십지보살 지진보살 등 각 보살들은 다 똑같은 보살이름을 가지고 있지마는 그 차원이 현저하게 다르다.

범부는 자기 수준에 맞는 등급의 사람이 언제나 내 곁에 있다. 내가 사병이면 사병이 내 주위에 있고 내가 중학생이면 중학생이 내 주위에 있다. 내가 수준을 높이면 수준 높인 것만큼의 상대방이 나에게 나타난다.

내가 공양주면 공양주와 교류관계를 가지고 내가 삼현보살이면 삼현보살과 생활한다. 내가 십지보살이면 이제 십지보살이 나의 동료가 된다. 그러므로 세상 모든 것은 내 수준에 의해 결정된다.

하다못해 속옷 사이즈조차 내 몸에 맞는 수치가 주어진다. 내가 크면 큰 수치의 옷이 오고 내가 작으면 작은 수치의 옷이 나에게 입혀진다. 이것만 알면 왜 자신의 수준을 올려야 되는지 바로 이해가 간다.

이제 십지보살까지 나왔다. 십지의 초지는 **혈맥기** 1권과 2권에서 여러 번 언급하였다. 기억하고 계시는지 모르겠다.

"십지라는 말 처음 듣습니다."
"띄웅!"

십지라는 말은 수없이 해 왔고 앞으로도 할 것이다. 그러므로 십지에 대한 계위 설명을 간단하게나마 설명해야 할 시점이 온 것 같다.

십지의 초지는 환희지다. 이것을 정심지 또는 정승의락지라고도 표현하였다. 그러므로 초지의 설명은 생략한다.

2지는 이구지다. 이 계위부터 번뇌의 원천을 하나하나 제거해 나간다. 이 앞 단계에서는 지말번뇌를 제거하는 수행을 해 왔지마는 여기서부터는 근본번뇌를 없애 나간다. 없앤다고 하니까 범부들처럼 힘든 수행을 하고 노력을 해서 없애는 것이 아니라 내면의 지혜가 일어나면 자동으로 번뇌가 사라지는 것이다.

3지는 발광지다. 젖은 나무는 잘 타지 않는다. 이제까지 그 나무를 말리기 위해 애를 써 왔다. 이제 물기가 빠져나가니 불꽃이 그대로 일어난다. 연기가 나고 잘 붙지 않던 나무가 불꽃을 일으키기 시작하는 것과 같이 지혜의 광명이 나타나는 것이다.

4지는 염혜지다. 세속의 불은 그 주위를 밝히지마는 수행으로 인해 나타나는 내면의 불은 반드시 지혜와 함께 일어난다. 이제 지혜의 불꽃이 치성하게 일어나 주위는 물론 세상을 꿰뚫어보는 능력이 갖춰진다.

5지는 난승지다. 상상할 수 없는 수승한 능력이 나오기 시작한다. 그와 더불어 眞智와 俗智가 일어난다. 自利의 眞智가 계속해서 일어나고 利他의 俗智가 더 세게 생겨난다. 그래서 보통 5지부터 법신보살이라고 한다.

6지는 현전지다. 현전지는 세상과 내가 거울에 물상이 비치듯 모든 진리가 그대로 드러나 조금도 걸림이 없는 경지에 올라선 것을 말한다.

7지는 원행지다. 그렇게 대단하고 굉장한 지혜와 복덕을 쌓았지마는 아직도 멀고 먼 수행의 세계로 나아가야 하는 지위다. 대학을 졸업하면 대학원에 가고 싶은 마음이 들듯이 6지까지의 수행은 불지를 향해 나아가도록 만든다. 그 원동력을 바탕으로 깨달음을 향해 가행 정진을 일으키게 한다.

8지는 부동지다. 이제 마음의 미세한 번뇌가 나를 어떻게 요동시키지 못하는 지위까지 올라왔다. 즉 번뇌와 무명이 나를 움직이지 못한다는 것이다. 그렇기 때문에 부동지라고 한다.

9지는 선혜지다. 여기서 부처님이 갖고 계시는 10력을 얻는다. 진지와 속지가 원만하여 일체종지를 이룰 지경까지 올라가 있다. 眞智는 광명을 말하고 俗智는 자비를 뜻한다. 즉 진지는 지혜고 속지는 공덕이다.

10지는 법운지다. 햇빛이 강렬하면 새싹이 위험해진다. 구름으로 가려 새싹을 보호해 주면 새싹은 말라 죽지 않고 제대로 생육한다. 그처럼 세상의 중생을 부처로 키워내기 위해 자비의 구름을 드리워 주는 계위를 법운지라고 한다. 이 법운지에 의해 중생은 불성의 싹을 틔우고 무럭무럭 보리수를 키워 나간다.

어린아이는 부모의 손길에 의해 자라난다. 그 손길은 언제나 아이를 따뜻이 감싸준다. 그 감싸주는 모습은 추운 밤 어미가 자식이 추울세라 이불을 덮어주는 마음이다. 그것을 법운지라고 한다.

海東疏 覺於念住者 住相之中 雖不能計心外有塵 而執人法內緣而住 法身菩薩通達二空

망념의 住相을 깨달은 자는 住相 가운데서 비록 마음 밖에 세상이 있다고는 생각하고 있지 않지만 인집과 법집의 집착을 마음에다 두고 있었다. 법신보살은 그런 二空을 통달한다.

TV 속의 드라마는 가짜라는 사실을 알고 있지마는 감동적인 잔영들을 머리에 담아두고 있다. 그러다가 누가 그 드라마 이야기를 하면 신이 나서 같이 맞장구를 친다. 상대방이 내 의견과 달리하면 서운해 하고 맞으면 덩달아 기분이 좋아진다.

그것은 아직도 인집인 나와 법집인 드라마가 내 마음에 각인되어 있기 때문이다. 꿈도 마찬가지다. 전혀 없던 형상이 나타나고 사라졌는데도 그 꿈을 생각하고 그것에 의미를 두고 있는 것처럼 마음 밖에 다른 세상이 없다는 것을 알면서도 그에 반연되어 일어나는 일들은 머릿속에 담아 놓고 있다.

그러나 제5지가 넘어가면 이제 인집과 법집을 통달하기에 이른다. 즉 아예 그런 잔영들을 머리에 두지 않는다. 그것들은 원래 없던 것들이라는 것을 확실히 알아 버리기 때문에 조금도 거기에 의미를 두는 일은 없어진다.

海東疏 欲明所相心體前覺異相 而猶眠於住相之夢 今與無分別智相應 從住相夢而得覺悟 故言覺於念住 是所覺相也

四相으로 된 심체가 앞에서 異相을 깨달았지만 아직도 住相의 꿈에 잠자고 있다. 이제 무분별지와 상응한 결과로 주상의 꿈으로부터 각오하였음을 밝히고 있다. 그렇기 때문에 망념의 주상을 깨달았다고 하는 것이다. 이것은 소각상이다.

이제 법신보살을 넘어 보살마하살 단계로 올라간다. 그러면 무분별지가 나오기 시작한다. 이 밑으로는 분별로 파악해서 아는데 이제는 분별하지 않고도 다 알게 되는 능력이 나온다. 그것이 무분별지다. 즉 거울처럼 그냥 환하게 비춰 버린다. 그러면 다 알게 되는 것이다.

보통 영어를 해석하면 분별을 한다. 주어를 찾고 동사의 시제를 밝힌다. 그리고 목적어는 무엇을 말하고자 하는지 이리저리 분별을 한다. 하지만 한글 문장은 분별하지 않는다. 그냥 읽으면 다 알아져 버린다.

이처럼 무분별지를 얻으면 분별을 초월한다. 관세음보살과 문수보살 같으신 분들은 무분별지로 중생을 제도하신다. 학생은 선생에게 선택되기를 원하고 선생은 전체 학생을 하나로 본다. 중생은 보살에게 분별로 선택 받기를 원하지만 대보살들은 무분별지의 거울에 비치는 중생들을 하나로 본다. 그것이 무연자비의 제도다.

소각상은 뭘 깨달았다는 것인가 라고 했다. 그분들은 자신에 我라는 것이 없다는 것을 깨달은 것이다. 그러므로 그들에게는 나도 없고 남도 없다. 바다가 강물의 출처를 따지지 않고 하나로 받아들이는 것처럼 그분들은 我와 我所는 물론 我와 世上을 하나로 보기 시작하는 것이다.

海東疏 念無住相者 四種住相滅而不起 是覺利益也 以離分別麤念

相者 人我執名分別 簡前異相之麤分別 故不名麤

망념에 住相이 없다는 것은 네 가지 주상이 없어져 일어나지 않는다는 것이다. 이것이 각이익이다. 분별하는 추념을 떠난 모습이라는 것은 인아집의 분별을 떠난 것인데, 그것은 앞에 異相의 추분별과 구별하기 위해서이다. 그래서 추분별이라고 하지 않는다.

무분별지에 들어가면 住相이 없어진다. 주상에서 일어나는 번뇌는 네 가지다. 즉 아치 아견 아만 아애가 있었는데 이제 我라는 주체가 없어져 버린다. 그런데 어떻게 객체가 거기 붙을 수 있겠는가. 점점 세상과 하나가 되어가고 있는 것이다. 이것이 깨달은 이익이다.

추분별은 거친 망념을 말한다. 인집과 아집은 거친 망념에 의해 분별된 집착이다. 지금도 내가 내라고 여기면 거친 망념이 작용한다고 보아야 한다. 하지만 그것을 떠나 버리면 인집과 아집은 사라진다.

지금 세상이 어떻게 보이는가. 세상 모두가 다 객체로 보인다면 이것은 나의 거친 망념에 비쳐진 물상들이다. 이렇게 비쳐진 세상은 도대체 뭐가 뭣인지 알 수가 없다. 그래서 끊임없이 학습하고 연구하고 탐구한다. 그래도 세상은 알 수가 없다. 그것은 세상 물상이 거친 망념에 의해 보이기 때문이다.

온갖 존재가 다 망견에서 보이는 것이다. 세상은 꿈같고 물속의 달과 같으며 비친 그림자와도 같다. 이런 것들은 다 망상에서 생기는 것이라고 하신 **유마경**의 말씀에 귀를 기울여야 한다.

망견으로 보는 것은 아직도 미세한 추념이 있어서 그렇다. 추념이 만들어 내는 것은 법집이다. 미세한 추념이 법집에 집착한다. 그러나

이 정도의 계위에 올라오면 이제 그런 법집의 추념조차도 사라진다.

海東疏 法我執 名爲麤念 異後生相之微細念 故名麤念 雖復已得無
分別覺 而猶眠於生相之夢 故名隨分覺 是覺分齊也

법아집을 추념이라고 한 것은 뒤에 생상의 미세념과 다르기 때문에
추념이라고 하였다. 비록 무분별각을 얻었다 해도 아직 생상의 꿈에
잠들어 있기 때문에 수분각이라고 한다. 이것은 각분제다.

추념은 거친 망념이다. 법아집에 추념이 있다. 이것은 생상의 미세
한 추념과는 다르다. 그래서 주상의 추념과 생상의 추념은 다르다고
한 것이다.

10지 중에서 8지에 올라서면 무분별지를 얻는다. 그것을 무분별
각이라고 한다. 그때가 되면 더 이상 망념이 작동하지를 않는다. 중
생으로 내려올 때는 망념이 불각에 달라붙지마는 이제 역으로 올라
갈 때는 불각이 있다 하더라도 무명이 달라붙어 세력을 만들지 못
한다.

그러므로 8지 이상으로 올라갈 때는 망념이 작용하지 않기 때문에
거울처럼 분별이 없는 지혜를 갖게 된다. 하지만 아직도 그 속에는
生相이라는 근본불각이 들어 있다. 쇠 같으면 눈에 보이는 녹은 완벽
하게 다 털어내었지마는 아직도 녹이 나올 수 있는 요소는 그대로
갖고 있는 셈이다.

그렇다면 이렇게 대단한 보살이라 하더라도 다시 녹과 같은 무명
이 나올 수 있단 말인가 하는 의문점을 가지게 된다. 그렇지는 않다.

그분들의 삶 자체가 수행이기 때문에 다시 무명이 작동할 수가 없다. 예를 들자면 그분들의 수행은 강을 따라 떠내려가는 나뭇잎처럼 바다로 흘러만 가지 거꾸로는 돌아가지 않는다. 그것은 계속해서 수행을 하기 때문에 다시 무명에 물들 일이 없기 때문이다.

그분들의 깨달음은 수분각이다. 꽃이 피어나는 것처럼 한 겹 한 겹 피어나서 마지막에는 활짝 만개를 한다. 그렇게 올라가는 비례만큼 얻어지는 깨달음이라 해서 수분각이라고 이름을 지은 것이다.

海東疏 第四位中如菩薩盡地者 爲無垢地 此是總擧 下之二句 別明二道 滿足方便者 是方便道 一念相應者 是無間道

네 번째 가운데서 말한 보살진지자는 무구지에 있는 분들이다. 이것은 수행을 결론짓는 자리이다. 아래에 두 글귀는 따로 두 길을 밝히고 있는데, 만족방편이라는 것은 방편도고 일념상응은 무간도를 말한다.

보살진지 者는 보살의 지위가 끝이 난 자들이다. 이분들은 이제 마음속에 불각이 없다. 불각이 강력한 페로몬을 발산해서 무명을 끌어들이는데 이제 불각이 없으니 무명이 달라붙을 수가 없다.

무명이 불각에 작동해야 四相의 시작인 生相이 나오고 번뇌가 난무하게 되는데 이제 불각이 아예 없으니 번뇌가 일어날 수가 없다. 조금만큼이라도 오염된 물이라면 그것이 컵 속에 들어 있을 때 오염물질이 침전된다. 그러므로 약간만 흔들어도 금방 윗물이 혼탁되어 버린다.

하지만 오염을 벗어난 순수 증류수라면 달라진다. 아무리 흔들고 뒤집어도 구정물이 일어나지 않는다. 더러워질 수 있는 요소가 사라져 버렸기 때문이다.

이처럼 이제 법운지를 넘어 10지가 다하면 보살의 지위도 끝이 난다. 보살이라는 호칭은 아직도 그 마음속에 불각을 갖고 있다는 전제 하에 이름 붙여진 것이다. 그래서 이 불각을 갖고 있는 한 아무리 위대한 성자라도 보살에 그친다. 이제 그 불각이 제거되면 더 이상 보살이라는 칭호는 없어지고 다음 단계인 부처로 올라간다.

만족방편자는 방편도를 만족한 분들이라는 말이다. 이분들은 완벽하게 공덕이 구비되었다는 것을 의미한다. 그러니까 보살의 계위가 다하면 그 공덕이 원만해져 하화중생하는 능력이 완벽하게 준비된다는 뜻이다.

일념상응이라는 말은 일념이 상응한다는 뜻이다. 일념은 망념으로부터 벗어난 지혜의 마음이다. 이것이 이제 드디어 진여의 세계와 하나로 상응해 맞아떨어진다는 것이다.

무간도라는 말은 간격이 없다는 뜻이다. 좋은 치아는 들쑥날쑥하지 않는다. 잘 숙성된 토마토는 속에 빈 공간이 없다. 잘 익은 무는 바람 든 구멍이 없다. 잘 지어진 건물은 벌어진 틈이 없다. 완벽하게 조밀하다. 그럴 때 외부의 바람과 벌레가 침입하지 않는다. 그만큼 마음이 조밀하고 완벽하다는 말이다.

중생의 마음은 구멍투성이다. 언제나 성기고 엉성하다. 빨고 난 갈비처럼 구멍이 숭숭하다. 그 사이에 무명의 바람이 들어와 중생의 마음을 사정없이 휘저어 버린다. 잘 빗어진 규수의 머리를 미친 여자의 머리칼로 휘말아 버리는 바람 같은 것이다.

다시 말하자면 우리의 원래 마음은 조밀하고 촘촘하다. 허공처럼 빈틈없고 물처럼 찰지다. 들쑥날쑥하거나 빈틈이 없다. 그러기에 천지를 담고 만물을 포용하는 것이다. 조금도 새어 나가거나 삐져 나갈 틈이 없으므로 무명이 그 공간을 노리지 못한다. 그 마음이 부처의 마음이다. 그것을 무간도라고 하는 것이다. **법구경** 말씀이다.

Even as rain breaks through
an ill-thatched house,
passions will break not through
an ill-guarded mind.

지붕을 성글게 이으면
비가 새는 것처럼
자신을 잘 경계하지 않으면
탐욕이 뚫고 들어온다.

海東疏 如對法論云 究竟道者 謂金剛喩定 此有二種 謂方便道攝
無間道攝 是名能覺人也

저 **대법론**에 구경도라는 것은 금강유정이다. 여기에 두 가지가 있다. 이를테면 방편도섭이고 무간도섭이다. 이것은 깨닫는 자를 말하고 있다.

대법론은 안혜가 짓고 현장이 번역한 대승의 논서이다. **혈맥기** 1

권에서 원효성사가 대승을 설명하실 때 이미 한 번 인용한 논서이다. 생각이 나실지 모르겠다. 거기에서 대승의 위대성을 일곱 가지로 나누어 설명하였다.

인도스님으로 **대승기신론**을 한역한 스님이 대표적으로 두 분이 계신다. 한 분은 실차난타스님이고 다른 한 분은 파라마타스님이다. 두 분 다 삼장법사이면서 번역가로서 유명하다. 우리는 지금 파라마타스님이 한역한 **기신론**을 교본으로 삼고 있다. 이 파라마타스님을 번역하면 진제스님이 된다. 이 진제스님의 스승이 위에서 말한 **대법론**의 저자 안혜보살이다.

구경도는 수행의 끝 지점이다. 그 자리는 금강유정이다. 금강유정이라는 말은 금강과도 같은 선정을 말한다. 세속의 금강이 무엇이든지 다 부수고 깨뜨릴 수 있는 것처럼 출세간의 금강은 그 어떤 번뇌와 무명도 다 부수고 깨뜨릴 수 있는 힘을 가지고 있다. 그것이 바로 금강과도 같은 선정이다.

이 선정에 대해서는 위에서 자세히 설명해 두었다. 이것은 두 가지를 아주 견고하게 만든다. 하나는 방편도이고 하나는 무간도이다. 즉 공덕과 지혜를 이 선정에서 최고치로 완숙시킨다. 그런 의미로 뒤에다 攝섭이라는 글자를 두었다. 섭이라는 한자는 뭔가를 굳게 지키고 뭔가를 굳건히 유지한다는 뜻을 가지고 있기 때문이다.

海東疏 覺心初起者 是明所覺相 心初起者 依無明有生相 迷心體令動念 今乃證知離本覺無不覺 卽動念是靜心 故言覺心初起

마음이 처음 일어나는 것을 깨닫는 것은 소각상을 밝힌 것이다. 마음이 처음 일어나는 것은 무명에 의해 생상이 있게 된 것이다. 미혹한 심체가 망념을 일으켰지만 이제 본각을 떠나서는 불각이 없고 動念이 靜念이 라는 것을 증득해 알게 된다. 그러므로 마음이 처음 일어난 것을 깨닫는 다고 한 것이다.

십지가 다한 보살은 그렇다면 어떤 것을 깨닫는다는 말인가. 그것 은 바로 마음이 처음 일어나는 근원에 대해 깨닫는다는 것이다.

범부와 삼현, 그리고 십지보살들은 마음을 갖고 살지마는 마음의 근원을 궁구하지 못한다. 모두 다 오염된 마음이 만들어 낸 세계 속 에서 살고 있다.

산골 오지에 설치된 물탱크에서 언제인가부터 이상한 냄새가 났 다. 무지하고 삶에 쫓기는 사람들은 그러려니 하고 그냥 그대로 그 물을 먹는다. 그래서 다 죽을병에 걸린다. 그보다 좀 더 차원이 높은 사람들은 자기 한 가족이 먹을 만큼 그 물을 가라앉혀서 마신다.

한 수 더 높은 사람들은 이제 공동대처를 한다. 많은 물이 필요하 므로 거름망과 정수시설을 설치한다. 이제 그들뿐만 아니라 오고가 는 목마른 나그네에게도 물을 줄 수 있는 여유가 생긴다.

그 물을 어쩔 수 없이 마셔서 대를 이어 죽어가는 자들은 범부들이 고, 가라앉혀서 마시는 자들은 삼현보살들이다. 공동으로 대처하는 자들은 대승의 보살들이다.

이보다 더 한 수 높은 자들은 그 오염물질의 근원을 찾으려 한다. 그래서 샘물의 발원지를 찾아 힘겹게 한 걸음 한 걸음 위쪽으로 올라간다. 온갖 고난의 시련 끝에 그들은 물의 원천을 찾아내고 그 물속에 썩어가는 거대한 이무기의 시체를 발견한다. 그들은 그때서야 샘물은 아무 문제가 없는데 이무기 시체 때문에 물이 오염되었다는 사실을 확인한다.

그 확인을 증지라고 한다. 즉 그냥 들어서 아는 것이 아니라 확인되어서 아는 것을 증지라고 한다. 그들은 그 이무기 시체를 치워 버린다. 이제 그 물은 아무 오염이 없는 절대의 청정수가 된다. 그들은 두 번 다시 냄새나는 물을 먹을 필요가 없어지게 된 것이다. 그것이 바로 오염된 마음이 생기게 된 문제의 初相을 알아버린다는 것이다.

海東疏 如迷方時謂東爲西 悟時乃知西卽是東 當知此中覺義亦爾也
마치 방향을 잃어버린 사람이 동쪽을 보고 서쪽이라고 하다가 방향을 제대로 알고 난 뒤에는 서쪽이 동쪽임을 알게 되는 것과 같다. 마땅히 알아야 한다. 이 가운데 시각의 뜻도 또한 그렇다는 것을 말이다.

두 사람이 인도에 살고 있었다. 한 사람은 한국을 인도의 서쪽이라고 했고 또 한 사람은 동쪽이라고 했다. 둘은 날선 공방으로 한나절을 싸웠지만 결론이 쉽게 나지 않았다.

서쪽이라고 하는 사람은 분을 참을 수가 없었다. 어디를 봐도 서쪽인데 그곳을 동쪽이라고 우기니 이것은 약을 올리기 위한 억지소리로 들렸다.

그렇게 둘은 헤어져 오랜 시간이 흘렀다. 한국을 서쪽이라고 우기던 사람은 우연한 기회에 미국으로 건너가 살았다. 그러던 어느 날

우연히 누가 국적이 어디냐고 물었다. 그는 한국이라고 했다. 한국이 어느 방향에 있느냐고 물었다. 그는 미국의 서쪽에 있다고 했다. 그 소리를 옆에서 듣고 있던 미국사람이 한국은 자기들의 동쪽에 있다고 하였다.

그들은 지도를 땅바닥에 펴고 방향을 찾기 시작했다. 한국을 서쪽이라고 하는 그가 계속해서 서쪽으로 나아가니 한국이 나왔다. 한국이 동쪽이라는 사람은 반대방향으로 나아가니 한국이 동쪽에 있었다. 어떻게 된 심판인지 이제 한국이 졸지에 미국의 동쪽과 서쪽에 있게 된 것이다.

그 사실을 알고 그는 깨달았다. 방향은 일직선상에 있기 때문에 서쪽과 동쪽은 아예 없다는 것을 알아차린 것이다. 그러니까 서쪽이 곧 동쪽이라는 사실을 알아버린 것이다. 이 말은 중생과 부처의 삶은 전혀 딴판의 삶인 줄 알았는데 중생의 삶 속에 부처의 삶이 그대로 있었다는 사실을 알아차린 것을 의미한다. 그러니 그 서쪽이 바로 동쪽인 부처자리였다는 것이다.

海東疏 心無初相者 是明覺利益 本由不覺 有心元起 今旣覺故 心無所起 故言心無初相

마음에 초상이 없다는 것은 각이익을 밝힌 것이다. 본래 불각이 있어서 마음 거기서 초상이 일어났다고 했는데 이제 깨닫고 보니 마음에서 일어난 적이 없는 것이다. 그래서 마음에 초상이 없다고 한 것이다.

초상은 生相을 말한다. 생상은 중생이 만들어지는 첫 망념의 단계다. 망념의 근원은 불각이다. 이것 때문에 생상이 만들어졌는데 이제 불각이 무엇인지 알아버리니 생상이란 것이 원래 없어진 것이다.

꿈은 잠을 자면 꾸어진다. 꿈은 실체가 없다. 꿈은 잠 속에서만 일어난다. 그러니 잠은 꿈을 불러들인다. 하지만 자지 않으면 꿈은 어떻게 하지를 못한다.

깨달은 자는 늘 깨어 있다. 그러므로 꿈이 없다. 거기에 무슨 가위눌림이 있어서 고통소리를 내겠는가. 본인이 아직도 꿈을 꾼다면 자신의 신분이 아직도 고통 속에서 방황하는 범부라는 사실을 알아야 한다.

그렇다면 깨달은 자는 꿈을 꾸지 않는단 말인가. 그렇다. 그분들은 범부들처럼 잠을 자면서 정신 줄을 놓지 않는다. 그들은 그저 잠을 잘 뿐이다.

그러므로 깨달은 자들에게는 꿈은 없다. 자기마음을 어떻게 할 수 없는 범부들만이 주인의 허락 없이 또 다른 세계를 만드는 것이지 깨달은 자들에게는 이미 마음이 없기 때문에 꿈을 꿀 주체가 없어져 버린다.

海東疏 前三位中雖有所離 而其動念猶起未盡 故言念無住相等 今究竟位 動念都盡 唯一心在 故言心無初相也

앞에 세 계위 가운데서는 비록 망념을 떠났다 해도 그 動念동념이 다시 일어나 완전히 없어지지는 않았다. 그렇기 때문에 망념이 없다는 주상에서도 동념이 같이 존재한다고 했다. 이제 구경위에서는 동념이 모두 없어져 오직 일심만 있기 때문에 마음에 초상이 없다고 한다.

앞의 세 계위는 불각과 상사각, 그리고 수분각이다. 거기서도 나름 대로 움직이는 마음인 동념을 떠났지만 완전히는 떠나지 못하였다. 완전히 떠난 것 같다가도 외부 인연이 닿으면 또 동념이 일어나곤 한다. 설령 주상의 자리라 하더라도 앞의 단계처럼 움직이는 마음인 동념이 완벽하게 다 없어지지는 않았다.

그래서 불각에는 滅相이 없어지고 상사각에서는 異相이 없어지며 수분각에서는 住相이 없어지지만 불각이 있는 한 그래도 아주 미미 하게 그 동념은 그대로 있다고 하였다. 그만큼 그 동념을 뿌리째 뽑 아 버리기는 어려운 것이다.

하지만 깨달음을 향한 마지막 단계를 넘어서면 더 이상 번뇌에 의 한 동념이 없다. 완전히 정지된 상태다. 그 자리가 열반이다. 거기엔 순수 일심만 있기 때문에 망념이 만들어 내는 초상이 그 속에서 어떻 게 활동할 수가 없다는 것이다.

海東疏 遠離以下 明覺分齊 於中二句 初正明覺分齊 是故以下 引經 證成

원리 이하는 각분제를 밝힌 것이다. 거기에 두 구절이 있다. 처음은 각분제를 밝힌 것이고, 시고 이하는 경전을 인용해 증명을 한 부분이다.

지금 우리가 보고 있는 이 문단들은 始覺에 대한 풀이들이다. 始覺 중에서 두 가지가 있었는데 하나는 구경각이고 둘은 비구경각이었다.

구경각은 앞 독립된 문장에서, 마음의 근원을 깨달으면 그것이 구 경각이라고 했고 비구경각은 마음의 근원을 깨우치지 못하면 구경각이 아니다 라고 하였다. 이제까지는 비구경각에 대하여 설명해 왔다.

이제 수행자의 마지막 단계인 보살진지 者가 구경각을 깨닫는 자라고 하였고, 마음이 처음 일어나는 이유를 깨달은 것이 소각상이며, 마음에 초상이라는 것은 원래 없었다는 것을 안 것이 각이익이었다. 이제 네 번째로 그 깨달음의 이름은 무엇인가인 각분제까지 온 것이다.

이 각분제를 밝힌 가운데서 이 각의 이름은 구경각이다고 하였다. 그것을 설명한 가운데서 첫 번째는 왜 그것이 구경각인지를 밝힌 것이고, 둘째는 원문에 시고 이하 부분으로써 경전에 그렇게 되어 있다는 말씀을 인용해 그 구경각을 증명하는 순서로 쓰여 있다는 것이다.

海東疏 業相動念 念中最細 名微細念 此相都盡 永無所餘 故言遠離

업상은 움직이는 망념이다. 망념 가운데서 가장 미세한 것이 미세망념이다. 이 업상이 완전히 다하여 영원히 남아 있지 않기 때문에 원리라고 했다.

업상은 주객이 분리되기 전이기 때문에 중생으로서는 그 움직임을 감지할 수가 없다. 이것은 대보살인 관세음보살 문수보살이라 하더라도 이 업상의 움직임은 알아차릴 수가 없다. 이것은 오로지 부처님의 차원이다.

이 미세한 망념의 요동이 있는 한 그들은 보살이다. 날고뛰어도 이것이 아직 남아 있는 한 그들은 한 명의 고등수행자에 불과하다. 오로지 부처님만이 이것으로부터 멀리 벗어나 있기에 원문에서 멀리 벗어나 있다는 뜻으로 遠離원리 라고 했다.

　먼지 중에서도 가장 미세한 먼지는 쉽게 보이지 않기 때문에 상대하여 대처하기가 쉽지 않다. 그렇지마는 이 미세먼지는 중생을 죽음으로 몰고 간다. 이 미세먼지를 완전히 없앨 때 그 자리는 지극히 안전하고 평안하다. 그 자리가 바로 부처의 자리다. 그래서 그 미세먼지인 미세망념을 멀리 벗어난 자리를 구경각이라고 하는 것이다.

海東疏 遠離之時 正在佛地 前來三位 未至心源 生相未盡 心猶無常 今至此位 無明永盡 歸一心源 更無起動 故言得見心性

멀리 벗어나는 때는 정확히 불지에 있게 된다. 앞의 세 계위는 심원에 이르지 못하여 그 마음이 움직이다 보니 무상하기만 하였다. 이제 이 계위에 당도하여서는 무명이 영원히 없어져 일심의 근원에 돌아가서 다시는 기동함이 없게 된다. 그렇기 때문에 심성을 본다고 하였다.

　遠離원리 는 무명의 동념으로부터 멀리 벗어난다는 말이다. 이것은 위험으로부터 도망쳐서 멀리 달아난다는 말이 아니라 존재적으로 완벽하게 독립되었다는 말이다.

　그 전까지는 어둠이 밝음을 누르고 있었는데 이제는 밝음만이 존재할 뿐 어둠은 영원히 없어진 것이다. 그것이 부처님의 지위인 불지가 되는 것이다.

　바다가 변함없이 그대로 존재하는 것은 끊임없이 그곳으로 유입되는 강물 때문에 그렇다. 이 강물이 없으면 바다는 살아 숨 쉴 수가 없다.

바다가 불생불멸이 되고 부증불감이 되는 이유는 이처럼 담수들의 유입이다. 그렇지 않으면 바다는 자체 정화가 되지 못하고 말라가기만 한다. 그 말라가는 비례만큼 소금기의 농도가 짙어져 모든 생물들이 다 죽게 된다.

부처도 마찬가지다. 부처가 이 망념으로부터 영원히 벗어나는 것은 바로 끊임없이 부처 자신으로 유입되는 공덕과 지혜 때문이다. 이것들이 없으면 부처는 고체로 정물화 된 인격체에 지나지 않는다. 하지만 이 두 개가 간단없이 유입되기 때문에 부처의 광명은 영원히 꺼지지 않고 살아 숨 쉬는 활력체가 된다. 그래서 어둠으로부터 멀리 벗어날 수가 있는 것이다.

원문에서 성사가 쓰신 이 猶유 字는 오히려 유 자로 보면 안 된다. 이 猶 자는 여기서 움직일 猶 자나 흔들릴 猶 자로 보아야 한다. 그래야 정확한 뜻이 된다.

海東疏 心卽常住 更無所進 名究竟覺 又復未至心源 夢念未盡 欲滅此動 望到彼岸 而今旣見心性 夢想都盡

마음이 상주에 즉합하면 다시 나아갈 곳이 없게 된다. 그것을 구경각이라고 한다. 심원에 이르지 못할 때는 꿈같은 생각이 다하지 못해 그 동념을 없애고 피안에 이르고자 했다. 하지만 이제 심성을 보게 되면 그런 꿈같은 생각은 모두 없어져버린다.

즉합이라는 말은 정확하게 합치한다는 뜻이다. 그러면 더 이상의 진취는 없다. 常住는 전체이기 때문에 그 속에는 상하와 좌우 진퇴가 없다. 그러므로 마음이 상주에 즉합하면 전 우주의 진여와 한 덩어리가 된다. 물론 여기에서의 마음은 불각이 빠진 순수 마음 그 자체이다.

잠을 자다 미친 개를 만나면 그 공포로부터 벗어나고자 요동을 치겠지만 깨고 나면 그것은 전혀 없는 것과 같다.

그러므로 구경각에 다다르지 못했을 때는 어떻게든 이 망념의 공포로부터 벗어나야 되겠다는 생각을 하지마는 常住에 들어가게 되면 그런 중생은 원래 없던 것이라는 것을 알게 된다. 그러면 망념이고 공포고 하는 것들이 아예 없어져 버리는 것이다. **승만경** 말씀이다.

性海波歇성해파헐
湛然常住담연상주

본성의 바다에서 파도가 그치면
맑고 자연스런 상주가 된다.

피안과 상주는 같은 말이다. 피안은 차안의 상대적인 말이고 상주는 무상의 반대되는 뜻이다. 이 둘 다 열반의 다른 이름들이다.

海東疏 覺知自心本無流轉 今無靜息 常自一心 住一如狀

그러면 자신의 마음이 본래 유전함이 없었다는 것을 알아 고요하게 쉬는 것도 없어져 버린다. 이제 영원한 자기의 일심이 한결같은 자리에 안주하는 것이다.

육신은 소비할 에너지를 모으기 위해 휴식이 필요하다. 불완전체인 마음이라면 그것도 휴식이 필요해서 쉬는 시간이 필요하다. 하지만 완전체인 마음은 유기체도 아니고 무기체도 아니기 때문에 휴식이라는 것이 전혀 필요가 없다.

우리의 원래 마음은 처음부터 완벽했고 마지막에도 완벽하다. 그 완벽함에 빨간 안경이 착용되어져 있었다. 세상은 이제 온통 빨간색으로만 보이게 되었다.

그러던 어느 날 부처님이 나타나셔서 빨간 안경을 벗어도 세상은 잘 보인다고 하셨다. 그래서 그 안경을 벗어 버리니 전혀 상상하지 못하던 총천연색의 세상이 화려하게 나타나는 것이다.

그처럼 마음은 색상이 없는데도 범부는 자기 죄업에 맞는 색안경을 다 끼고 있다. 더러는 노란 안경을 끼고 더러는 빨간 안경을 끼며 또 더러는 푸른 안경을 착용하고 타인과 세상을 보고 있다.

그런 그들의 눈에 총천연색의 세상이 있는 그대로 보일 리가 없다. 단지 자기의 기준에 의해 세상을 한 색깔로만 보고 있을 뿐이다. 그래서 같은 안경을 낀 중생끼리 뭉쳐서 상대방에 반목과 투쟁을 일으키는 것이다.

그들이 미처 보지 못했던 총천연색의 세상은 원래부터 그 자리에 있었다. 단지 내가 색안경을 끼고 있었기 때문에 그것을 못 보고 있었던 것이다. 그러므로 색안경을 끼고 푸른 하늘을 보고자 했던 자신이 한없이 어리석었고 미련하였다는 것을 깨닫는다.

이제는 푸른 하늘을 봐야겠다는 생각마저 하지 않는다. 언제든 고개를 들면 머리 위에서 그것은 항상 나를 내려다보고 있다는 것을 깨달아 알아버렸기 때문이다.

海東疏 故言得見心性 心卽常住 如是始覺不異本覺 由是道理名究
竟覺 此是正明覺分齊也

그러므로 말하기를 심성을 보게 되면 마음은 곧 상주에 즉합하게
된다고 한 것이다. 이와 같이 시각은 본각과 다르지 않다. 이러한
도리로 구경각이라고 하니 이것은 올바로 각분제를 밝힌 것이다.

어느 스님이 예수에 대한 영화를 만들었다. 그리고 서양의 유수한
대학을 다니면서 강연을 하였다. 지구상에 나타난 사대성인은 모두
다 같은 분이라고 했다. 인간이 그분들의 말씀을 다르게 해석하고
있기에 다른 것이지 그분들은 모두 다 같은 선상에 있다고 했다. 그
러면서 진리는 하나이기 때문에 그렇다고 했다.

나는 이 말에 동의하지 않는다. 마호메트와 예수는 자기들의 절대
신을 모시고 있다. 그리고 공자는 인간이 살아가야 할 인륜을 밝히는
데 그 가르침의 목적을 두었다.

그렇다면 부처님은 어떠하신가. 부처님은 이 두 가지를 뛰어 넘으
셨다. 하나는 신이고 하나는 인간이다. 신을 모시는 것도 허용하지
않으셨고 인간의 삶도 용납하지 않으셨다.

그래서 불교에서는 신을 모시지도 않고 인간이 지켜야 하는 기본
윤리와 도리도 따르지 아니한다. 그래서 예수의 가르침과 공자의 가
르침을 완전히 벗어나 있다.

부처님이 살아 계실 때 인도에는 종교박물관 국가라 할 만큼 온갖

종류의 종교들이 넘쳐나고 있었다. 대표적인 것이 위에서 언급한 96종의 외도들이었고 그중에서도 괄목할 만한 세력을 가진 자들이 6사외도들이었다. 부처님은 그들을 보고 거침없이 사마외도라고 불렀다. 사마외도라는 말은 삿되기가 악마와도 같아 정도를 벗어난 사교의 집단이라는 뜻이다.

그들은 신의 이름으로 중생을 억누르고 값어치 없는 교리로 혹세무민하는 것에 대해 전혀 부끄러움을 모르는 작자들이라고 하셨다. 그렇기 때문에 부처님은 그런 외도와는 교류도 하지 말고 그들이 있는 곳에 찾아가지도 말라고 하셨다.

그뿐만 아니라 그들과는 상종을 하지 말고 그들과는 아예 무리를 짓지 말라고 강력하게 제재하셨다. 이런 말씀은 대소승의 모든 계율에 구분 없이 나오고 있는 것만 보아도 그분이 얼마나 외도의 폐해와 誤導오도를 걱정하셨는지 짐작이 가고도 남는 일이다.

인류가 두 발로 땅을 딛고부터 이제까지 얼마나 많은 사람들이 자칭 깨달았다고 말하면서 가여운 사람들을 기만하였던가. 동서고금을 통틀어 수도 없이 많은 사람들이 나름대로 신의 대속자라고 하며 불쌍한 중생들을 지옥의 세계로 끌고 가지 않았던가.

또 얼마나 많은 사람들이 선지자 또는 예언자라는 이름으로 중생들을 이끈다며 그들의 탐욕과 세력을 키워 왔는지 우리는 역사적으로 너무나 잘 알고 있지 않는가.

똑같이 날개를 가졌다 하더라도 뱁새와 붕새가 다르고 똑같이 운다고 해도 고양이 울음과 사자의 포효는 다른 것이다. 그처럼 그들의 깨달음과 부처님의 깨달음은 이름만 같을 뿐 정도와 수준의 차이는 하늘과 땅만큼 크다는 사실을 절대로 간과해서는 아니 된다.

진리는 하나기 때문에 지구상에 존재하는 모든 종교가 하나라고 한다면 왜 그때 부처님이 그렇게도 많던 외도들을 경계하고 인정하지 않았는지에 대해 심도 있게 생각해 보아야 한다. 지금의 이슬람교도나 가톨릭, 그리고 개신교들이 정확하게 그때 당시의 인도 브라만의 사제와도 같은 역할을 하고 있다는 것은 누구나 다 아는 사실이지 않는가.

부처님의 깨달음은 수없이 말하고 있지마는 우리의 마음이 어떻게 생겼는지를 알아버렸을 때 얻어지는 구극의 증과를 말한다. 이것은 그 어떤 자칭 성자가 흉내 낼 수 없는 절대적 진리를 오랜 세월 동안 수행해 증오하셨기 때문이다. 그러기에 부처님의 깨달음을 구경각이라고 하는 것이다.

똑같은 불교 속에서도 소승에서는 수다원 사다함 아나함 아라한의 깨달음이 있고 대승에서는 범부각과 상사각과 수분각의 깨달은 분들이 있다.

그 위에 구경각을 깨달은 부처가 있다. 부처는 모든 깨달음의 과정을 완벽하게 다 통과하고 마지막 단계인 구경각까지 깨달았다. 그 구경각이 바로 **반야심경**에서 아누다라삼먁삼보디인 것이다. 이런 깨달음은 오로지 부처만이 해 낼 수 있다. **화엄경** 게송을 한번 음송해 보시기 바란다.

天上天下無如佛
十方世界亦無比

世間所有我盡見
一切無有如佛者

하늘 위 하늘 아래 부처님 같으신 분은 없고
동서남북 세상천지 비교할 자가 없으십니다.
우주공간 잘났다는 그 누구를 다 살펴보아도
부처님같이 위대하신 분은 단연코 없으십니다.

그 스님은 대단히 위험한 말을 한 것이다. 불교와 기독교가 그 가
르침의 근본과 목적이 같다면 불교의 서양전법을 원천적으로 막아
버리는 역할을 한 것이다. 두 종교가 근본적으로 같은 것이라면 구태
여 서양에 불교의 보급이 필요가 없게 되기 때문이다.

불교는 기독교를 믿는 자들을 그들의 가공 신으로부터 해방시켜
주기 위한 방법을 가르친 종교다. 지구상에 있는 창조신이거나 잡신
이거나 간에 신이라는 이름을 가지고 중생을 노예화 시키려는 의도
를 원천 봉쇄해 버리고 그 교리에 갇혀 있는 중생들에게 자유와 해탈
을 얻도록 도와주는 가르침이 불교라는 사실을 절대로 잊어 버리면
안 되는 것이다.

그들은 신의 이름으로 인간들을 묶으려고 하고 부처님은 깨달음의
가르침으로 그 묶고자 하는 의도를 간파해 인간들을 해방시키고자
하는데 어떻게 부처님을 그들과 똑같은 선상에 두고 같은 분이라고
말하는지 이해할 수가 없다.

어떤 시각으로 보기에 구경각을 이룬 부처를 신의 대속자로 나온

다른 종교지도자와 같은 동급으로 취급하고 있는지 참 유감스러운 일이 아닐 수 없다.

힘 있는 토박이는 떠돌이를 친구라고 부르지 않는다. 힘없는 자가 언제나 힘 있는 자에게 친구라는 말로 친밀감을 내세운다. 나름대로 세력을 가진 타 종교들이 단 한 번이라도 그들의 종교와 불교는 같은 것이라고 다가온 적이 있었던가.

그런데 왜 부처님의 가사를 착용한 제자가 자기발로 찾아가 그들의 종교세계를 우상화시켜 주려고 노력하는지 이해할 수가 없다. 우리는 힘이 없고 그들은 집단의 힘이 있으니 정치적 친밀감을 나타내 주고자 하는가. 그렇게 하지 않아도 우리만 열심히 수행을 잘 한다면 그들이 먼저 다가와 손을 내밀 텐데 참 아쉽기만 한 처사라고 느껴진다. **법구경** 말씀이다.

He who goes for refuge to Buddha,
to Truth and to those whom he taught,
he goes indeed to a great refuge.
then he sees the four great truths.

부처님께 귀의하고
부처님의 말씀에 귀의하고, 그 무리를 따른다면
그는 진실로 위대한 귀의처를 가지게 된다.
그러면 네 가지 성스런 진리를 보게 된다.

別記 問 若言始覺同於本覺離生滅者 此說云何通 如攝論云 本旣
常住 末依於本 相續恒在 乃至 廣說

묻겠다. 만약에 시각이 본각과 동일하여 생멸을 떠났다고 한다면 이
말은 어떻게 해석할 것인가. 저 **섭론**에서 본각은 이미 상주하여 있고
末은 본각에 기대어 상속한 상태로 항상 그대로 있다고 하면서 널리
설하고 있는데 말이다.

섭론은 무착보살이 짓고 세친보살이 해석했다. 그것을 **대승기신
론**을 번역한 진제삼장이 한역했다.

거기에 이런 말이 있다고 하면서 질문한다. 본각은 이미 常住하는
상태고 시각은 본각에 부분으로 붙어 있으면서 상속을 계속하고 있
다고 되어 있는데, 어떻게 이 둘이 같다고 말할 수 있느냐 하는 것이
다. 여기서의 末은 시각을 의미한다.

세속적인 상속의 뜻은 일정한 친족관계가 있는 사람 사이에서 한
쪽이 죽어 다른 한쪽으로 그 호주권과 재산에 따른 권리 의무를 내려
받는다는 것이다. 하지만 여기에서의 상속은 망념에 의해 끊임없이
이어지는 생각의 연속성을 말한다. 이것은 앞으로도 계속 나오는 법
수이기 때문에 이번에 확실히 알아두시면 좋을 것이다.

別記 答 二意異故 理不相違 何者 此論主意 欲顯本由不覺動於靜
心 今息不覺還歸本靜 故成常住

답해 주겠다. 두 뜻은 다르지만 이치는 서로 어긋나지 않는다. 왜냐하면
이 논주의 뜻은 본각이 불각에 의해 靜心이 움직였다는 것을 나타내고

자 하는 데 있다. 이제 불각이 그쳐서 본래의 정심에 돌아가게 됨을 나타내고자 한 것이다.

먼저 원효성사는 이 둘의 뜻은 겉으로 보기에는 다르게 보일지 몰라도 그 이치는 같은 것이다고 하면서 **기신론**의 뜻부터 명확히 밝혀 주셨다.

위에서 논주는 마명보살이다. 마명보살은 화신불을 들었다. 본각을 언급하면서 靜心정심에 역점을 두었다. 정심은 순수한 진여를 말한다. 그런데 진여 외에 불각이 본각에 붙어있어서 무명풍을 불러들였다.

그래서 그 본각이 움직여서 불각이 되었다고 하였다. 그런 불각이 점차적인 환귀의 단계를 거쳐 본래의 자리인 진여로 돌아가는 과정을 밝히고 있다고 하는 것이다.

그러니까 불각의 불순물을 점차로 털어 버리고 마지막에는 정심의 자리인 부처로 돌아가는 과정을 설명한 것이라고 한다. 그것을 본래의 고요한 자리로 돌아가는 것이라고 하신 것이다.

別記 彼攝論意 欲明法身本來常住不動 依彼法身起福慧二行 能感萬德報果 旣爲因緣所起 是故不離生滅 故說相續

저 **섭론**의 뜻은 법신은 본래 상주하여 부동하지만 저 법신에 의해 복혜의 두 행을 일으켜 만덕의 과보가 감득되는 것을 밝히고자 한 것이다. 이미 중생은 인연에 의해 일어난 바이기 때문에 생멸을 벗어나지 못한 상태다. 그러므로 상속이라고 한 것이다.

섭론을 지은 무착보살은 법신불을 들었다. 법신의 요소는 常住와 부동이다. 상주는 천지에 없는 곳이 없다는 뜻이고 부동은 그 어떤 외부의 작용에도 본체가 갖고 있는 부처의 속성은 흔들리지 않는다는 의미다.

그런 법신이 바로 진여다. 그 진여가 들어가 있는 것이 본각이다. 그 본각이 무명의 바람에 의해 중생이 되었다. 이제 중생 스스로가 받고 있는 죄업의 과보가 극심함을 자각하고 복덕과 지혜를 닦아 어떻게든 본래의 자리인 법신으로 돌아가고자 한다.

범부가 복덕과 지혜를 닦지 않았을 때는 전혀 이 수승한 기능을 몰랐는데 이것을 닦아보니 만덕의 엄청난 과보가 그 속에 들어 있다는 것을 감동스럽게 인지하게 된다는 것이다.

중생은 인연에 의해 나타나 있다. 그러므로 중생은 생멸할 수밖에 없다. 나타났다는 것은 없어진다는 조건을 갖고 있다. 그러므로 중생은 생멸할 수밖에 없다. 그 생멸 속에서 그들은 법신이 갖고 있는 상주와 부동을 찾아 수행한다고 하는 것이다. 그것이 바로 중생 속에 그대로 들어 있기 때문에 원문에서 상속이라고 표현한 것이다.

別記 具義而說 始成萬德 要具二義 依前義故常住 依後義故生滅 生滅常住不相妨礙

그 뜻을 갖추어서 말하자면 처음부터 만덕은 이루어져 있는 것이다. 거기에 중요하게 두 뜻이 있다. 앞의 뜻에 의하면 상주고 뒤의 뜻에 의하면 생멸이다. 생멸과 상주는 서로 방해하거나 걸림이 없다.

다시 말하면 법신이나 화신이나 모두 다 그 본성에는 만덕이 이미 다 갖추어져 있다는 것이다. 하지만 중생을 상대로 교화할 때는 법신에는 상주가 들어 있고 화신에는 생멸이 들어 있다고 한 것이다.

그래서 법신은 영원한 진리의 본체로 표현하고 화신은 중생을 교화시키기 위해 어쩔 수 없이 태어나는 모습과 열반하는 과정을 보여 주고 있는 것이다.

그러므로 시각으로 완성된 화신이 갖고 있는 생멸과 본각의 당체인 법신이 갖고 있는 常住는 서로 위배되지 않아 그 이치가 방해하거나 걸림이 없다고 하신 것이다.

別記 以一一念迷徧三世不過一念故 如似一一毛孔皆徧十方 雖徧十方不增毛孔 佛佛如是無障無礙 豈容偏執於其間哉

하나하나의 미혹된 망념이 삼세에 가득하지만 일념에 지나지 않는다. 마치 하나하나의 털구멍이 모든 시방에 가득 찬 것과 같다. 비록 시방에 가득하지만 털구멍이 더 많아진 것은 아니다. 佛佛이 이와 같이 장애가 없고 걸림이 없는데 어찌 편협된 집착이 그 속에 들어감을 용납할 수 있겠는가.

망념에 의해 오탁악세가 만들어진다. 망념에 의해 천차만별의 중생이 나타난다. 하지만 그 망념의 근원은 단 일념에 있다. 한 생각이 만 생각을 만들어 내고 만 생각이 천만 생각을 만들어 내고 있기 때문이다.

그 이치를 설명해 주신 분이 바로 화신의 부처다. 그 부처는 본인이 직접 중생들에게 그 망념으로부터 벗어나는 방법을 시현해 보이셨다. 그것이 바로 팔상성도로 중생을 제도하신 모습이다.

부처님의 털구멍은 끝나는 지점이 없다. **화엄경**에 차라리 우주의 끝을 찾으면 찾았지 부처님의 털구멍 끝은 찾을 수 없다고 하셨다. 그 털구멍은 천지에 가득 차 있다. 그렇다고 해서 그 털구멍이 많아서 그런 것이 아니다. 단 한 개의 털구멍에 전 우주가 들어가 있기 때문이다. 그래서 털구멍이 보태어져서 그런 것이 아니다 라고 한 것이다.

화신의 부처님과 법신의 부처님이 이렇게 생멸과 상주 속에 현현하고 있거늘 어떻게 범부의 얕은 소견으로 상주만을 고집하고 생멸만을 부정할 수 있겠는가.

그저 부처님 말씀을 그냥 그대로 수용하는 구도의 자세로 이 말씀에 임할지언정 여기에 가타부타 어찌 시비와 쟁론을 붙일 수 있겠으리요 하시면서 상주와 생멸은 하나다고 성사는 말씀하시고 있다.

別記 如華嚴經偈云 牟尼離三世 相好悉具足 住於無所住 法界悉淸淨 因緣故法生 因緣故法滅 如是觀如來 究竟離癡惑 今二論主 各述一義 有何相妨耶

저 **화엄경** 게송에 모니는 삼세를 벗어나 있고 상호라는 상호는 모두 다 구족하셨다. 거주하셔도 거주하시는 곳이 없는 것은 법계가 모두 청정하기 때문이다. 인연에 의해 법이 생기고 인연에 의해 법이 없어진다. 이와 같이 여래를 관찰하는 자는 구경에 치혹으로부터 벗어난다고 하셨다. 지금의 두 논주는 각각 한 개의 뜻을 쓴 것이니 어찌 서로 방해로움이 있겠는가.

모니는 석가모니부처님을 말한다. 그분은 과거 현재 미래를 초월해 계신다. 그리고 복덕과 지혜를 닦아 아름다운 모습이라는 모습은 모두 구비해 계신다.

그분이 현재 어디에 계시는가. 그분은 계시지 않은 곳이 없고 머물지 않은 곳이 없다. 그 이유는 그분이 그렇게 계실 수밖에 없는 세계가 이미 만들어져 있기 때문이다.

분별이 있는 중생의 눈에는 세상천지가 차별되게 보이지마는 분별을 떠난 부처의 눈에는 세상천지가 이미 정토가 되어 있기 때문에 그분이 계시지 아니하는 곳이 없다는 것이다.

허공이 없는 곳이 없듯이 그분은 천지에 아니 계시는 곳이 없고 공기가 없는 곳이 없듯이 그분은 우주에 숨 쉬지 아니한 곳이 없다. 그러므로 범부는 그분의 품속에서 죄를 짓고 복을 지어 가면서 오늘을 살고 있다. 마치 물고기가 물을 벗어나지 못하고 물속에서 살고 있는 것처럼 중생도 부처의 품속에서 끝없는 생사를 하고 있는 것이다.

그런 부처가 중생을 교화할 수 있는 인연의 장소를 만나면 그 장소에 태어나고 인연이 다하면 그 모습을 감추게 된다. 그래서 인연에 의해 부처와 법이 나타나고 인연에 의해 부처와 법이 사라진다고 하신 것이다.

정리하자면 윗부분은 常住를 말하고 있고 아랫부분은 生滅을 말하고 있다. 즉 부처는 상주하면서 생멸하고 생멸하면서 상주한다고 하는 것이다. 그분들에게 상주와 생멸은 이분법 사고로 분리가 되는 것이 아니라 이미 전체인 하나가 되어 있는 특별한 작용인 것이다.

그렇게 부처의 본체와 작용을 관찰해 볼 수 있는 자는 결국 그분들의 가르침을 받아 어리석음과 미혹으로 벗어나는 것이고, 상주와 생멸이라는 한 부분에 집착하여 시비와 논쟁을 일상는 자는 영원히 부처의 가르침을 받아들이지 못한다는 것이다.

그래서 성사는 마지막으로 이 질문에 대한 답을 정리하면서 마명보살과 무착보살은 부처가 갖고 있는 각기 하나씩의 공덕을 드러내고 있으니 그것은 바로 상주와 생멸이라고 하시었다. 그러면서 이 두 분의 작용은 결코 엉클어짐이 없이 질서정연한 것이다고 말씀하신 것이다.

海東疏 引證中 言能觀無念者則爲向佛智故者 在因地時 雖未離念 而能觀於無念道理

인증 가운데서 말한 능히 무념을 사고하는 자는 곧 불지를 향하게 된다고 한 것은 因地인지 에 있을 때에 비록 망념을 떠나지는 못하더라도 능히 무념의 도리를 사고하도록 한 것이다.

인증이라는 말은 이제까지 한 말의 결과에다 다른 경전이나 논서를 갖고 와 증명을 시키는 것을 말한다.

지금 중생은 모두 유념을 갖고 고통 속을 헤매고 있지마는 원래는 무념이었다는 것을 믿고 본인 스스로 무념이 되도록 노력해야 되겠다는 생각을 가진다면 그 사람은 언젠가는 부처의 지위로 나아가는 인연을 만들 수 있다는 뜻으로 이 문장을 쓴 것이다.

因地는 범부가 깨닫고자 하는 마음을 내어 수행에 임하는 기초단계를 말한다. 그들은 전혀 망념을 떠날 수는 없다. 하지만 무념만이 범부가 살 수 있는 길이라는 것을 認知하고 그 무념의 세계로 나아가기 위해 노력하는 것이다.

그 노력은 처음으로 볼 때는 너무나 미미한 것처럼 보이지마는 중단 없이 계속해 나아간다면 결국 부처가 될 수 있는 것이다. 즉 흉내를 자꾸 내다보면 어느 듯 그 자세에 익숙해져서 자기도 모르는 사이에 그렇게 되는 것이다.

비바시불 당시에 500제자들도 과거에 모두 원숭이들이었다. 그들은 틈만 나면 수행자들의 참선 흉내를 내곤 했었다. 그러다가 결국 그 흉내들이 익고 익어서 비바시불이 이 세상에 출현하던 시기에 같이 출생하여 부처님의 설법을 듣고 500명의 아라한이 될 수 있었던 것도 이런 인연 때문이었다.

海東疏 說此能觀爲向佛地 以是證知佛地無念 此是擧因而證果也

자발적으로 무념에 대한 사고를 하게 되면 불지를 향하게 된다고 했다. 이것은 증득해 아는 佛地는 무념이라는 것이다. 이것은 인지를 들어 결과를 증명하고 있다.

觀관을 思考사고라고 번역한다. 觀한다고 하면 정말 여러 가지 뜻을 포함하고 있어서 하나의 느낌이 확 다가오지 않는다. 그래서 思考라는 의미로 써 보았다.

어떻게든 무념만이 최고라는 사실을 알고 그것을 잊지 않고 계속해서 그쪽으로 나아가는 인연을 지으면 결국에는 무념의 세계로 들어간다는 뜻이다.

항상 미국에 가야 되겠다고 말하고 어떻게든 미국에서 살아야 되겠다고 노래를 부르는 사람이 있다면 자기도 모르게 자기를 미국으로 데려다 놓게 되는 인연이 만들어지는 것처럼, 무념의 도리를 잊지 않고 그것을 쫓으려고 노력한다면 언젠가는 그 무념의 세계에 들어가는 인연을 만든다는 것이다.

이것은 원인을 들어 결과를 미리 예측하는 것이다. 서울 남대문으로 발길을 옮기면 결국 남대문으로 들어가는 것과 마찬가지로 그렇게 되고자 하는 자는 결국 그렇게 될 수밖에 없는 결과를 갖게 되는 것이다.

[海東疏] 若引通說因果文證者 金鼓經言 依諸伏道起事心滅 依法斷道依根本心滅 依勝拔道根本心盡

만약에 그렇게 말한 인과를 문헌으로 증명할 것 같으면, **금고경**에서 저 복단도에 의거하여 기사심을 없애고 법단도에 의하여 근본심을 없애며 승발도에 의하여 근본심을 없애게 된다고 하신 말씀을 들 수 있다.

因果는 초심자가 무념을 생각하면 불지를 향하게 된다는 것이다. 즉 무념은 因이고 불지는 果가 되는 셈이다. 어째서 그러냐 하는 의문에 성사는 경전을 하나 인용하셨다. 그 경전은 바로 **금고경**이다.

금고경은 **금광명최승왕경** 또는 **금광명경**, 또는 **합부금광명경**을 줄여서 부른 이름이다. **금광명최승왕경**은 당나라 의정대사가 번역했고, **금광명경**은 북량의 담무참대사가 번역했으며 **합부금광명경**은 보귀대사가 번역했다.

이 경전은 중생들에게 황금같이 귀중하여 광명을 주는 경전으로 알려져 왔다. 주로 왕들을 위해 설교한 내용이다 보니 왕들이 애독하였다. 부처님이 16국왕을 한꺼번에 모아놓고 설법한 **인왕경**처럼 예로부터 호국경전으로 자리매김된 경전이다.

금고경은 31품으로 되어 있다. 그 31품 중에서 두 번째 품에 **법화경**에 있는 여래수량품과 같은 내용이 나온다. 왕사성에 살고 있는 묘당이라는 보살이 부처님은 왜 80살까지밖에 못 사는지에 대한 의문을 제시하고 부처님은 그에 대한 합당한 대답을 해 주신 내용이다.

거기서 부처님은 바다의 물방울 수와 대지의 티끌 수는 다 셀 수 있다고 해도 부처님의 수명은 결코 다 헤아릴 수 없다고 하셨다.

부처는 원래 영원한 몸체지만 중생들에게 그분의 수명이 짧다는 것을 보여줌으로써 그들이 부처를 만나기란 정말 힘들다는 것을 생각하도록 하고, 또 부처를 그리워하며 부처의 설교를 진심으로 받아들이도록 하기 위해 어쩔 수 없이 열반에 든다고 하신 것이다

海東疏 此言諸伏道者 謂三十心 起事心滅者 猶此論中捨麤分別執著想 卽是異相滅也

여기서 말한 저 복단도는 삼십심을 말한다. 기사심이 없어진다는 것은 이 논서 가운데서 말한 거친 분별과 집착하는 생각이 떨어진다는

단계다. 그러면 바로 異相이 멸하게 된다.

　복단도는 삼십심이라고 하였다. 삼십심은 십주와 십행, 그리고 십회향을 말한다. 이 세 계위를 모두 모으면 삼십이 된다. 이 삼현의 지위에서 기사심을 없앤다. 기사심은 6식을 일으키는 분별사식이다.

　이 분별사식은 범부로 하여금 거친 분별과 집착을 하도록 만든다. 그러나 이제 범부의 계위를 뛰어넘어 30심인 삼현에 올라가 마지막 계위에 다다르면 범부들이 일으키는 기사심이 없어져 버린다. 그러면 자동적으로 망념의 異相 단계가 사라진다.

　망념의 異相 단계에서는 내적 번뇌가 이글거린다. 그것을 탐진치만의견이라고 했다. 그 번뇌를 소승 아라한들은 억눌러 놓고 있다. 그러므로 그들은 그것들이 힘을 쓰지 못하도록 언제나 선정에 들어 있다고 했다.

　대승 같으면 이제 십회향의 단계를 지나가면서 그것들이 없어진다. 그러므로 범부를 보고 분별심을 없애라든지 집착심을 버리라고 하면 안 된다. 범부는 그것들을 갖고 있다는 전제 하에 일반 범부라고 하는 것이다. 그것이 떨어지면 바로 삼현보살을 뛰어넘기 때문이다.

[海東疏] 法斷道者 在法身位 依根本心滅者 猶此中說捨分別麤念相 卽是住相滅也

법단도라는 것은 법신의 계위에 있다. 근본심에 의해 그 마음이 없어진다고 한 것은 이 논서 가운데서 말한 분별과 거친 망념의 생각이 떨어지는 단계다. 그러면 바로 주상이 멸하게 된다.

복단도를 넘으면 법단도에 들어간다. 이 법단도는 법신의 계위에 있으므로 십지보살이 닦는 수행이다.

초지를 넘어 원행지를 초월해 가면 근본심이 서서히 힘을 얻는다. 이것은 검은 구름 속에 갇혀 있던 보름달이 서서히 나타나는 것과 같다. 이 단계를 넘어서면서 일체의 분별이 없어진다. 대신 무분별지가 나타나 중생을 분별없는 지혜로 제도하기 시작한다.

망념은 미세한 망념이 아니라 거친 망념이 사라진다고 했다. 거친 망념이 사라지고 나면 이제 미세한 망념만 남게 된다. 이 단계에 오르면 이제 住相이 가지고 있는 아치 아애 아만 아견이 떨어진다. 즉 나를 만드는 번뇌상의 기본 골조가 사라지게 되는 것이다.

海東疏 勝拔道者 金剛喩定 根本心盡者 猶此中說遠離微細念 是謂 生相盡也 上來別明始覺差別

승발도라는 것은 금강으로 선정을 삼는다는 뜻이다. 근본심이 없어진다는 것은 이 논서 가운데서 미세한 망념을 멀리 벗어난다는 것을 말한 것이다. 이것은 생상이 없어지는 단계다. 위에서 여기까지 따로 따로 시각에 대한 차별을 밝히었다.

승발도는 보살이 수행하는 최후의 단계다. 수승한 수행으로 모든 번뇌와 죄업을 뽑아버린다는 뜻으로 승발이라는 단어를 썼다.
이 승발도의 수행은 금강으로 선정을 삼고 있다. 이제 그 어떤 마구니나 외도도 이 수행자의 선정을 깨뜨릴 수가 없다. 이 수행자는 견고한 성곽이 백성을 보호하듯 굳고 강한 금강의 선정으로 자신을 보호하고 있다. 그러므로 더 이상 인위적인 힘을 쓰지 않아도 자연히 깨달음의 세계에 도달한다.

깨달음의 자리는 10지인 법운지를 넘어간다. 그러면 최종적으로 중생을 만드는 미세한 망념이 사라진다. 즉 강렬한 햇빛에 얼음이 녹아버리듯이 生相이 흔적 없이 사라져 버리는 것이다. 생상은 망념의 극 초기단계라고 말했다.

그러므로 이제 망념이라는 것은 없다. 그렇게 되기 위해서 금강유정으로 선정을 삼아 마지막 수행을 하게 되면 생상이 완전히 없어져서 드디어 부처가 된다고 한 것이다.

이제 각각의 始覺에 대한 결론을 내린다. 시각은 구경각과 非究竟覺으로 나뉜다. 구경각은 부처의 깨달음이다. 그 깨달음은 마음의 근원을 확실히 봐 버리는 것이다. 그러면 부처가 된다. 그래서 최고의 증과라고 해서 무상각이라고 하는 것이다.

비구경각에는 세 가지가 있었다. 하나는 범부의 깨달음인 불각이 있었다. 여기서 滅相이 떨어지고 삼현에 올라간다. 삼현에서 부지런히 바라밀을 수행하면 상사각을 얻는다. 그러면 망념의 異相이 제거된다.

삼현을 거쳐 십지에 올라가면 수분각을 얻는다. 거기서 망념의 住相을 깨닫는다. 마지막 단계에서 금강유정의 선정으로 수행을 마무리하면 미세한 망념인 生相으로부터 멀리 벗어나 부처가 되는 것이다. 그것을 구경각이라고 한다고 하였다.

起信論 又心起者 無有初相可知 而言知初相者 卽謂無念

재차 말하지만 마음이 일어나는 초상은 있을 수 없다는 것을 알아야 한다. 그런 초상을 아는 것이 곧 무념이다.

중생 마음이 작용하는 첫 단계가 初相인 生相이다. 이 生相인 初相은 원래부터 없었다. 이것이 일어나면 중생이 되고 수많은 고통이 발생한다. 그러므로 중생의 마음은 우환덩어리다. 그런 마음은 원래부터 생기지 않았었다. 단지 마음이 병들면 정신병이 되듯이 부처가 무명에 공격당해서 그런 마음이 생긴 것이다.

그런데 중생은 결코 그런 사실을 모른다. 자기 마음이 신성한 영혼으로 구성되어 있는 줄로만 알고 있다. 그래서 누가 자신의 자존심을 건드리면 용서하지 않으려 한다. 그것은 현재의 자기가 온전하게 자신 전체라고 생각하고 있기 때문이다.

이런 마음의 문제는 무념이 되어서야 알 수가 있다. 꿈속에서는 꿈이 꿈인 줄 모른다. 그처럼 마음을 갖고 있는 상태에서는 마음이 어떤 것인지 모른다. 마음을 초월해 보아야 마음이 어떤 줄 알게 된다. 그 초월의 지점을 무념이라고 한다.

사람들은 無念無想이라고 하면 돌장승처럼 의식 없이 그저 가만히 있는 것인 줄 알고 있다. 사실 무념은 망념이 완전히 없어진 상태고 무상은 四相이 완전히 끊어진 경지다. 이런 지위는 부처가 아니면 결코 다다를 수 없다. 할 일 없는 범부가 몽롱한 의식에서 순간 멍청히 앉아 있는 포즈하고는 전혀 차원이 다른 것이다.

起信論 是故一切衆生不名爲覺 以從本來念念相續 未曾離念 故說
無始無明

그런 까닭으로 일체중생은 깨달은 자라고 하지 않는다. 그들은 본래부터 망념이 상속되어 한 번도 그 망념으로부터 벗어나 본 적이 없기 때문이다. 그래서 무시무명이라고 하는 것이다.

깨달은 범부는 없다. 깨달았다고 해도 도토리 키 재기 식으로 고만고만한 수준인 것이지 진정으로 깨달은 범부는 없다. 좌우를 둘러보면 모두 다 한 소식 했다고 아는 소리를 해 대지만 그런 자들치고 깨달은 자는 아무도 없다.

삼현보살의 깨달음도 상사각이라고 하였는데 범부가 무슨 용빼는 재주로 깨달음을 이룰 수 있단 말인가. 10지에 올라가도 부분적으로 깨달음을 이룬다 하여 수분각이라고 하지 않았던가.

그러므로 범부는 절대로 깨달음을 이룰 수 없다. 명상이 아니라 명상 애비가 와도 안 되고 참선이 아니라 참선 할아비가 와도 범부는 올바른 깨달음을 이룰 수가 없다.

범부의 깨달음은 안다는 것이다. 아는 것과 깨달음은 전혀 다르다. 안다는 것은 전혀 몰랐던 것을 배움으로써 이해하는 것이고, 깨달음은 내면의 정화에 의한 지혜와 외면의 이타에 의한 복덕에 의해 자연적으로 이루어지는 것이다.

그러므로 지혜와 복덕이 갖추어지지 않은 범부가 깨달음을 이룬다는 것은 뿌리 없는 나무에 열매가 달려서 그것을 따먹고자 하는 열망과 같은 것이다. 이것은 결코 이루어질 수 없는 일인데도 그들은 그것이 가능하다고 여기고 지금도 안타깝게 그 길로만 매진하고 있다.

스승을 잘못 만나면 제자의 손발이 고생하게 되어 있다. 다행히 **대승기신론**을 저술한 마명보살을 스승으로 모시면 범부의 깨달음은 있을 수 없다는 쪽으로 받아들이고 대승의 불교신자가 되어 정토왕생을 발원한다.

대신 중국의 선사들을 스승으로 삼으면 조사불교 신자가 되어 평생 동안 깨달음에 묶인 채 육신이 고생하게 되어 있다.

어느 불교를 받아들여 수행에 임하는가는 전적으로 자기의 복덕에 의해 선택이 갈라지겠지만 대승불교를 받아들이면 작복으로 염불수행을 하고 조사불교를 받아들이면 깨달음을 얻고자 사지가 비틀리는 고행을 감수해야 할 수밖에 없다.

起信論 若得無念者 則知心相生住異滅 以無念等故 而實無有始覺之異

만약에 무념을 얻게 되면 심상에 생주이멸을 알게 되고 무념과 같아지면 진실로 시각과 다름이 없어진다.

어른이 되면 어린아이 마음을 안다. 배고픔을 겪어 봐야 거지의 심정을 안다. 학교를 졸업해 봐야 학생의 마음을 안다. 군대를 제대해 봐야 군인의 입장을 알 수 있듯이 무념이 되어 봐야 유념의 중생을 알 수가 있다.

중생은 단 한 번도 무념의 상태에 들어가 본 적이 없다. 그러므로 무념의 세계가 어떤 것인지 상상을 하지 못한다. 프로포폴을 맞거나 디아제팜을 먹으면 순간적으로 의식의 세계를 넘어 무념의 초입경지로 들어갈 수 있다. 하지만 이런 인위적인 경험은 깊은 무념의 바다에서 한 방울의 파도를 맞는 정도밖에 되지 못한다.

이런 마약류를 복용해서라도 무념 속으로 들어가고자 하는 그 고통스런 심정은 사정에 따라 십분 이해가 되지마는 그래도 그것은 엄청난 신체적인 후유증이 따른다.

그런 방법 외에 돈이 안 들고 몸에 부작용 없이 세속적으로 무념의 황홀을 즐기는 방법이 하나가 딱 있다. 탄트리스트들이 주창하는 섹스의 오르가즘 순간이 이것이다. 이것은 범부 속에 무념이 들어 있다는 것을 간접적으로나마 알게 해주는 방법이다.

하지만 분명 알아야 하는 것은 의학적이든 생체적이든 간에 범부가 만들어 낸 무념은 어둠처럼 캄캄하고 적막한 반면 수행으로 얻어진 무념은 샛별처럼 밝고 보석처럼 빛이 난다는 것이다.

복덕과 지혜가 충만해서 이뤄진 무념은 깨달음으로 보았을 때 시각이 된다. 시각은 본각의 근원이다. 그 자리는 바로 부처의 지위다. 그러므로 무념이 되면 부처가 되고 부처는 무념의 상태로 있다고 하는 것이다.

또 무념이라고 하니 법당에 가만히 앉아 있는 불상이 떠오를지 모른다. 그렇지 않다. 법당의 불상은 조각된 것이기에 그렇게 보일 수도 있겠지마는 무념 속의 진짜 부처는 깨끗한 거울처럼 세상을 조영하고 밝은 달빛처럼 자유롭게 허공을 직사한다.

그러니 범부가 생각하는 망념의 유념으로 부처가 활동하는 무념의 세계를 함부로 가늠해서는 아니 된다.

起信論 以四相俱時而有 皆無自立本來平等 同一覺故

사상이 본각과 함께 하고 있다 해도 모두 다 스스로 존립하지는 못한다. 그래서 본래부터 평등하여 본각과 동일하다고 한 것이다.

四相은 생주이멸이다. 이 생주이멸이 중생의 기본 골조다. 중생은 생주이멸로 시작하고 생주이멸로 끝이 난다. 그리고 다시 또 태어나 이것으로 시작하고 이것으로 마지막을 맞이한다.

四相은 중생을 고통 속으로 이끌어간다. 당신이 지금 번민과 고통 속에 있다면 이 四相이 내면에서 강하게 작용하고 있음을 먼저 알아차려야 한다.

그러면 그 마음이 한결 편안해질 것이다. 왜냐하면 이 四相은 원래 없던 것이기 때문이다. 아무것도 없는 꿈속에서 고통을 느끼는 것과 같이 이 고통은 원래 없는 것이라는 것을 알게 되면 허허한 웃음이 나올 것이다.

그러므로 四相을 따라가면서 세상을 힘들게 살게 아니라 四相을 등지는 방법을 쫓아가는 삶을 살아가야 한다. 四相을 따르면 중생으로 나아가고 四相을 거스르면 부처 쪽으로 방향이 잡히기 때문이다.

여기까지 중생을 만들고 있는 四相이 무엇인지 확실히 판별해 보았다. 이에 현명한 자는 실체 없는 四相을 따르는 중생의 삶보다 그것으로부터 벗어나는 방법을 찾아야 할 것이다. 그게 바로 부처가 중생들에게 진심으로 바라는 기원이다. 그래야 범부는 四相의 모든 고통으로부터 벗어날 수 있는 것이다.

第三總明始覺不異本覺 此中有二 一者重明究竟覺相 二者
正明不異本覺

세 번째는 시각이 본각과 다름이 없다는 것을 묶어서 밝히는 부분이다.
그 가운데 둘이 있었다. 첫째는 거듭해서 구경각에 대한 상태를 밝혔고,
둘째는 정확히 본각과 다르지 않다는 것을 밝혔었다.

세 번째라고 했다. 첫 번째는 시각의 각이 滿과 不滿으로 표시하
고, 둘째는 따로 떼어서 시각의 차별에 대해 설명하였다. 이제 세
번째를 말한다고 하였다.

滿은 깨달음이 가득 찬 것이고 不滿은 아직도 깨달음이 부족하다
는 뜻이다. 가득 찬 것을 구경각이라 했고 부족한 것은 비구경각이라
고 했다.

이 대목에서는 거듭해서 구경각이 어떤 것인지에 대해서 한 번 더
상세하게 말하고, 또 시각은 본각과 정확히 한 자리라는 것을 밝혀주
고자 한다고 하셨다.

海東疏 初中有三 一者直顯究竟相 二者擧非覺顯是覺 三者對境廣
顯智滿

첫 번째 가운데에 세 개의 문단이 있었다. 첫째는 직설적으로 구경각의
상태를 드러내었고, 둘째는 구경각이 아닌 것을 들어 올바른 구경각을
나타내었다. 셋째는 경계를 상대로 널리 구경각이 가지는 지혜 충만을
드러내고 있다.

첫째 부분은 구경각이라는 것이 무엇인가라는 대목이다. 즉 마음의 근원을 깨달으면 구경각이라는 것이다. 둘째는 구경각과 비구경각을 비교했다. 비구경각을 내세워 구경각이라는 것은 비구경각과는 다르다는 점을 분명히 밝혔다.

셋째는 구경각을 깨달았을 때 어떤 공능이 있는가를 제시한 것이다. 구경각은 부처의 각이고 부처는 구경각에 의해 부처가 된다. 그렇다면 그 어떤 능력과 힘이 있기에 구경각이 부처가 된다는 가에 대해 이제까지 일목요연하게 설명하여 왔다.

구경각은 완벽하다. 그 이상은 없다. 그러므로 완벽한 각을 이룬 자는 부처다. 부처 외에는 그 누구도 그렇게 큰 깨달음을 이룬 자가 없다. 그래서 인류사에 2500년이 넘도록 부처는 석가모니 한 분밖에 없는 것이다.

海東疏 初中言又心起者者 牒上覺心初起之言 非謂覺時 知有初相 故言無有初相可知

처음 가운데서 또한 마음이 일어난다고 한 그 말은 위에서 마음이 처음 일어나는 것을 깨닫는다는 것을 조회한 말이다. 이것은 깨달을 때에 초상이 있다는 것을 안다는 말은 아니다. 초상이란 있을 수 없다는 것을 가히 알게 된다고 한 말이다.

마음이 어떻게 일어나느냐 하는 문제를 중요시하다 보니 다시 이 문장이 쓰여졌다. 즉 중생의 마음은 망념의 기동으로 인해 初相으로부터 시작하는데 그 초상을 알게 된다는 것이다.

여기서 가장 눈여겨보아야 할 뜻은 초상이 있어서 깨달을 때에 그것을 안다는 것이 아니다 라는 것이다. 깨닫고 보면 버젓이 있어야 했던 초상이 원래 없었다는 것을 바로 안다는 것이다. 잘못 생각하면 있는 초상을 여실히 알게 되는 것이 깨달음이라고 할까 봐 그런 것은 아예 없는 것이라고 한 번 더 강조하는 것이 된다.

그래서 마지막 문장에 無有라는 말이 들어가 있다. 무유는 있을 수 없다는 뜻으로 없다보다 더 강력한 부정을 나타낸다. 그러니까 초상이라는 것은 처음부터 있을 수 없는 것인데도 무명이 작동하면 망념이 일어나 초상이 있게 된다는 것이다.

대낮에는 별이 없지마는 눈을 비비면 별들이 난무하는 것과 같다. 낮에는 결코 있을 수 없는 별들인데 눈을 비비면 그것이 나타나는 것처럼 그것은 처음부터 없던 것이라는 강력한 의미로 無有라는 한 자를 쓴 것이다.

海東疏 而說覺心初起相者 如覺方時知西是東 如是如來覺心之時 知初動相卽本來靜 是故說言 卽謂無念也

마음이 처음 일어나는 것을 깨닫는다는 말은 깨달을 때에 서쪽이 바로 동쪽이라는 것을 안다는 것과 같은 것이다. 이와 같이 여래장심이 마음을 깨달을 때에는 처음 요동하는 초상이 곧 본래 적정임을 안다는 것이다. 이런 까닭으로 곧 무념이라고 말한 것이다.

앞에서도 말했지만 서쪽을 향해 가면 동쪽이 나온다. 그러므로 원래 동서남북 같은 것은 없다. 방향에 미혹한 중생이 길을 찾기 위해서 허공에다 선을 그어 놓은 것이다고 했다.

깨닫고 나면 미혹이 사라져서 동서남북이 하나가 되어 있다. 중생은 동서남북을 쪼개서 보고 깨달은 자는 우주 전체를 하나로 본다. 그러므로 원래 동서라는 것도 없고 남북이라는 방향도 없다는 것이다.

여래장심은 중생의 마음이다. 그 마음을 갖고 이제 역류로 근원자리까지 거슬러 올라간다. 올라가서 보니 중생의 마음인 四相 자체가 원래 없었다는 것을 확연히 알게 된다.

그러니까 서쪽이 동쪽이 되듯이 요동치던 마음이 본래 적정에서 시작되었다는 것을 명확히 알게 된 것이다. 그래서 중생의 마음은 원래 무념이기 때문에 四相 같은 망념은 원천적으로 없었다는 것을 그때서야 알게 되는 것이다. 한 선객이 위산영우선사를 참방했다.

"道란 무엇입니까?"
"無心이 道다."

海東疏 是故以下 擧非顯是 如前所說無念是覺 是故有念不得名覺 시고 이하는 틀린 것을 비교해 바른 것을 나타내고 있다. 앞에서 말한 것처럼 무념이 바로 각이라는 것이다. 그래서 유념은 각이라고 하지 않는다 한 것이다.

유념은 중생이 가지고 있고 무념은 부처가 가지고 있다. 유념은 끊임없이 찾고 헤매고 노력하고 분별한다. 그러나 무념은 아무 생각이 없다. 유념은 생각으로 무엇을 찾아 헤매지마는 그 결과는 깡통이고 무념은 생각하지 않는 상태로 이미 전체를 다 꿰뚫어 보고 있으면서 늘 가득하다.

범부가 가장 먼저 해야 할 일은 지금 현재 잔머리 굴리고 있는 유념을 멈추는 것이다. 멈출 수가 없다면 배워야 한다. 그 잔머리의 지능을 가지고 인류역사는 크고 작은 안타까운 사고로부터 무수한 생명을 살상하는 전쟁을 밥 먹듯이 해 왔던 것이다.

이제 그런 사고와 전쟁 같은 재앙들은 그쳐야 한다. 하지만 그것을 그치도록 할 방법이 중생에게는 없다. 범부가 그런 유념을 쓰는 한 그런 것들은 대를 이어 필연적으로 일어날 것이고 결코 멈추지 않을 것이다.

정신병자가 기획해 낸 삶의 청사진은 대단히 황당하다. 그런 자들이 만들어 낸 삶의 도구들도 전부 다 위험하다. 그렇다면 그들이 또 다른 것들을 기획하기 전에 그들의 정신부터 온전케 치료받아야 한다. 그래야 그들도 살고 타인도 살 수가 있다. 여기서 정신병자는 누군지 말 안 해도 충분히 짐작이 갈 것이다.

海東疏 是卽金剛心以還一切衆生未離無始無明之念　依是義故不得名覺

이것은 곧 금강심 이하의 중생은 무시무명의 망념을 떠나지 못하고 있다는 것이다. 그런 뜻으로 그들을 깨달은 자라고 부르지 않는다는 것이다.

동물들의 모습을 덮어쓰고 연기하는 자들도 연기가 끝나면 사람으로 돌아온다. 범부가 자기 정신이 아닌 상태로 온갖 모습을 보이며 살아가지만 그 속은 여전히 부처의 진면목을 가지고 있다. 연기하는 자들이 빨리 그 답답한 변장복을 벗어나려고 애를 쓰는 것처럼 부처의 진면목인 진여는 한시 빨리 본래의 자리로 돌아가고 싶어서 안달한다.

그렇게 제 자리로 돌아가고자 애를 쓰는 작용을 대승이라고 했다. 흐르는 물을 막아 둑을 쌓아놓으면 물은 어떻게든 그 둑을 허물고 아래로 내려가고자 하는 것처럼 진여인 대승을 중생의 유념으로 눌러 놓으면 그 안에서는 언제나 제자리인 무념으로 돌아가고자 노력하고 있는 것이다.

어떤 범부라도 그가 복이 있으면 마음의 근원으로 돌아가고자 하는 작용을 한다. 조그마한 복은 그냥 두면 말라 버리거나 없어져 버린다. 그나마 갖고 있는 그 작은 세속의 복을 살리려면 계속해서 다른 복을 거기에 보태야 한다. 그러면 그 복은 더 커지고 더 활력을 얻게 된다.

그 복이 자신을 먹여 살리고도 남을 정도로 많아지면 이제 근원을 향해 나아가고자 한다. 물의 근원은 바다이기 때문에 바다로 흐르고 중생의 근원은 부처이기 때문에 열반의 세계로 나아가고자 하는 것이다.

범부는 무시무명 속에 들어 있다. 무시는 시작이 없다는 뜻이고 무명은 어리석음이다. 무시무명은 시작 없는 어리석음을 말한다. 어리석음은 언제부터 있어 왔는가. 그것은 시작이 없다. 어둠은 언제부터 있어 왔는가. 그것은 시작 없이 처음부터 계속해서 있어 온 것이다.

그처럼 범부도 무시무명을 안고 시작 없이 살아왔고 무시무명을 안고 끝남 없이 살아가고 있는 것이다. 그래서 그들을 중생이라고 부르는 것이다. 중생은 그렇게 삼세의 삶을 죄업으로 겹쳐가면서 살아가는 불상한 존재들이다.

그래도 그들은 자신을 모른다. 그렇게 오랫동안 고통 속에서 중생으로 살아도 중생이 무엇인지 모르고 금생에 또 유념의 잔머리를 굴리며 그렇게 살고 있다. 그 이유는 그들에게 깨달음이란 것이 없기 때문이다.

海東疏 然前對四相之夢差別 故說漸覺 今約無明之眠無異 故說不覺

앞에서는 사상에 대한 꿈같은 차별을 상대하여 말하다보니 점각이라 했고, 지금은 무명의 꿈과 다름이 없다는 것을 말하다 보니 불각이라고 한 것이다.

앞에서는 중생의 마음속에 들어 있는 진여가 시각으로 환원하고 있는 과정을 말하여 왔고 지금은 중생의 상태가 무시무명으로 덮여져 있어서 무념하고는 원천적으로 맞지 않다고 말하고 있다.

그래서 앞에서는 불각 상사각 수분각이라는 점차적인 각을 통 털어 점각이라고 표현하였다. 그러나 여기서는 중생 자체가 이미 꿈속에서 깨어나지 못하고 있기 때문에 한마디로 표현해서 불각이라고 한 것이다.

海東疏 如仁王經言 始從伏忍至頂三昧 照第一義諦 不名爲見 所謂

見者 是薩婆若故

저 **인왕경**에서 복인으로부터 정삼매에 이르기까지는 제일의제를 관조한다. 하지만 그것을 이름하여 見이라고는 하지 않는다. 이른바 見은 바로 살바야이기 때문이다고 하셨다.

인왕경은 두 가지 번역본이 있다. 하나는 구마라지바가 번역한 **불설인왕반야바라밀경**이고 또 하나는 불공삼장이 번역한 **인왕호국반야바라밀다경**이다. 우리나라에서는 **인왕호국반야바라밀다경**이 더 많이 유포된 상태다. 이 경전은 **법화경**과 **금광명경**과 더불어 **호국삼부경**이라고 하는데 유독 이 경전만이 호국경으로 더 많이 알려져 왔다.

복인이라는 말은 십주와 십행, 그리고 십회향을 말한다. 앞에서는 이것을 삼십심이라고 말하기도 했다. 이 단계에서는 번뇌를 끊어 없애는 것보다 눌러서 더 이상 작용을 하지 못하게 한다고 해서 복인이라고 한다.

이 복인을 넘어가면 정삼매에 들어간다. 정삼매는 십지의 초지를 말한다. 거기에 들어가면 이제 번뇌가 없어진다. 그러면 지혜를 덮고 있던 무명의 암운은 사라진다. 그때 내 마음은 세상의 진리를 관조한다. 제일의제는 진리를 말한다.

하지만 그 정도의 관조를 가지고는 진리를 완전히 다 본다고 할 수가 없다. 그것은 아주 적은 부분의 관조기 때문에 見이라고 하지는 않는다고 하셨다.

세상을 다 보는 정도의 지혜는 살바야가 되어야 한다. 살바야는 범어 Sarvajna 의 음역이며 뜻은 일체지다. 일체지는 부처님이 갖고 계시는 지혜로 우주공간의 모든 것을 속속들이 다 꿰뚫어볼 수 있는 능력이다.

그러니까 중생은 비록 근기에 따라 깨달았다고 해도 그것은 점각에 불과해 아직 망념에서 벗어나지 못하고 있기 때문에 전부 깨달음이라고 말하지 않는다고 하신 것이다.

海東疏 若得以下 對境顯智 若至心原得於無念 卽能偏知一切衆生一心動轉四相差別 故言卽知心相生住異滅

약득이하는 경계를 상대하여 지혜를 나타내는 대목이다. 만약에 심원에 다다르게 되면 무념을 얻게 된다. 그러면 곧 능히 일체중생의 마음이 움직이고 사상이 차별되게 움직이는 것에 대해 전부 다 알게 된다. 그래서 심상에 일어나는 생주이멸을 안다고 한 것이다.

구경각을 얻게 되면 어떤 능력이 나오는지를 말하고 있다. 구경각은 무념이다. 무념에는 망념도 없을 뿐만 아니라 망념을 만들어 내는 요소인 불각조차도 없다. 불각이 없기 때문에 무명이 붙을 건덕지가 없다. 그러므로 무념은 완벽하고 순수하며 무결하다.

무념을 얻게 되면 중생의 마음과 행위를 모두 다 알 수가 있다. 무념은 거대한 대원경지다. 크고 원만한 거울 같은 마음이라서 무엇 하나 안 비쳐지는 것이 없다. 힘들게 조사하듯이 보는 것이 아니라 그냥 손바닥 안을 보듯이 훤하게 드러난다. 그래서 중생의 마음이 요동하고 사상이 작동하는 것 모두를 다 안다고 한 것이다.

무념만이 생주이멸의 이치를 꿰뚫어본다. 중생은 생주이멸 속에서 움직이고 있기 때문에 알 수가 없다고 했다. 그러므로 생주이멸을 벗어나게 되면 생주이멸하는 중생의 마음과 행위 전체를 낱낱이 관조하여 다 안다고 한 것이다.

海東疏 次言以無念等故者 釋成上義 此中有疑云 佛得無念 衆生有念 有無隔別 云何無念能知有念

다음에 말한 무념과 평등하게 되기 때문에 라고 한 것은 위 본문의 뜻을 풀이한 것이다. 여기에 의문을 품고 부처님은 무념을 얻으셨고 중생은 유념을 가지고 있다. 유무가 격별한데 어떻게 무념이 유념을 안다고 하는가 라고 생각한다.

위의 뜻은 무념을 얻으면 중생의 마음속에 나타나는 생주이멸을 알 수 있다고 한 그것을 말한다.

다음의 문장이 대단히 의미심장하다. 이것은 보통 사람들이 가지는 보편적 의문이다. 어떻게 생각이 없는 분이 생각이 있는 사람들의 마음을 알 수가 있단 말인가이다.

부처는 무념이고 중생은 유념이다. 유념이 무념을 알 수가 있는 것이지 무념이 어떻게 유념을 알 수 있다고 하는지 거기에 대해 의심이 생긴다는 것이다. 일반적인 사고로는 이 말씀이 도저히 이해가 가지 않아 결코 믿을 수 없는 말씀이기 때문에 그런 것이다.

海東疏 作如是疑 故遺之云 衆生有念本來無念 得無念與彼平等 故言以無念等故

그와 같은 생각의 의문을 없애주기 위해 말한다. 중생의 유념은 본래 무념이었다. 무념을 얻으면 세상과 더불어 평등해진다. 그러므로 말하기를 무념은 평등하다고 한 것이다.

· 사람들은 똑똑함의 기준을 교육기간으로 평가하려고 한다. 가방 끈이 길고 학위가 많으면 똑똑하다고 한다. 그들의 머리는 정보결합체로 되어 있다. 정보라는 것은 또 다른 비정보를 두고 한 말이다. 다른 말로 하자면 그들은 철저히 아는 것만 알고 있다. 모르는 분야는 상상도 하지 못한다.

세상 사람들 치고 똑똑하지 않은 사람이 어디 있는가. 판사는 판사대로 똑똑하고 의사는 의사대로 똑똑한 사람들이다. 농부는 또한 자기분야에서 제일 똑똑한 사람이고 거지는 얻어먹는 방법에서는 그 누구보다도 똑똑한 사람이다.

이런 똑똑한 사람들로 채워져 있는 것이 중생세계다. 그런데 뭐 하나 제대로 잘 굴러가는 구석이 있는가. 하나도 없다. 모두 다 배고 프고 불만이다. 왜냐하면 그들은 전혀 똑똑하지 않으면서도 똑똑하다고 알고 있기 때문이다.

海東疏 是明旣得平等無念 故能徧知諸念四相也

이것은 평등한 무념을 얻게 되면 능히 모든 망념의 사상을 알 수 있다는 것을 밝힌 것이다.

진정으로 똑똑한 자가 되려면 지금 똑똑하다고 생각하는 그 유념의 정보들을 모두 지워야 한다. 컴퓨터도 과부하가 걸려 있으면 더 버벅거리고 더 느리게 된다. 그때는 모든 프로그램을 깨끗이 지우고 다시 포맷을 해야 한다. 그것을 방치해 기회를 놓치면 그 컴퓨터는 이상해지거나 미쳐 버리게 된다.

그 비워버림이 바로 무념이다. 아무 정보도 저장되지 않은 원래의 컴퓨터로 돌아가는 것이다. 바이러스를 먹어서 내부 프로그램에 수많은 충돌을 일으키면 결국 그나마 갖고 있던 모든 정보가 다 날아가 버릴 수가 있으므로 한시바삐 모든 것을 싹 지워야 한다.

여기서 똑똑한 범부라면 범부의 두뇌를 완전히 비우고 새로운 부처프로그램을 집어넣으려 할 것이지마는 불상하게도 어리석은 범부들은 영양가 없는 중생프로그램을 또 똑같이 거기에 다시 장착하려고 한다는 것이다.

海東疏 此下第二正明無異 雖曰始得無念之覺 而覺四相本來無起 待何不覺而有始覺 故言實無始覺之異 下釋此義

이 밑으로는 두 번째로 정확하게 다름이 없음을 밝히고 있다. 비록 드디어 망념이 없는 시각을 증득하였다 하드라도 그것은 사상이 본래 일어남이 없다는 것을 깨달은 것이다. 그러므로 어찌 불각을 상대해 시각이 있을 수 있겠는가. 그러므로 말하기를 진실로 시각과 다름이 없다고 한 것이다. 아래에는 그 뜻을 풀이한 것이다.

지금까지는 구경각의 상태에 대해서 거듭 밝혔다. 이제부터는 시각은 본각과 다르지 않다는 것을 밝히고자 한다.

중생의 삶을 만드는 것은 망념이다. 망념은 생주이멸한다. 마음이 생주이멸하는데 어떻게 중생이 사는 세상이 성주괴공을 하지 않겠는가. 마음은 주체고 세상은 객체이기 때문에 반드시 이런 연관성을 가지게 된다. 그래서 둘은 같이 존재한다. 그러므로 중생이 망념을 거두면 중생에게 나타난 세상은 바로 없어져 버린다.

화장을 떡칠로 한 여인을 보았을 것이다. 그 여인은 분명 눈 밑에 까치알 같은 무늬의 주근깨가 흩어져 있을 것이다. 그것을 감추기 위해 어쩔 수 없이 전 얼굴에 화장으로 도색을 한 것이다. 이제 아무도 그 주근깨를 볼 수가 없다. 짙은 화장으로 완벽하게 변장을 해버렸기 때문이다.

여인의 맨 얼굴은 본각이다. 자기의 모습을 감춘 것은 불각이다. 그러다가 퇴근을 해서 깨끗이 지워버리면 원래의 얼굴이 드러난다. 그것이 시각이다. 그 시각은 바로 본각이다.

그렇다면 여인이 외출하지 않았다면 어떻게 되나. 물론 화장할 일도 없다. 그러면 불각이 없는 것이다. 불각이 없는데 어떻게 시각이 있겠는가. 그래서 중생이 없다면 시각이 없는 것이다. 시각이 없는데 어떻게 본각이 있겠는가. 본래 얼굴이라는 말은 화장을 했다는 것을 전제로 한 말이기 때문이다.

別記 別記云 以四相生起 義有前後 而從本已來 同時相依
따로 기술할 것 같으면, 사상이 일어나는 뜻에는 전후가 있지마는 원래부터 그것은 동시에 서로 의존해 있다.

맨 얼굴에 화장을 하기 전에는 전후가 있다. 맨 얼굴이 비포오고 화장함이 애프트다. 그러나 일단 화장이 시작되면 이 둘은 동시가 된다. 하나는 맡기고 하나는 칠하는 것이다. 그 결과로 전혀 다른 모습이 나타난다. 하지만 그 본바탕의 얼굴은 변하지 않는다.

그러므로 사상은 전후가 있으면서 동시에 있다. 생주이멸은 설명하기 편의상 네 단계로 나누고 있지마는 사실은 生에 생주이멸이 있고 住에도 생주이멸이 있다. 더 나아가 生 속의 생에 또 생주이멸이 있고 住속의 住에 또 생주이멸이 있다. 이런 형식으로 생주이멸은 끝없이 겹치고 벌어진다.

그래서 생주이멸의 망념은 전후가 서로 물리어 있고 동시에 서로 겹쳐져 있다. 그것을 한마디로 표현하자니 전후가 있고 동시에 의존해 있다고 한 것이다.

[海東疏] 四相俱有爲心所成 離一心外無別自體 故言俱時而有皆無自立 皆無自立 故本來平等 同一本覺也

사상이 함께하여 심소가 이루어져 있지만 일심을 떠난 밖에는 별다른 자체가 없다. 그러므로 말하기를 함께 있는 때에도 모두 자립함이 없다고 한 것이다. 모두 자립이 없기 때문에 본래 평등하여 본각과 동일한 것이다.

四相에 의해 心所가 나타난다. 주체적인 마음의 작용에 객체적인 심소의 탐색이 나온다. 마음을 能으로 보면 심소는 所가 된다. 마음은 主가 되고 심소는 伴이되는 것이다. 그러므로 범부의 마음은 홀로 있지 못한다. 언제나 심소와 함께 작용한다.

일심 속에서 四相이 나온다. 四相 속에서 망념이 작동한다. 망념은 心所를 부린다. 우리가 세상을 상대로 나타내는 일반적인 정신작용이 이런 과정 속에 있다. 그러므로 일심은 우리 자신의 근본이다. 이 일심에 의해서 범부와 성문 보살에 이어 부처도 나온다.

그렇다면 일심이 작동되지 않으면 어떻게 되는가. 일심은 작동될 수밖에 없다. 일심 속에는 불각이 들어 있고 그 불각을 무명이 때리기 때문에 그냥 가만히 있을 수가 없다. 촛불이 있으면 바람이 촛불을 흔드는 것과 같다.

그러므로 흔들리는 촛불은 원래 없다. 흔들리는 것은 바람에 의해서이다. 마찬가지로 心所의 정신작용은 원래 없다. 마음이 움직이면 나타나는 일종의 착란증상이다. 이 착란증상에 의해 중생은 죄를 짓고 고통을 받는다. 하지만 결과적으로 이런 착란증이나 心所같은 것들은 자체적으로 원래 없다. 그래서 원문에 스스로 존립함이 없다고 한 것이다.

別記 猶如海水之動 說名爲波 波無自體 故無波之動 水有自體 故有水之動 心與四相義亦如是

마치 바닷물이 움직이는 것을 파도라고 하지마는 파도는 자체가 없기에 파도의 움직임은 없는 것과 같다. 물은 자체가 있으므로 물이 움직이는 것이다. 마음과 더불어 사상의 뜻도 또한 이와 같은 것이다.

몇 번이나 이 예시가 나온다. **능가경**에서도 그렇고 **해동소**에서도 그렇다. 그만큼 물과 파도는 부처와 중생의 관계를 설명하는데 매우 적절한 비유가 된다.

파도는 분명히 있다. 그러나 파도의 자체는 없다. 물이 자체다. 그러므로 파도는 일시적으로 자체에서 나타난 허상이다. 파도가 움직이는 것이 아니라 물이 움직이기에 그렇다.

중생의 마음도 마찬가지다. 그 본체는 여래장이다. 거기서 마음이 나오고 四相이 나온다. 그리고 心所가 나오고 죄업이 지어진다.

그러므로 죄업을 없애려면 心所를 없애고 心所를 없애려면 四相을 없애야 한다. 四相을 없애면 사상이 기숙하는 마음이 없어진다. 마음이 없어지면 그때 순수무잡한 여래장만 남는다.

別記 爲顯是義 故四卷經云 大慧 七識不流轉 不受苦樂 非涅槃因 如來藏者 受苦樂 與因俱 若生若滅

이러한 뜻을 나타내기 위해 **사권경**에서 대혜여. 7식은 유전하지 않아 고락을 받지 않는다. 그래서 열반의 因이 아니다. 여래장이 고락을 받는다. 그것이 열반의 因을 갖추고 있으면서 나고 죽는다 고 하신 것이다.

과일 같으면 껍데기는 6식이고 속살은 7식이며 씨앗은 8식이다. 껍데기와 속살은 다음 생명을 이어가지 못한다. 오로지 씨앗만이 그렇게 할 수 있다.

이와 마찬가지로 7식은 생명이 없기 때문에 유전하지 않고 과일 껍데기와 속살처럼 소멸된다. 유전은 옮겨 다닌다는 뜻이다.

씨앗은 가까운 자리에 뿌리를 내리거나 산짐승 또는 날짐승에 의해 저 먼 산이나 들판으로 옮겨가서 싹을 틔운다. 여래장도 죄업의 바람에 의해 전혀 원하지 않는 지옥 아귀 축생 같은 세계에 가 태어나는 것이다.

여래장은 나고 죽음이 없어도 여래장에 붙어 있는 죄업력에 의해 생사를 할 수밖에 없다. 생사하는 중생은 여래장을 가슴에 안고 생사의 세계에 유전한다. 그래서 원문에 열반의 因을 갖추고 있으면서 나고 죽는다고 하신 것이다.

別記 又夫人經云 於此六識及心法智 此七法刹那不住 不種衆苦 不得厭苦樂求涅槃 世尊 如來藏者 無前際 不起不滅法 種諸苦 得厭 苦樂求涅槃

또 **부인경**에서 이 6식과 심법지의 7법은 순간에도 머물지 않습니다. 그러다 보니 온갖 고통을 심지 않습니다. 그러므로 염생사고하고 구열반락하지 않습니다. 세존이시여. 하지만 여래장은 전후제가 없이 불기불멸하면서 온갖 고통을 심습니다. 그래서 염생사고 구열반락을 하는 것입니다 라고 하셨다.

성사는 시각과 본각이 같은 것이라는 전제하에 두 경전을 인용하셨다. 위 **사권경**과 여기 **부인경**이다.

심법지는 마음으로 세상을 아는 작용이다. 6식과 7식은 조금도 가만히 있지를 못한다. 가만히 있다면 그것은 적멸이고 열반이다. 부처만이 열반에 있다. 범부는 6식과 7식을 가지고 있기 때문에 그 마음이 요동하지 않을 수 없다.

움직이지 않는 파도를 본적이 있는가. 그런 것은 없다. 움직이기 때문에 파도라고 하듯이 요동하기 때문에 범부라고 한다. 그렇기 때문에 범부는 움직이는 그 마음을 정지시킬 수가 없다. 그래서 그들은 삶의 방향을 잡지 못한다. 태풍에 휘둘리는 나룻배는 방향을 잡을 수가 없다. 바람이 몰아치는 대로 흔들려야 한다. 그렇게 흔들리면 결국 나아갈 방향을 잃어버린다.

무명의 바람에 휘둘리는 중생은 나아갈 바를 찾지 못한다. 평생 동안 안정을 찾지 못하고 흔들리는 삶을 산다. 그러다 보니 마음에 안정이 없다. 안정을 찾으려면 휘둘림이 정지되어야 하는데 중생은 그렇지 못하다. 그래서 계속해서 삶이 불안하고 신경이 날카롭다.

그 흔들리는 와중에서도 여래장은 정지하고자 한다. 세차게 흔들리는 가지일수록 정지하고픈 생각이 더 간절하듯이 생사의 고통이 클수록 안락을 향한 기원이 절실해진다.

그게 바로 厭苦樂救涅槃염고락구열반 이라는 것이다. 즉 고통을 싫어해 어떻게든 열반의 기쁨을 구하고자 하는 바람이다.

別記 又云生死者 此二法是如來藏 世間言說故有死有生 非如來藏 有生有死

또 이르시기를, 생사라는 두 가지 법은 바로 여래장이다. 세간에서 생사가 있다고 하지마는 그것은 여래장이 생사하는 것은 아니다고 하셨다.

376

여래장은 중생의 삶을 살면서 부처가 되고자 하는 작용을 한다. 비록 작용은 한다 하지만 중생의 업력이 세면 그쪽으로 끌려간다. 개장수에게 끌려가는 강아지가 버둥거리는 것처럼 여래장은 쉼 없이 발버둥치지마는 어쩔 수 없이 중생을 따라 육도로 끌려 다니고 있다.

생사는 여래장이 주도적으로 하는 것이 아니다. 四相으로 만들어진 죄업력이 그렇게 생사를 하도록 하는 것이다. 여래장은 끌려 다니는 것뿐이다. 물이 파도를 일으키는 것이 아니다. 바람에 의해 물이 어쩔 수 없이 파도가 되면 파도와 함께 물이 춤을 추는 것이다. 이 말이 바로 위에서 여래장은 생사하는 것이 아니다 라는 말씀 그 뜻이다.

別記 此二經意 同明卽如來藏流轉生死 生死根本無自體 無自體故無別流轉 相旣無轉 體何由動 故言非如來藏有生有死

이 두 경의 뜻은 여래장이 생사에 유전하지마는 생사의 근본은 자체가 없다는 것을 함께 밝히고 있다. 생사의 자체가 없기 때문에 따라 유전할 것이 없다. 형상이 이미 유전함이 없는데 본체가 어떻게 요동함이 있겠는가. 그렇기 때문에 여래장은 생사하지 않는다 하신 것이다.

두 경은 **사권경**과 **부인경**이다. 이 두 경전에서 한결같이 말씀하고자 하는 내용은 중생은 생사를 거듭하고 있지마는 그 주체는 없다는 것이다. 그러므로 범부는 제아무리 똑똑하고 대단하다 하더라도 모두 허수아비고 꼭두각시인 셈이다.

허수아비가 대단하면 얼마나 대단하며 꼭두각시가 똑똑하면 또 얼마나 똑똑하단 말인가. 어차피 인간에 의해 다 떨어진 누더기 옷을 입어야 하고 뒤에서 조종당하는 대로 움직여야 하는 신세밖에 더 되는가. 여기서 떨어진 누더기 옷은 박복을 말하고 조종당하는 것은 죄업의 힘을 뜻한다.

허수아비가 나는 허수아비가 싫으니 이 노릇을 그만하고 싶다고 말할 수 있는가. 말할 수 없다. 꼭두각시가 조종당하는 것이 싫어서 이 짓을 그만 두겠다고 말할 수 있는가. 없다. 누더기를 입히면 입히는 대로 입어야 하고 다 떨어진 모자를 씌우면 씌우는 대로 눌러써야 한다. 왜냐하면 그들에게는 주체적인 생명에너지가 없기 때문이다.

이와 마찬가지로 범부는 형상만 있을 뿐 자체적인 생명에너지가 없다. 자기의 복덕에 따라 살아가는 장소가 정해지고 죄업에 따라 움직이는 강도가 달라진다. 그 복덕과 죄업은 여래장에 뿌리를 박고 있다. 그러므로 중생은 없다. 그렇게 중생이 없는데 어떻게 여래장이 생사를 하겠는가 하신 것이다.

別記 由是義故 四相唯是一心 不覺卽同本覺 故言本來平等同一覺也

이러한 뜻이기 때문에 사상은 오직 일심이며 불각은 곧 본각과 같은 것이다. 그래서 본래 평등한 동일의 각이라고 말씀하신 것이다.

四相은 일심이 만들어 낸 부산물이다. 四相은 원래 없었다. 없던 四相이 일심에 의해 만들어져 중생이 생주이멸한다. 그래서 四相은 일심이라고 하셨다.

눈이 내렸다. 함박눈이 많이도 내렸다. 아이들이 눈덩이를 굴려 눈사람을 만들었다. 원래는 눈도 없었는데 눈사람이 어떻게 있을 수 있겠는가. 하지만 그렇게 눈사람은 정원 한쪽에 자리를 잡고 서 있다.

지나가는 사람이 저기 눈사람이 있다고 한다. 그것은 생명이 없다. 그런데도 눈사람이라고 한다. 이와 마찬가지다. 중생은 이렇게 자기의 복덕에 따라 우주 어느 구석마다 다 자리를 잡고 있다. 사람들은 그들을 보고 중생이라고 부른다. 그런데 중생은 없다. 애초에 눈사람이 없듯이 인연으로 만들어진 중생은 없다.

해가 뜨면 눈사람은 사라진다. 부처의 해가 뜨면 눈사람 같은 중생은 없어진다. 중생이 없는데 무슨 불각이 있겠는가. 눈사람이 원래 없듯이 중생도 원래 없다.

그러므로 불각은 본각인 것이다. 인연에 의해 나타난 불각이라고 하더라도 인연이 다해버리면 제자리로 돌아간다. 파도가 물이 되는 것처럼 그래서 시각은 본각과 동일한 각이 되는 것이다.

사권경과 **부인경**은 바로 이것을 말씀하신 것이다. 그래서 **기신론**에서 본각이 곧 불각이고 불각이 곧 시각이며 시각이 곧 본각이라고 말한 것이다. 이러함으로 해서 始覺의 해설은 끝이 난다.

- 4권으로 계속 -

※ 4권부터 본각이 시작된다. 우리의 진짜 마음속에는 원천적으로 무엇이 들어 있느냐 하는 것이다. 그리고 그 모양은 무엇이며 어떤

기능을 갖고 있느냐를 세부적으로 분석할 것이다. 기대하여 주시기 바란다.

공파 스님 (국제승려)

현재 원효센터에서『대승기신론해동소』32번째 강의 중

cafe.daum.net/wonhyocenter

zero-pa@hanmail.net

대승기신론 해동소 혈맥기 3

초판 1쇄 인쇄 2020년 1월 2일 | 초판 1쇄 발행 2020년 1월 10일
공파 스님 역해 | 펴낸이 김시열
펴낸곳 도서출판 운주사

    (02832) 서울시 성북구 동소문로 67-1 성심빌딩 3층
    전화 (02) 926-8361 | 팩스 0505-115-8361
ISBN 978-89-5746-585-1 04220 값 20,000원
ISBN 978-89-5746-528-8 (세트)
http://cafe.daum.net/unjubooks 〈다음카페: 도서출판 운주사〉